MODELO DE COMPETÊNCIAS E GESTÃO DOS TALENTOS

2ª edição

MODELO DE COMPETÊNCIAS E GESTÃO DOS TALENTOS

2ª edição

Maria Rita Gramigna

© 2007 by Maria Rita Miranda Gramigna
Todos os direitos reservados. Nenhuma parte desta publicação
poderá ser reproduzida ou transmitida de qualquer modo
ou por qualquer outro meio, eletrônico ou mecânico, incluindo fotocópia,
gravação ou qualquer outro tipo de sistema de armazenamento e transmissão
de informação, sem prévia autorização, por escrito, da Pearson Education do Brasil.

Gerente editorial: Roger Trimer
Editora sênior: Sabrina Cairo
Editor de desenvolvimento: Marco Pace
Editora de texto: Aracelli de Lima
Preparação: Alexandra Costa da Fonseca
Ilustrações: Eduardo Borges
Revisão: Maria Luiza Favret e Sandra Regina Fernandes
Capa: Alexandre Mieda
Editoração eletrônica: Figurativa Arte e Projeto Editorial

Dados Internacionais de Catalogação na Publicação (CIP)
(Câmara Brasileira do Livro, SP, Brasil)

Gramigna, Maria Rita
 Modelo de competências e gestão dos talentos / Maria Rita
Gramigna — 2. ed. — São Paulo : Pearson Prentice Hall, 2007.

 ISBN 978-85-7605-141-1

 1. Administração de pessoal
 2. Aptidão
 3. Capitão humano
 4. Eficiência organizacional
 5. Mão-de-obra – Planejamento I. Título.

07-1864   CDD-658.3

Índices para catálogo sistemático:
1. Administração de pessoal: Administração de empresas 658.3
2. Planejamento de pessoal: Administração de empresas 658.3

Printed in Brazil by Reproset RPPZ 216272

Direitos exclusivos para a língua portuguesa cedidos à
Pearson Education do Brasil Ltda.,
uma empresa do grupo Pearson Education
Avenida Santa Marina, 1193
CEP 05036-001 - São Paulo - SP - Brasil
Fone: 11 3821-3542
vendas@pearson.com

Distribuição
Grupo A Educação
www.grupoa.com.br
Fone: 0800 703 3444

Sumário

Prefácio IX
Apresentação XI

CAPÍTULO 1
Gestão de pessoas 1
   1.1 Esclarecendo dúvidas: as perguntas mais comuns sobre o tema 1
   1.2 Os movimentos das últimas décadas e sua influência no
       gerenciamento de pessoas 5
   1.3 Tendências e emergências 8
   1.4 Inovação 9
   1.5 A nova era de RH 10
   1.6 RH como centro de resultados 13
   1.7 A era das competências e talentos 14

CAPÍTULO 2
A base do modelo de competências: negócio, missão, visão e valores organizacionais 17
   2.1 Negócio 17
   2.2 Missão institucional 18
   2.3 Visão de futuro 18
   2.4 Valores 19

CAPÍTULO 3

Apresentando um modelo 21

    3.1 Alinhamento conceitual 21

    3.2 Desdobramento de competências 25

    3.3 Premissas do modelo de competências 25

    3.4 Metodologia de implantação 25

    3.5 Principais dificuldades na implantação do modelo
de competências e recomendações especiais 34

    3.6 Mapa de poder 36

    3.7 Resumo dos blocos de implantação 39

    3.8 Visualização do modelo 42

CAPÍTULO 4

A fase de mapeamento no modelo de gestão por competências 43

    4.1 Desafios da nova economia 43

    4.2 O que é gestão por competências? 43

    4.3 O mapeamento na gestão por competências 44

    4.4 Taxonomia das competências de suporte 46

    4.5 Competências desdobradas segundo orientações taxonômicas 51

CAPÍTULO 5

Banco de identificação de talentos 95

    5.1 Inteligências múltiplas *versus* bancos de talentos 95

    5.2 Para que e quais as vantagens de montar um banco de talentos 98

    5.3 O foco do banco de identificação de talentos 99

    5.4 Estratégias para identificar potenciais e a formação de um banco
de identificação de talentos 101

    5.5 Administrando talentos a partir da formação da base de dados 104

    5.6 Mensuração por níveis de proficiência na avaliação
de potencial e em processos seletivos 105

CAPÍTULO 6

Ampliando o domínio de competências 113

    6.1 Como usar o banco de talentos para maximizar competências 114

    6.2 As necessidades verificadas em cada unidade de negócio
ou grupo de funções 115

    6.3 Competências por setores 116

    6.4 Exemplo de utilização da base de dados do BIT —
Banco de identificação de talentos 119

    6.5 As possibilidades de desenvolvimento pessoal 122

    6.6 Como usar a árvore das competências? 122

    6.7 A árvore das competências passo a passo: dicas 124

    6.8 Desenvolvendo redes de domínio 124

CAPÍTULO 7

Avaliação e gestão do desempenho 145

    7.1 Avaliar desempenhos: qual a melhor estratégia? 145

    7.2 As vantagens da avaliação 360 graus 148

    7.3 Os cuidados na implantação do projeto 148

    7.4 Como funciona a avaliação em rede (feedback 360 graus) 149

    7.5 Considerações sobre a formação de redes 150

    7.6 Elaboração dos instrumentos 151

CAPÍTULO 8

Cases: o modelo na prática 155

    8.1 Case 1. Robert Bosch 156

    8.2 Case 2. TIM — Telecelular SUL 160

    8.3 Case 3. ANTAQ — Agência Nacional de Transportes Aquaviários 164

    8.4 Case 4. Coelce — Companhia Energética do Ceará 189

CAPÍTULO 9
Ferramentas e instrumentos 197

   9.1 Fase de mapeamento 197

   9.2 Instrumento de apoio gerencial para orientação de carreira e desenvolvimento de competências 199

CAPÍTULO 10
Glossário e seleção de textos 205

   10.1 Quem é responsável pelo seu desenvolvimento? 207

   10.2 Liderando equipes de alto desempenho 209

   10.3 As emoções no ambiente de trabalho 210

   10.4 Comunicação interpessoal na empresa: o saber e o querer 213

   10.5 Estratégias PAF: dicas para construir equipes energizadas 216

   10.6 Atitudes e linguagem 218

   10.7 Os dez hábitos do profissional criativo 220

   10.8 Parceria como fator de sucesso 221

   10.9 Bloqueadores da criatividade 223

   10.10 Criatividade e inovação nas empresas cenários 226

   10.11 Gerenciando conflitos 230

   10.12 Equipes fortalecidas, empresas imbatíveis 232

   10.13 Perfil de excelência 232

   10.14 Inovação 234

   10.15 Modos interativos de liderança: uma estratégia criativa nas relações de trabalho 236

   10.16 Recomendações e conclusões 238

Referências bibliográficas 239

Prefácio

Tempo e espaço apresentam-se como parâmetros dominantes do desafio da gestão empresarial, influenciados a cada dia mais pela evolução tecnológica.

Por força da modernidade dos sistemas de comunicação, vamos sendo rapidamente conduzidos na direção da tomada de decisão em tempo real — uma impossibilidade orgânica para o ser humano, mas perturbadora se não nos dedicarmos a compreendê-la estrategicamente.

De repente, temos disponibilizada uma massa significativa de dados, e tratá-los de modo apropriado terá grande peso nas nossas decisões.

Somos testemunhas oculares do momento da ocorrência de uma enorme diversidade de fatos, capazes de influenciar os cenários nos quais os negócios se realizam.

A competição acontece em tempo integral.

A evolução tecnológica, ao quebrar as fronteiras geográficas, virtualiza os espaços, tornando-nos cidadãos do mundo, globalizando nossas atividades.

Culturas, hábitos e costumes misturam-se em alta velocidade, estabelecendo um estado de perplexidade quando comparamos o cenário atual com modelos praticados há poucos anos.

Somos desafiados a estabelecer, sistematicamente, novos diferenciais para os negócios pela constante agregação de valor.

Exigem competência de nós. Na fronteira, o que se cobra é um sujeito coletivo fortemente ajustado às competências essenciais da empresa.

Para tanto, há que existir uma metodologia cientificamente desenvolvida, garantindo que todas as etapas relacionadas com a gestão das competências sejam rigorosamente cumpridas.

Neste livro, Maria Rita Gramigna utiliza-se de todo o seu conhecimento, largamente aplicado em grandes empresas e generosamente divulgado em congressos, seminários e cursos no Brasil e no exterior, oferecendo a todos os profissionais uma obra de grande utilidade, em especial numa época em que lidar com tempo e espaço tornou-se um desafio irreversível.

Eraldo Montenegro
Presidente da Divulgar Serviços Ltda.

Apresentação

A decisão em transcrever o modelo de competências da MRG para um livro surgiu na década de 1990, quando o tema começava a ser discutido no Brasil.

Na ocasião, nossa empresa atuava de maneira diferenciada, e tinha um dos programas que mais chamava a atenção do mercado, sendo durante algum tempo nosso 'carro-chefe'; trazia em sua estrutura a definição de indicadores de competências para a formação de equipes de alto potencial.

Enquanto no Brasil começávamos a buscar novas formas de tornar as empresas mais competitivas, nos Estados Unidos e na Europa a gestão por competências caminhava a passos largos, apresentava resultados significativos e já disponibilizava literatura razoável a respeito.

Em 1996, ao analisar alguns modelos aplicados em empresas européias e comparar com o que já estávamos implantando nas empresas brasileiras, verifiquei que as ferramentas, as práticas e as metodologias utilizadas por nossa equipe faziam parte de um conjunto inovador e constituíam um programa abrangente e sistêmico, que agregava valor ao negócio.

Incentivada por outros profissionais que sempre nos consultavam, procurando informações sobre o tema, comecei a registrar os resultados de nossa experiência junto aos clientes, a organizar informações e a sintetizá-las de tal modo que o conteúdo pudesse ser transformado em uma obra que orientasse outras empresas na aplicação das diversas etapas de implantação da gestão por competências.

O resultado está traduzido neste livro, em sua segunda edição, cujo conteúdo está distribuído em capítulos que descrevem passo a passo as fases do projeto, apresentam dicas e estratégias para sua implantação e relatam resultados. Contém, ainda, textos selecionados que, se bem trabalhados, servem de elementos auxiliares no desenvolvimento de competências profissionais.

O incentivo maior para a publicação foi o fato de nosso modelo ser requisitado no mercado e apresentar resultados significativos. Recebemos o reconhecimento por nosso trabalho e hoje podemos nos considerar uma referência quando o tema é 'competências'.

Nesta revisão, pretendo atender a uma das demandas apontadas pelos leitores da primeira edição: a formatação do desenho inicial das competências de maneira que o resultado permita sua compreensão e a criação de instrumentos de verificação, avaliação de perfis, desenho de programas de capacitação. Esta forma de descrever e compreender as competências facilita sua operacionalização.

Com a inserção de novas informações, o leitor encontrará um elenco de competências universais seguidas de seu conceito, desdobramento em atitudes, conhecimentos e habilidades, apresentação de escalas dentro da estrutura taxonômica, indicação de como descrever níveis de proficiência e informações úteis sobre o tema. Acrescento, ainda, dois casos de sucesso de aplicação do modelo de competências em empresas públicas: o da ANTAQ – Agência Nacional de Transportes Aquaviários (Brasília/DF) e o da Coelce – Companhia Energética do Ceará.

Assim, além dos conteúdos que compõem os outros capítulos, o leitor terá maior facilidade e objetividade na elaboração de instrumentos para avaliar potenciais, selecionar candidatos, desenvolver pessoas e verificar o desempenho.

Boa leitura!

Maria Rita Gramigna

Capítulo 1

GESTÃO DE PESSOAS

1.1 Esclarecendo dúvidas: as perguntas mais comuns sobre o tema

Este capítulo contém as perguntas mais comuns que respondi a entrevistadores da mídia em geral e a jornalistas que escrevem matérias para revistas especializadas em gestão de pessoas (RH).

PERGUNTA: Hoje, no ambiente empresarial, o termo gestão por competências é bastante usado. Poderia explicar de que se trata?

RESPOSTA: Trata-se de um conjunto de ferramentas que, reunidas, formam uma metodologia de apoio à gestão de pessoas.

As informações geradas pelo modelo são o grande diferencial nas decisões e questões relativas ao capital intelectual.

A corrida da globalização exige que os olhares estejam voltados para resultados e, nesse processo, as pessoas encontram-se em alta, uma vez que a riqueza das empresas e das nações depende do conhecimento e das habilidades de suas equipes.

PERGUNTA: A gestão por competências é mais uma inovação?

RESPOSTA: Se analisarmos o termo como algo que agrega valor a um processo que já existe, tornando-o melhor, então podemos dizer que a gestão por competências é inovadora.

PERGUNTA: Que inovações ela traz?

RESPOSTA: Entre outras, a abertura à participação de todo o grupo gestor em sua implantação e a divisão dos louros na colheita de seus resultados.

É um modelo que, desde sua gênese, conta com o envolvimento da alta diretoria e dos gestores. Tal estratégia valoriza cada contribuição e permite a tomada de decisões compartilhada.

O que antes era de responsabilidade da área de Recursos Humanos, a partir desse modelo passa a ser responsabilidade coletiva e institucional.

Além de ser um projeto altamente participativo, traz como resultado a integração entre as diversas funções de Recursos Humanos, que antes funcionava de modo isolado.

PERGUNTA: Então a área de Recursos Humanos não é mais necessária nas empresas que estão trabalhando com o modelo de competências?

RESPOSTA: Ao contrário. Onde o modelo está sendo instalado, a área de Recursos Humanos tem alcançado uma incrível visibilidade e prestígio. É ela que orienta, assessora e dá suporte a todas as outras.

O que está havendo é uma mudança de enfoque: em vez de reagir, os profissionais de Recursos Humanos adotaram a estratégia proativa, na qual antecipam as soluções e evitam 'apagar incêndios'.

PERGUNTA: Antes de falar do modelo, poderia nos informar o significado da palavra 'competências' nesse contexto?

RESPOSTA: Desde o século XV o termo esteve atrelado à competição e à rivalidade.

Na atualidade, as definições são variadas, porém, há alguns pontos convergentes.

Levy Leboyer (1997) considera competência os "repertórios de comportamentos que algumas pessoas ou organizações dominam melhor que outras, o que as torna eficazes e competitivas em determinadas situações".

Para Montmollin (1984), competência "é o conjunto de saberes, práticas, comportamentos, procedimentos e tipos de raciocínio que se pode acessar em um novo aprendizado".

Para Gilbert e Parlier (1991), "é o conjunto de conhecimentos, capacidade de ação e comportamentos estruturados, colocados em disponibilidade de um objetivo ou meta, na busca de resultados".

Valerie Marback (1998) define competências como um conjunto de elementos que estão em interação dinâmica e fazem o diferencial de uma empresa ou pessoa. São os saberes (conhecimento), o saber-fazer (habilidades), os comportamentos (atitudes) e as faculdades cognitivas (qualidades pessoais).

O ponto comum entre as diversas definições é o reconhecimento das contribuições das pessoas diferenciando os resultados empresariais.

PERGUNTA: Então as pessoas estão em alta?

RESPOSTA: Posso afirmar que as empresas no pódium têm como vantagem competitiva a atenção voltada para a gestão de pessoas.

Hoje já não existe mais a fidelidade do empregado à empresa e torna-se inevitável a perda de grandes talentos nas organizações voltadas somente para tecnologias de última geração. É muito comum encontrar empresários que investiram alguns milhares de dólares na modernização de seu parque tecnológico e não conseguiram aumentar sua rentabilidade. A desproporção do investimento máquina *versus* pessoa produziu tal resultado. Afinal, quem lida com as máquinas e com a tecnologia?

PERGUNTA: Quando uma empresa é considerada competente?

RESPOSTA: Quando apresenta alguns indicadores de desempenho, tais como:

- Processos de trabalho e de gestão eficazes e integrados.
- Valor agregado em seus produtos ou serviços percebidos pelos clientes.
- Administração financeira que permita investimentos em inovação.
- Oferta permanente de diferencial aos seus clientes.
- Comprometimento e envolvimento dos colaboradores no seu desenvolvimento.
- Reconhecimento de sua excelência no ambiente interno e externo.

PERGUNTA: Para tornar-se competente, que competências um empresa deve desenvolver?

RESPOSTA: Existem quatro tipos de competências organizacionais:

- *Diferenciais (ou distintivas)*: as que são percebidas pelos clientes e que permitem distinguir uma empresa de outras. Por exemplo, quando pensamos em um *fast-food* que tenha agilidade no atendimento, qualidade do cardápio oferecido e padronização nos seus serviços, o que nos vem à cabeça? Aquela que for lembrada, no conceito de competências, é a melhor.
- *Essenciais*: são a base dos processos internos e garantem a qualidade dos produtos e serviços, da cultura, do clima de trabalho e das práticas de gestão. São percebidas pelos clientes internos de forma mais incisiva que pelos externos. Se estão ausentes, tal fato reflete-se na qualidade percebida pelo mercado.
- *Básicas (ou genéricas)*: as que todos os profissionais devem possuir para compor o quadro de uma empresa.
- *Terceirizáveis*: as que não estão ligadas ao negócio e podem ser desenvolvidas por parceiros.

Observação: as três últimas são chamadas, na nomeclatura MRG, de *competências de suporte*, e a primeira é chamada de *competência estratégica*.

PERGUNTA: O tema competências surgiu no Brasil?

RESPOSTA: O tema vem sendo tratado há décadas na Europa e nos Estados Unidos. O Brasil sempre caminhou a reboque da história quando se tratava de tecnologias de gestão. Com o advento da globalização e a facilidade de acesso à informação (e neste ponto a Internet trouxe uma grande contribuição), dessa vez estamos caminhando lado a lado. Corremos atrás do tempo e já podemos falar de igual para igual no que se refere a competências.

PERGUNTA: São muitas as empresas que já estão trabalhando com foco nas competências?

RESPOSTA: Não possuo dados exatos. Porém, pelas informações que colhi em seminários, congressos, conferências e pesquisas informais, boa parte das empresas brasileiras já está voltada para o tema.

Na informação recebida de um gerente da CST — Cia. Siderúrgica Tubarão, que realizou uma enquete com algumas empresas, foi constatado que, das 25 empresas consultadas — aquelas mais conhecidas da revista *Exame* ("50 Melhores Empresas para Trabalhar", 1999) —, 16 delas, ou 64%, adotam o "feedback 360°", uma das ferramentas usadas no modelo de competências. É um bom índice.

PERGUNTA: Se uma empresa quiser adotar esse sistema, deverá começar por onde?

RESPOSTA: Para melhor compreensão, vamos enumerar o passo a passo para a sua implantação:

1. Mapeamento e definição dos perfis de competências (trabalho que envolve a direção e as pessoas-chave da empresa).
2. Verificação da situação de cada colaborador em relação ao perfil traçado (nesta fase inicia-se a formação do banco de talentos interno, com base no potencial de cada colaborador).
3. Projetos estratégicos de realinhamento de perfis por meio da capacitação e do desenvolvimento de competências.
4. Definição de estratégias para gerir o desempenho individual e elevar o nível de domínio das equipes.
5. Realinhamento dos planos de carreira e remuneração, adequando-os ao novo modelo de competências*.

PERGUNTA: Para encerrar. Que vantagens um projeto de competências traz para as empresas que o adotam?

RESPOSTA: Entre outras, cada gestor ou coordenador terá como responder a questões básicas na gestão de pessoas, com a certeza de que suas decisões serão baseadas em informações objetivas. As principais são:

- Qual o potencial de cada pessoa de minha equipe?
- Com quem posso contar?
- Em quem vou investir para assumir funções de maior responsabilidade?

Além do conhecimento do potencial das pessoas e da possibilidade de formar uma equipe imbatível de talentos, os processos seletivos internos poderão ser realizados como forma de valorizar a prata da casa.

Tais iniciativas elevam o moral das pessoas, elevando a motivação e instigando a satisfação no trabalho. Equipes competentes, felizes e produtivas fazem a diferença e geram resultados inimagináveis.

Segundo nossos clientes, os projetos de competências em fase de implantação vêm apresentando resultados positivos, tais como:

- Aumento do nível de satisfação dos colaboradores, gerando clima de trabalho mais humano.
- Retenção dos talentos internos.
- Identificação de profissionais com potencial para possíveis sucessões.
- Formação de massa crítica, gerando o desenvolvimento de práticas inovadoras na empresa.

---

* No decorrer da implantação do projeto, faz-se necessário adequar as formas de compensação financeira dos colaboradores. Se os benefícios do projeto recaírem somente sobre a organização, certamente a descrença se instalará e, provavelmente, sofrerá boicotes ou rejeição por parte dos colaboradores. As pessoas precisam perceber que seus esforços estão sendo reconhecidos pela direção.

- Redução significativa nos custos dos programas de capacitação.
- Obtenção de desempenhos e resultados mais destacados.

PERGUNTA: O que a senhora diria aos empresários e gerentes que ainda não adotaram o modelo de competências?

RESPOSTA: Que procurem conhecer, que pesquisem no mercado o que há de mais adequado às suas empresas, e que ousem mudar e inovar. Mudar para transformar e para sobreviver com sucesso.

1.2 Os movimentos das últimas décadas e sua influência no gerenciamento de pessoas

O fato de estarmos vivendo numa economia globalizada vem instigando dirigentes brasileiros a demandar esforços para o realinhamento de suas práticas de gestão.

As mudanças contextuais e o alto nível de complexidade do ambiente exercem forte impacto nas organizações, colaborando para o fortalecimento do fator competitividade.

A descoberta da ineficiência de nossos antigos modelos, constatada desde a abertura de nosso mercado em 1991, fez com que acordássemos para essa questão.

Hoje, no ambiente empresarial, os olhos estão voltados para indicadores que asseguram o diferencial no mercado, e entre eles podemos citar:

> COMPETÊNCIAS FUNDAMENTAIS
> GESTÃO DE PESSOAS
> GESTÃO DO CONHECIMENTO
> MUDANÇAS NA ESTRUTURA ORGANIZACIONAL
> INOVAÇÃO
> CUSTO DE PRODUÇÃO

Experimentamos diversas práticas na gestão do negócio. Elegemos, para relatar de forma breve, as três que tiveram maior influência no comportamento e na cultura empresarial e que influenciaram o gerenciamento de pessoas: desenvolvimento organizacional, qualidade total e reengenharia.

1.2.1 Desenvolvimento organizacional

No final dos anos de 1970 e início dos anos de 1980, os programas de desenvolvimento organizacional ancorados no planejamento estratégico foram amplamente adotados no Brasil.

O grande ganho para as pessoas das organizações que utilizaram esse modelo foi a possibilidade de participação. A revisão da estratégia empresarial levou dirigentes e equipes a um trabalho compartilhado para estabelecer a missão organizacional, definir o negócio, divulgar a visão empresarial, discutir valores e crenças percebidos, bem como elaborar planos setoriais e estabelecer objetivos e metas. A administração por objetivos torna-se o alvo das organizações na busca de resultados.

O desenvolvimento organizacional foi um modelo dos mais significativos e fez com que dirigentes repensassem suas empresas, dando um salto qualitativo em sua maneira de gerenciar pessoas.

1.2.2 Qualidade total e reengenharia

Ainda na década de 1980, o movimento da qualidade se inicia com a prática da formação dos círculos de controle de qualidade, principalmente nas indústrias, onde o forte componente humano fazia a diferença. Comitês formados por supervisores, gerentes e colaboradores responsabilizaram-se por boa parte das melhorias nos processos de trabalho, ampliando sua capacidade produtiva.

Problemas e dificuldades que antes tinham suas soluções sob a responsabilidade de supervisores, chefes imediatos, gerentes ou diretores, passaram a ser discutidos e implantados, agora com a participação dos empregados. Proliferaram as caixas de sugestões, as reuniões sistematizadas para a discussão de problemas, e as pessoas tiveram seus espaços para contribuir.

A década de 1990 é reconhecida no Brasil como a dos serviços e das competências.

Estabelecida a guerra entre mercados cada vez mais competitivos, o mundo começou a formar blocos comerciais, o que exigiu das nações envolvidas nesse processo flexibilidade, agilidade, inovações e mobilização por parte das pessoas. Fez-se necessário oferecer produtos e serviços competitivos em termos de qualidade e preço. Ao mesmo tempo, as organizações se empenhavam em descobrir fórmulas para reduzir os custos de produção.

A abertura do mercado brasileiro às exportações, a estabilização da moeda e a expansão da globalização fizeram cair a máscara e deixaram transparecer nossas práticas de gestão e a ineficiência de seus processos.

Empresas antes consideradas de sucesso começaram a expor suas mazelas. Alerta geral: dirigentes perceberam que, se não mudassem suas práticas, certamente não sobreviveriam aos concorrentes de outros países, que ganhavam popularidade entre os consumidores. Nesse momento, inicia-se a escalada rumo à excelência.

Vimo-nos, finalmente, descobrindo o cliente como fonte de riqueza, e adotamos as práticas da qualidade total. O Japão, com sua economia em crescimento, foi nosso alvo de *benchmarking*.

Mais uma vez, as pessoas foram fundamentais nos programas Kaizen, Kanban, Just in Time e outros que visavam a melhoria da produtividade e a satisfação do cliente, e o Brasil destaca-se por deter o maior número de empresas certificadas pela ISO na América Latina.

Ainda nos anos de 1990, chega ao nosso país a reengenharia, modelo adotado por algumas empresas brasileiras. Sua filosofia, apoiada por estratégias de alterações nas organizações, priorizou mudanças de cultura, estrutura e indivíduos. Seus frutos não foram satisfatórios por causa da forma radical como o modelo foi entendido e implantado. O resultado foram perdas inestimáveis de talentos, saberes e elementos culturais desnecessários. Seu tempo de credibilidade foi pequeno e não chegou a ameaçar o movimento da qualidade total.

Desenvolvimento organizacional, qualidade total e reengenharia certamente foram os mais importantes movimentos brasileiros das últimas décadas, que influenciaram as práticas de gestão, principalmente na área de Recursos Humanos (ver quadro a seguir).

Movimentos e época em que foram mais evidentes	Influência na gestão de pessoas
DESENVOLVIMENTO ORGANIZACIONAL (Final da década de 1970/ início dos anos 80)	• Participação das pessoas na definição de suas missões setoriais, objetivos e metas de trabalho. • Melhor compreensão do negócio pelos gerentes das diversas áreas e possibilidades de nortear as decisões relativas ao aproveitamento das competências individuais.
QUALIDADE (Início da década de 1980/ auge nos anos 90)	• Surgimento da cultura participativa, gerando o envolvimento das pessoas nas decisões direcionadas a melhorias nos processos de trabalho. • Identificação de indicadores de desempenho, servindo como padrão para a mensuração do desempenho individual e das equipes.
REENGENHARIA (Anos 90)	• Constatação da inutilidade de adotar medidas radicais de enxugamento de quadros como forma de reduzir custos e aumentar a produtividade. • Retorno à idéia de valorizar e reter os talentos.

O conjunto de pequenas mudanças e o realinhamento na maneira de gerenciar pessoas vêm apresentando benefícios inestimáveis aos negócios.

A área de Recursos Humanos, antes centralizadora e responsável por todos os processos de pessoal, vem assumindo, finalmente, seu espaço estratégico, descentralizando-se, distribuindo as responsabilidades pelo desenvolvimento das pessoas aos gerentes diretos, instrumentalizando-se para uma nova ordem e partindo para uma gestão integrada e focada no negócio.

Outro fator que merece destaque é a presença de processos de inovação na gestão de pessoas interferindo na cultura organizacional. O sistema autoritário e centralizador, que prevaleceu até pouco tempo, está sendo substituído pelo participativo, no qual as decisões já chegam ao chão de fábrica, na esfera de competências das equipes e times que trabalham em forma de células.

Tais práticas, embora não estejam presentes em todas as organizações, refletem um novo pensar e um novo agir.

Os discursos de exortação já não fazem mais efeito se não são praticados no dia-a-dia. Além de propagar que "as pessoas são nosso maior bem", "aqui valorizamos nossos talentos" e outros jargões, faz-se necessário definir um plano para tratar dessa maior riqueza, os seres humanos, responsáveis pelo funcionamento da máquina empresarial.

1.2.3 Por que investir nas pessoas?

- Sem as pessoas, qualquer tecnologia, por mais necessária e inovadora que seja, não funciona.
- Pessoas têm o dom de fazer o sucesso ou o fracasso de qualquer empresa.
- Pessoas trazem histórias de vida, emoções, saberes, valores, crenças e expectativas.
- Pessoas têm necessidade de integrar seus sonhos a um projeto coletivo.
- Pessoas carregam a expectativa de patrocínio desse empreendimento, no qual cada parte precisa ser atendida e o resultado deve ser favorável, do tipo ganha-ganha.
- Pessoas podem colocar seu talento a favor das organizações quando encontram ambiente para tal.
- Pessoas são leais àqueles que as respeitam, abrem oportunidades e as valorizam.

1.3 Tendências e emergências

O vertiginoso processo de transformações, característico de nossos tempos, exige das organizações prontidão para se antecipar e se adaptar aos novos desafios.

Um dos indicadores de competitividade e, talvez, aquele que se constitui no alvo das preocupações dos gestores de pessoas, é sua capacidade de formar e manter capital intelectual, evitando a dança das cadeiras. A frase "não faz mais parte de nosso quadro" repete-se cada vez mais nas empresas, acarretando perda de talentos, de história e de cultura organizacional.

É necessário discutir e refletir sobre os fatores que atraem um profissional em seu ambiente de trabalho. Percebemos que, hoje, a lealdade de um colaborador está atrelada a um conjunto de condições diferentes das que eram de valor anteriormente. Estabilidade, plano de benefícios abrangente ou a possibilidade de trabalhar em uma grande corporação já não atraem tanto os talentos.

Pelo resultado da pesquisa realizada pela revista *Exame*, as melhores empresas para trabalhar revelam tal realidade.

Indicadores de atratividade e manutenção de talentos nas empresas

- Salários e benefícios: política de remuneração.
- Oportunidade de carreira: gestão do desempenho, meritocracia e possibilidade de crescimento.
- Diversos aspectos: produto, serviços e ambiente.
- Delegação de responsabilidades: possibilidade de tomada de decisão, liberdade e autonomia.
- Ética: nas relações e negócios.

Fonte: revista Exame ("50 Melhores Empresas para Trabalhar"). Guia Exame. Parte integrante da edição nº 695, 1999.

Faz-se necessário repensar as práticas na gestão de pessoas, inovar, entrar na nova era de Recursos Humanos, transformar a área em centro de resultados e administrar competências e talentos.

1.4 Inovação

Inovar é preciso!

O fenômeno da inovação apresenta características inusitadas: não pode ser tocado, ouvido ou provado. Porém, quando acontece, é sentido, pensado e percebido.

Thomas D. Kuczmarski descreve a inovação "como uma atitude que penetra e se propaga, permitindo às empresas enxergar além do presente, criando uma visão de futuro. Faz-se presente quando introduzimos melhorias nos processos já existentes e garantimos a vantagem competitiva da empresa". As inovações de sucesso atendem às expectativas do mercado (clientes), do ambiente interno (colaboradores) e dos empresários e acionistas.

Se voltarmos nossos olhares para a indústria automobilística desde sua chegada ao Brasil, veremos exemplos concretos das mudanças e melhorias do setor. Um automóvel continua sendo um automóvel, porém, de um ano para outro, cada empresa procura ganhar mais clientes, agregando algum valor aos modelos anteriores e criando novos conceitos.

As inovações no campo da tecnologia acontecem de forma mais acelerada do que as que estão no âmbito da gestão de pessoas. Métodos e práticas da era pós-industrial ainda fazem parte do cotidiano de muitas das empresas brasileiras. Enquanto nosso mercado esteve fechado, tínhamos justificativa para sua manutenção. Afinal, o acesso à informação era mais restrito e as oportunidades de contato com as empresas de primeiro mundo eram reduzidas. Com a abertura do mercado e a facilidade de acesso às comunicações, a distância entre o fato e a informação chegou a zero. Não há mais desculpas. Ou corremos atrás do prejuízo ou ficaremos a reboque do processo de globalização.

O gestor de pessoas precisa ser um questionador, um insatisfeito e um empreendedor. Em seu rol de perguntas, as mais importantes são:

- O que há de novo no mercado? O que está dando resultados?
- Que inovações posso realizar na gestão de pessoas que venham garantir maior adesão dos talentos a projetos de interesse da organização?
- Que riscos correremos com a adesão às inovações?

O tema inovação está em alta. Já contamos com empresas que se destacam em diversos campos:

- *O Boticário*, multinacional brasileira, concorre de igual para igual no mercado internacional.
- A empresa *Forno de Minas* fez tanto sucesso que foi comprada por um grupo internacional e a marca mineira corre o mundo.
- A fantástica propaganda da revista *Época*, veiculada em 2000, primou pela inovação e angariou prêmios em sua categoria.

Seria possível enumerar uma série de exemplos, e ainda assim deixaríamos bom número deles fora da lista.

Um ponto comum merece ser destacado nas empresas de sucesso, que, em sua maioria, apresentam um forte componente humano: ou um grupo de pessoas engajou-se no projeto coletivo da organização, ou um líder conseguiu obter a adesão de seus liderados.

Acredito que essas empresas possuem formas especiais de tratar seus talentos, caso contrário, seus resultados não seriam tão evidentes.

Certamente, estarão no pódio as organizações que possuírem um modelo efetivo de gestão de pessoas, que compatibilize os interesses da organização com os interesses individuais.

1.5 A nova era de RH

O modelo centralizador, adotado nos últimos tempos pela área de Recursos Humanos, caracterizado por ilhas de poder, nas quais cada grupo lutava para manter seus espaços, em completa desintegração de funções, e pela pouca influência nas decisões estratégicas, está com seus dias contados.

Os quadros a seguir apontam as práticas desfavoráveis na gestão de pessoas e as tendências em três funções básicas:

Função: provimento Área: recrutamento e seleção de pessoal	
Forças restritivas a uma gestão integrada de recursos humanos	**Tendências**
• Recrutamento de talentos sistematicamente realizado no mercado. • Seleção realizada pela área de Recursos Humanos sem a participação dos detentores de cargos vagos. • Processo fechado, no qual os candidatos raramente recebem feedback objetivo sobre suas performances. • Avaliação do candidato tendo como base a descrição de cargos (foco no conhecimento e em habilidades).	• Aproveitamento dos talentos existentes na empresa (programas de sucessão e seleção interna). • Participação do gerente detentor do cargo no processo seletivo (partilha de responsabilidades na escolha). • Abertura dos processos seletivos por meio do retorno sobre o desempenho dos candidatos (entrevista de feedback pós-seleção). • Avaliação do candidato tendo como base o perfil de competências exigido para o cargo (conjunto de atitudes, habilidades e conhecimentos).

(continua)

(continuação)

Função: capacitação Área: treinamento e desenvolvimento	
Forças restritivas a uma gestão integrada de recursos humanos	**Tendências**
• Oferta de listas de cursos e seminários, resultantes de levantamento de necessidades de treinamento. • Processo de levantamento de necessidades de treinamento com base na decisão unilateral e na soma de desejos dos gerentes. • Programas de treinamento elaborados pela área de Recursos Humanos sem a participação da área cliente. • Eventos extensivos a todos os colaboradores de determinado cargo ou função (planejamento para todos os gerentes, relacionamento interpessoal para todas as equipes, atendimento para todas as secretárias). • Decisão de quem vai participar dos treinamentos sob a responsabilidade do chefe imediato ou da área de Recursos Humanos. • Ausência de critérios objetivos para encaminhamento de profissionais aos eventos oferecidos no mercado: cursos, seminários, palestras, congressos e similares. • Os colaboradores interpretam sua indicação para treinamentos externos como instrumento de prêmio ou castigo. Acreditam que os mais próximos ao gerente imediato têm maiores chances de ser indicados, e que os que contrariam os interesses do chefe são 'castigados' e nunca participam. • Ausência de instrumentos que permitam informar aos treinandos seu estágio de competências (o que a empresa deseja × como cada um é visto naquele momento pela organização).	• Incremento dos projetos de identificação de talentos, favorecendo o rastreamento e o registro de colaboradores em potencial, bem como a identificação de necessidades de desenvolvimento de competências. • Oferta de programas de treinamento e desenvolvimento a partir da consulta em diversas bases de informações (avaliação de desempenho, resultados de avaliação de potencial, observação no posto de trabalho, redes de feedback, entre outros). • Participação e influência da área do cliente na definição de seus programas de treinamento e desenvolvimento. • Programas de treinamento e desenvolvimento por competências ou habilidades nos quais participam os que realmente necessitam ampliar seus domínios, de forma a apresentar melhores resultados no trabalho. • Critérios mais objetivos no encaminhamento de profissionais para eventos abertos. • Incremento do treinamento a distância. • Estímulo e apoio da empresa aos profissionais que buscam o autodesenvolvimento. • Estratégias que favoreçam a gestão do conhecimento e a formação de grupos de aprendizagem.

(continua)

(continuação)

• Difusão da cultura paternalista, na qual os colaboradores vêem a empresa como 'responsável pelo seu desenvolvimento', com tendência a se acomodar quando esse investimento não é efetivado.	• Momento de transição da cultura paternalista para a participativa, na qual empresa e empregado são responsáveis pelo desenvolvimento profissional — era da empregabilidade.

Função: remuneração
Área: cargos e salários – carreira

Forças restritivas a uma gestão integrada de recursos humanos	Tendências
Estruturas de organização fortemente hierarquizadas.	Estruturas de organização achatadas; forte redução da hierarquia com a eliminação de cargos de gerência média e supervisão.
Carreiras apenas verticais; em alguns casos, oferta de oportunidades laterais através de curvas de maturidade.	Carreiras verticais e, principalmente, laterais, por meio da avaliação de competências.
Gestão do desempenho individual.	Gestão do desempenho do indivíduo no contexto da equipe em que trabalha.
Cultura do controle, fundamentada no relacionamento hierárquico.	Controle do envolvimento, com ênfase no trabalho em equipe, na independência para escolher e no empowerment.
Remuneração por desempenho apenas individual.	Remuneração pelo desempenho da equipe, da unidade e da organização.
Uso do processo de remuneração orientado essencialmente para disciplinar relações salariais.	Uso da remuneração como estratégia de comunicação e mudança de comportamentos.
Proliferação de títulos de cargos para caracterizar sua avaliação ou para justificar salários mais elevados.	Redução natural do número de títulos, já que o cargo deixa de ser o fulcro do processo.
Foco no cargo, por meio de avaliações baseadas em fatores comuns.	Foco na pessoa, por meio da avaliação e remuneração por competências.
Uso de descrições de cargos delimitadoras das responsabilidades individuais.	Uso das competências requeridas pelo papel do indivíduo na equipe e na organização.
Busca da eqüidade interna.	Uso de abordagens variadas e mutáveis, em função de características de processos, conjuntura, mercado etc.
Especialização das atividades de Recursos Humanos.	Integração das atividades de Recursos Humanos, principalmente remuneração, treinamento e desenvolvimento.

(continua)

(continuação)

Definição da atividade de Remuneração como ferramenta essencialmente de controle.	Definição da atividade de remuneração como ferramenta estratégica e de consulta.
Tentativa tímida de relacionar a política de remuneração aos objetivos da organização.	Vinculação da política de remuneração à estratégia da organização e às suas competências essenciais.[1]
Uso apenas de salário fixo.	Uso do salário variável como oportunidade de auferir maiores ganhos, proporcional e simultaneamente com mesmo tempo que os destinos da organização.
Resistência ao uso da remuneração por desempenho.	Uso do salário variável para recompensar o desempenho da equipe, unidade e organização.
Uso de escalas salariais com elevado número de níveis e faixas ou amplitudes estreitas.	Uso de bandas amplas, com número mínimo de níveis e faixas ou amplitudes elevadas.

Informações sobre remuneração fornecidas por Beverly Zimpeck, consultor de Recursos Humanos.

1.6 RH como centro de resultados

A integração das diversas funções de recursos humanos, apoiada por um processo de gestão efetivo, é o passo fundamental para a geração de resultados.

Profissionais que militam em recrutamento, seleção, treinamento, desenvolvimento, avaliação do desempenho, carreira e remuneração precisam reconhecer a necessidade de mudanças e buscar caminhos que ajudem a resgatar os espaços perdidos pela área de RH ao longo dos anos.

A revisão de processos e o realinhamento de estratégias poderá contribuir para a agilidade de respostas a questões relevantes, tais como:

- Quem são os profissionais de nossa empresa? Quais suas habilidades?
- Temos uma estratégia que permita aproveitar o potencial das pessoas?
- Estamos investindo nas pessoas certas?
- Quem precisa de treinamento?
- Dispomos das competências essenciais para atingir os objetivos do negócio?
- O que precisamos mudar para maximizar os esforços individuais na busca de novas competências?
- O retorno do investimento em treinamentos é verificado e medido? De que forma?

---

[1] Competências de sustentação que garantem o sucesso da empresa.

- Como são desenhados os planos de desenvolvimento em nossa empresa?
- Que ferramentas usamos para identificar necessidades?
- Há mecanismos de acompanhamento do desenvolvimento individual que permitam identificar talentos em potencial?
- Estamos atendendo à demanda de outras áreas com agilidade e qualidade?
- Adotamos algum procedimento interno para formar sucessores?
- Possuímos um sistema de avaliação de desempenho em sintonia com a estratégia empresarial?
- Somos capazes de gerenciar a carreira de nossos colaboradores?
- As mudanças que ocorrem dentro e fora da organização estão sendo levadas em consideração nos nossos projetos e planos?
- Temos um sistema de remuneração que atenda aos interesses da empresa e dos trabalhadores?

1.7 A era das competências e talentos

Um dos indicadores de desempenho empresarial, talvez o mais importante no atual contexto de mercado, é sua capacidade de atrair, desenvolver e reter pessoas talentosas.

Vivemos um momento inusitado em nossa história. Organizações que se comportavam como se tivessem talentos de sobra vêem-se diante de um cenário novo: apresentam dificuldades para identificar, em seus próprios quadros, profissionais que atendam à demanda de competências exigida pelo mundo globalizado.

Estamos pagando o preço da falta de investimento no potencial humano.

Na urgência de aumentar sua competitividade, as empresas estão garimpando profissionais no mercado. Estes, pagos a preço de ouro, têm seu lugar ao sol.

As consultorias 'caça-talentos' afirmam que, apesar de o nível de desemprego estar nas alturas e de o contingente de profissionais disponíveis no mercado ser numeroso, atender às empresas empregadoras é tarefa árdua. O novo perfil, delineado pelos contratantes, agregou inúmeras competências, difíceis de encontrar em uma só pessoa.

Tomas Case, fundador do grupo Catho, maior empresa de recolocação de executivos e uma das maiores em recrutamento, após realizar pesquisa com 9.484 profissionais, forneceu-nos dados sobre a prática do mercado relativa a competências e remuneração.

Quanto vale uma nova competência? Vejamos alguns exemplos.

- Fluência em inglês, competência de grande peso na remuneração do executivo, equivale ao acréscimo de R$ 998 na remuneração mensal das mulheres.
- Cada aumento no grau de escolaridade equivale a pelo menos mais R$ 663 mensais.
- Executivos orientados para a ação podem agregar R$ 52 a cada ponto adquirido, numa escala de 1 a 6.
- Curiosidade: ser do sexo masculino equivale ao acréscimo de R$ 796 mensais sobre a remuneração das mulheres.

Se estamos na era dos talentos, as empresas que se anteciparem, implantando estratégias que atraiam, desenvolvam e retenham profissionais em potencial, terão maiores chances de enfrentar a concorrência e ganhar o mercado.

Os próximos capítulos deste livro tratam de um modelo que vem se delineando como um dos mais adequados aos novos tempos: o da gestão por competências.

Já difundido nos Estados Unidos e em franco crescimento na Europa, esse movimento chega de forma ainda tímida no Brasil, tendo nas multinacionais e nas novas empresas seu berço.

As primeiras investigações sobre o tema partiram de David McClelland na década de 1970. Em 1973, McClelland publicou o resultado de seu trabalho sobre mensuração de competências e inteligência na revista *American Psychologist*, abrindo caminho para outras pesquisas e estudos.

A primeira onda de competências gerou um processo efetivo e sistematizado: a entrevista de incidentes críticos. Usada até hoje, com êxito, nos processos seletivos, permite verificar a adequação de uma pessoa ao perfil de competências de determinado cargo, função ou posto de trabalho. Consiste numa técnica de investigação que compara os comportamentos das pessoas no seu dia-a-dia aos daqueles considerados excelentes em suas funções.

Nos anos de 1980 começam a ser definidas as escalas de competências baseadas no estudo de perfis em organizações de países variados. Tais escalas incluíram indicadores de desempenho que ultrapassavam o conhecimento da tarefa: as habilidades necessárias e as atitudes favoráveis. O detalhamento dos diversos perfis correspondentes a postos de trabalhos variados contribuiu para a implantação de projetos e planos de treinamento e desenvolvimento por competências, além de orientar os processos seletivos.

A gestão por competências torna-se um processo de enorme impacto nos resultados organizacionais e, após vinte e cinco anos, desde a sua gênese, vem comprovando sua eficiência. Já não pode ser considerada 'modismo, invenção da área de Recursos Humanos ou mais um plano da diretoria'.

De acordo com dados da revista *Capital Humano*, na última Conferência Internacional de Gestão por Competências, realizada em Londres em outubro de 1997, representantes de seiscentas empresas de vários países discutiram o tema, assistiram a palestras e compartilharam experiências.

Embora de forma tímida, as empresas descobriram que estamos no tempo das competências.

Capítulo 2

A BASE DO MODELO DE COMPETÊNCIAS: NEGÓCIO, MISSÃO, VISÃO E VALORES ORGANIZACIONAIS

Ao optar pelo modelo de gestão de pessoas por competências, faz-se necessário revisar ou investir no realinhamento de quatro indicadores organizacionais:

- Definição do negócio.
- Definição da missão.
- Definição da visão de futuro.
- Identificação dos valores organizacionais.

Este capítulo traz algumas informações que poderão orientar em tal empreendimento.

Ao definir as competências da empresa e das pessoas, estas deverão se orientar pelos indicadores mencionados acima.

2.1 Negócio

Espaço que a organização pretende ocupar em função das demandas ambientais.

Definição dos desejos ou necessidades que ela quer satisfazer quando o usuário adquire seu produto ou serviço.

FUNÇÃO: Orientar o comportamento de todos os colaboradores e expressar seus valores.

Qual é o negócio de sua empresa?

Com base no quadro a seguir, recomenda-se verificar se o negócio da empresa está bem formulado.

Visão restrita do negócio	Visão ampliada do negócio
ALL — Trens	ALL — Logística
CEMIG — Força e luz	CEMIG — Energia
MRG — Treinamento e desenvolvimento	MRG — Soluções em educação empresarial
COPASA — Água e esgoto	COPASA — Saneamento e saúde

2.2 Missão institucional

Dá significado ao negócio, define a razão da existência da empresa, indica os rumos para a excelência, revela sua essência. Orienta na tomada de decisões, na definição de objetivos e na formulação de estratégias.

> "Uma missão coerente é um instrumento poderoso, que pode ajudar os responsáveis pelas decisões a encontrar o caminho em meio à confusão e à complexidade."
>
> (Alvin Tofler)

Qual a missão de sua empresa?

Ela responde às perguntas abaixo?

- Fazer o quê? (*Qual é o nosso negócio?*)
- Para quem? (*Quem é o nosso cliente?*)
- Onde? (*Base, prioridade, segmentação*)
- Como? (*Desafio, diferencial*)
- Com que finalidade? (*Grupos de interesse*)

2.3 Visão de futuro

- Definir a visão de futuro é pensar em "como queremos ser vistos pelos usuários, fornecedores, parceiros e pessoal interno".
- A *visão de futuro* serve como norteadora de ações para alcançar a excelência.
- A visão *deve ser compartilhada* por todos da organização.

Visão de futuro ou visão estratégica é algo que pode ser pensado como um cenário ou como uma intuição, um sonho, uma vidência, acima dos objetivos específicos de uma empresa e que lhe serve de guia.

Qual a visão de futuro de sua empresa?

Alguns exemplos de visão de futuro:

- "Eu tenho um sonho." (Martin Luther King)

- "Queremos ouvir de cada cliente que a IBM é insuperável em soluções de tecnologia da informação para suas necessidades e aspirações." (IBM Brasil)
- "Até o final desta década levaremos o homem à lua... e o traremos de volta a salvo." (John F. Kennedy)

2.4 Valores

Normas, princípios ou padrões sociais aceitos por um grupo, uma instituição ou uma sociedade.

2.4.1 Valores e crenças

Orientam a conduta das pessoas em uma organização. Definem os padrões de comportamento e contribuem para o estabelecimento da cultura interna.

Os valores são adquiridos no meio familiar e levados para outros ambientes. É vivenciando esses valores que surgem as crenças e formam-se os princípios e as culturas variadas.

Existem valores construtivos e destrutivos, por isso é necessário identificar os que movem os seres humanos em direção ao desenvolvimento, à prosperidade e à harmonia.

Vejamos, a seguir, um exemplo de valor adquirido na história de vida:

- *Valor*: trabalho em equipe.
- *Crença*: as pessoas são cooperativas e gostam de trabalhar juntas.
- *Princípio*: trabalhamos em times.
- *Cultura*: participação.

Alguns valores e crenças que podem ser citados:

- *Autonomia*: as pessoas são responsáveis.
- *Qualidade de vida*: merecemos o melhor.
- *Democracia*: o poder deve ser compartilhado.
- *Liberdade*: as pessoas devem ser livres para se expressar e agir.

2.4.2 Elenco aleatório de valores

Ambiente saudável	Felicidade
Amizade	Harmonia
Amor	Honestidade
Coerência	Humildade
Conhecimento	Inovação
Cooperação	Lealdade
Criatividade	Liberdade
Experiência	Lucro

(continua)

(continuação)

Paz	Simplicidade
Poder	Sucesso
Reconhecimento	Tolerância
Relacionamento	Unidade
Respeito pelas diferenças	
Responsabilidade	
Sensibilidade	

2.4.3 Valores universais

Amor	Paz
Cooperação	Respeito
Felicidade	Responsabilidade
Harmonia	Simplicidade
Honestidade	Tolerância
Liberdade	Unidade

Fonte: Pesquisas realizadas pela instituição Brahma Kumaris e pela Unesco.

2.4.4 Valores declarados (maior índice de escolhas)

Lealdade	Alegria
Respeito	Cooperação
Respeito pelas diferenças	Amizade
Honestidade	Relacionamento
Sensibilidade	Ética
Humildade	Comprometimento

Fonte: Levantamento de valores com participantes de eventos desenvolvidos pela empresa MRG – Consultoria e Treinamento Empresarial.

Capítulo 3

APRESENTANDO UM MODELO

3.1 Alinhamento conceitual

A palavra 'competência' é a 'bola da vez'.
Mas, afinal, qual é seu significado?

Desde o século XV, o verbo 'competir' esteve relacionado a 'rivalizar-se com' e gerou substantivos como 'competição', 'competidor' e 'competência', além do adjetivo 'competitivo'.

O termo é usado em contextos variados e com significados específicos. As obras que tratam do tema (livros, revistas e publicações isoladas) também não apresentam consenso com relação a esse significado específico, o que nos levou a escolher uma definição e, a partir daí, montar nosso modelo.

> No contexto deste livro, usaremos o termo 'competências' para designar "repertórios de comportamentos e capacitações que algumas pessoas ou organizações dominam melhor que outras, tornando-as eficazes em determinada situação"
> *(Levy-Leboyer)*

O domínio de determinadas competências leva profissionais e organizações a fazerem a diferença no mercado.

Percorremos um caminho de pesquisa e obtivemos um rol de quase cem indicadores de desempenho que, categorizados, tornaram-se passíveis de observação direta e mensuração.

As tentativas de elaborar escores de competências acontecem há algum tempo. Como exemplo, são apresentados quadros indicativos, alguns genéricos, outros mais específicos, aos quais tivemos acesso:

Competências genéricas para a área gerencial
1. Comunicação verbal e escrita.
2. Capacidade para resolução de problemas.
3. Planejamento e organização.
4. Delegação.
5. Formação de equipes.
6. Sensibilidade.
7. Uso da autoridade com responsabilidade e bom senso.
8. Tenacidade, persistência.
9. Habilidade negocial.
10. Capacidade de análise e síntese.
11. Sensatez.
12. Criatividade.
13. Aceitação de riscos.
14. Decisão.
15. Conhecimento técnico.
16. Energia.
17. Amplitude de interesses.
18. Iniciativa.
19. Tolerância ao estresse.
20. Adaptabilidade.
21. Autonomia.
22. Ética.

Fonte: Claude Levy-Leboyer. *Gestión de las competências*, 2003.

Indicadores de competências gerenciais
Experiência adquirida
- Respeito pelos objetivos organizacionais.
- Qualidade nos contatos internos.
- Qualidade nos contatos externos.
- Formação e valorização dos colaboradores.
- Expressão de liderança.
- Sentido de interesse comum pela empresa e pelo grupo.

Qualidades de fundo
- Personalidade/carisma.
- Adaptabilidade.
- Autonomia/capacidade de correr riscos. |

(continua)

(continuação)

- Ambição.
- Valorização dos demais colaboradores.
- Valorização dos bens confiados.
- Estabilidade diante do estresse.
- Disponibilidade.
- Atitude aberta.
- Criatividade.
- Atitude decisiva.
- Honestidade/integridade.
- Cultura pessoal.

Fonte: Bouyegues.

Outras competências

Intelectuais
- Visão estratégica.
- Capacidade de análise e avaliação.
- Planejamento e organização.

Interpessoais
- Coordenação de equipes.
- Persuasão.
- Espírito de decisão.
- Sensibilidade interpessoal.
- Comunicação oral.

Adaptabilidade
- Flexibilidade.
- Facilidade para mudar de contextos.

Orientação para resultados
- Energia e iniciativa.
- Desejo de triunfar.
- Sentido de negócios.

Fonte: Dulewicz, 1989.

As dezesseis competências referenciais
1. *Ser uma pessoa de muitos recursos*: saber adaptar-se a mudanças e situações ambíguas; ser capaz de pensar estrategicamente e tomar decisões acertadas mediante pressão; liderar sistemas complexos de trabalho; adotar condutas flexíveis de resolução de problemas; ter capacidade de trabalhar eficazmente com os superiores em problemas complexos de gestão.
2. *Fazer o que sabe*: perseverar e se concentrar diante de obstáculos; assumir saber o que é necessário seguindo adiante; ser capaz de trabalhar só, mas sempre aprendendo com os demais.
3. *Aprender depressa*: dominar rapidamente novas técnicas.
4. *Ter espírito de decisão*: atuar com rapidez, de forma aproximativa e com precisão.
5. *Administrar equipes com eficácia*: delegar eficazmente, ampliar oportunidades e demonstrar justiça diante de seus feitos.
6. *Criar um clima propício ao desenvolvimento*: ampliar os desafios e as oportunidades para criar um clima que favoreça o desenvolvimento de sua equipe.
7. *Saber lidar com colaboradores quando apresentam problemas*: agir com decisão e eqüidade quando tratar com colaboradores com problemas.
8. Estar orientado para o trabalho em equipe.
9. *Formar uma equipe de talentos*: contratar pessoas com potencial.
10. *Estabelecer boas relações na empresa*: saber como estabelecer boas relações no trabalho; negociar quando houver problemas; conseguir cooperação.
11. *Ter sensibilidade*: demonstrar interesse pelos colaboradores e sensibilidade perante suas necessidades.
12. *Enfrentar os desafios com tranqüilidade*: apresentar atitude firme; contrapor com base em dados; evitar censurar os outros pelos erros cometidos; ser capaz de sair de situações constrangedoras.
13. *Manter o equilíbrio entre trabalho e vida pessoal*: estabelecer prioridades na vida profissional e pessoal de forma harmoniosa.
14. *Conhecer-se*: ter a idéia exata de seus pontos fortes e fracos e estar disposto a investir em si mesmo.
15. *Apresentar bom relacionamento*: manifestar-se afável e dar mostras de bom humor.
16. *Atuar com flexibilidade*: ser capaz de adotar comportamentos que, a princípio, podem parecer opostos — exercer liderança e deixar-se liderar, opinar e aceitar opiniões dos demais etc.

Fonte: McCauley, 1989.

Observação: *O glossário realizado pela MRG desde 1996 aponta as competências mais valorizadas em nosso ambiente e estão relacionadas no Capítulo 4.*

3.2 Desdobramento de competências

Ao definir as competências de uma organização, optamos por trabalhar com o grupo das competências de suporte (aquelas que dão sustentação às competências técnicas exigidas para cumprir funções específicas).

Nesse grupo estão inseridas as competências diferenciais, essenciais e básicas.

- *Diferenciais*: consideradas estratégicas, estabelecem a vantagem competitiva da empresa. São identificadas no estabelecimento da missão empresarial e descritas de forma genérica. São constituídas por um conjunto de capacitações que auxiliam a empresa a alcançar seus resultados e fazer o diferencial no mercado.
- *Essenciais*: são as identificadas e definidas como as mais importantes para o sucesso do negócio e devem ser percebidas pelos clientes.
- *Básicas*: necessárias para manter a organização funcionando, são percebidas no ambiente interno; além disso, estimulam e alicerçam o clima de produtividade.

Na metodologia de desdobramento de competências desenvolvida pela MRG, valemo-nos da metáfora árvore das competências, citada pelo dr. Herbert Kellner na ferramenta STAR (apresentada em capítulo mais à frente).

3.3 Premissas do modelo de competências

1. Conscientização de que cada tipo de negócio necessita de pessoas com perfis específicos.
2. Crença de que cada posto de trabalho existente na empresa tem características próprias e deve ser ocupado por profissionais que apresentem determinado perfil de competências.
3. Reconhecimento de que aqueles que ocupam funções gerenciais são responsáveis pela oferta de oportunidades que permitam o desenvolvimento e a aquisição de novas competências.
4. Percepção de que sempre haverá demanda para o desenvolvimento de novas competências e que o que hoje é essencial para a boa execução de um trabalho poderá agregar novas exigências amanhã.

Essas premissas devem ser difundidas até que façam parte da cultura geral e sejam internalizadas nas atitudes e no comportamento de todos.

3.4 Metodologia de implantação

A gestão por competências é um programa que se instala por meio de blocos de intervenção que se sucedem de forma simultânea ou passo a passo.

3.4.1 Primeiro bloco: sensibilização

Para que tenha sucesso, é fundamental obter o envolvimento e a adesão das pessoas-chave da administração e dos postos de trabalho. A sensibilização desse público na busca do comprometimento deve fazer parte da estratégia inicial do processo.

A sensibilização acontece de formas variadas:

- Promoção de reuniões de apresentação e discussão do modelo para prováveis adaptações à cultura da empresa.
- Realização de fóruns de discussão com o objetivo de detectar falhas no modelo vigente.
- Oferta de seminários para os gestores e formadores de opinião cujo conteúdo esclareça objetivos, etapas, responsabilidades e resultados esperados.
- Convite para participação de palestras e cursos externos que tratem do tema.
- Uso dos veículos internos de comunicação (jornais, boletins, revistas) para divulgar matérias e artigos publicados na mídia.
- Estímulo aos gestores para participar de grupos de discussão e de estudo na Internet.
- Envolvimento dos componentes do mapa de poder da empresa como porta-vozes da área de recursos humanos (gestão de pessoas).

O trabalho de sensibilização, quando bem estruturado, facilita a venda da idéia à direção da empresa. Na prática, quando um tema é amplamente discutido nos corredores da organização, passa a merecer a atenção da cúpula.

Partindo-se do pressuposto de que o projeto mereceu a aprovação da diretoria e de pessoas-chave, passa-se para a fase de preparação do terreno ou coleta de dados.

Algumas ações são fundamentais neste momento:

- Certificação das diretrizes e missões setoriais, verificando se são compatíveis com a missão da empresa. Caso contrário, promover seminários ou reuniões de realinhamento.
- Comprovação de que as unidades (postos de trabalho) têm suas atividades descritas de forma objetiva.
- Avaliação dos riscos do projeto: custos, rentabilidade, possíveis insucessos, reações e fatores restritivos, discutindo resultados.
- Definição das estratégias para lidar com os riscos, de forma a minimizá-los ou eliminá-los.
- Negociação das responsabilidades, participação direta e apoio da direção, clareando o papel da área de recursos humanos (gestão de pessoas) como facilitador do processo.

3.4.2 Segundo bloco: definição de perfis

O próximo passo consiste em *definir as competências essenciais e básicas* necessárias a cada grupo de funções e delinear os perfis.

As estratégias mais comuns para isso são:

Mapeamento e definição de perfis de competências	Vantagens	Ponto de insuficiência
Reuniões orientadas por consultoria externa, realizadas com diretores e alguns gerentes selecionados por serem formadores de opinião e por exercerem influência nas diversas áreas da empresa	• Objetividade • Racionalização de tempo • Imparcialidade • Enriquecimento das discussões por profissional com visão imparcial	• Os profissionais externos possuem poucas informações sobre a história social da empresa (jogos de poder, cultura etc.) • Para minimizar este último fator, a empresa-cliente deve repassar o maior número possível de informações à consultoria externa
Reuniões orientadas por consultoria interna, com a presença de diretores e pessoas-chave	• Conhecimento da cultura empresarial • Valorização do profissional interno	• Se a empresa tem uma história de planos que não obtiveram sucesso, a consultoria interna pode se sentir enfraquecida na condução do processo • É necessário capacitar os consultores internos, instrumentalizando-os para a ação
Workshop e seminários ministrados por consultoria externa ou interna, focando a parte conceitual e metodológica, bem como aspectos relativos a comprometimento, responsabilidades e papéis	• Sensibilização do público-alvo de forma mais intensa • Possibilidade de colher impressões e feedback dos envolvidos no evento • Participação das pessoas com idéias e sugestões de implantação	• Investimento financeiro maior que nas estratégias anteriores, quando realizadas por terceirizados

Definidos os perfis de competências, é necessário atribuir pesos de acordo com as exigências de cada unidade de negócios.

Este momento exige alto comprometimento e a participação de profissionais internos que detêm informações sobre a empresa.

No caso de o trabalho ser conduzido por consultoria externa, sua atuação resume-se a facilitar o processo por meio da disponibilização de metodologia específica, instrumentalizando a equipe e evitando direcionar ou influenciar as escolhas. O resultado deve refletir o retrato da empresa, não o da consultoria.

3.4.3 Terceiro bloco: avaliação de potencial e formação do banco de talentos

Neste bloco, a metodologia prevê entrevistas, diagnósticos e seminários de identificação de potenciais, os quais resultam no BIT — banco de identificação de talentos.

O Capítulo 5 será dedicado ao tema. Entretanto, é necessário alertar os leitores para os pecados capitais na implantação de um banco de identificação de talentos.

São inúmeras as iniciativas de implantação do banco de talentos nas empresas.

Em nosso universo organizacional, temos registrado algumas dificuldades, causadas por atitudes e comportamentos pouco produtivos por parte das pessoas envolvidas direta ou indiretamente no processo.

Tais pecados são comuns e inerentes a qualquer inovação. São eles:

PREGUIÇA: em quase todos os grupos existem profissionais que, por terem passado por experiências negativas naquele ou em outro contexto de trabalho, não acreditam que podem mudar o ambiente. O resultado da descrença gera o sintoma da preguiça para começar de novo!

Frases mais comuns:

- "Isto não vai dar certo!"
- "Não temos pessoal suficiente!"
- "Estamos cheios de trabalho!"
- "É mais um plano sem continuidade!"

Como lidar com a preguiça?
Os promotores do programa precisam assegurar o apoio e o patrocínio da direção, bem como buscar formas de comprometimento e usar esses argumentos para convencer os incrédulos.

GULA: ao contrário da preguiça, a gula faz com que os promotores do projeto atropelem as etapas e exagerem na aceleração do processo. O lema da gula é 'quantidade' (qualidade fica em segundo plano). Aqui não vai um juízo de valor nem a crença de que o que é feito em quantidade não tem qualidade. É mais um alerta para que as empresas cuidem da infra-estrutura e dêem suporte aos projetos urgentíssimos, de modo a garantir a qualidade final.

Frases mais comuns:

- "É para ontem."
- "A prioridade é nossa!"
- "A urgência é urgentíssima!"
- "O prazo está se esgotando!"

Como lidar com a gula?
Desde o primeiro momento de implantação do banco de identificação de talentos, é necessário deixar claras suas etapas, bem como agendar prazos adequados para cada meta, definir responsabilidades e evitar atropelos, para que os resultados não sejam prejudicados.

AVAREZA: a avareza pode ser retratada como a tendência à economia excessiva, desde a locação de recursos financeiros, passando pela centralização de informações e pela falta de tempo para discutir aspectos relevantes do projeto, chegando até a negativa em designar coordenadores e profissionais para acompanhar e dar suporte às várias fases de sua implantação.

Frases mais comuns:

- "Não temos verba."
- "Os dados finais vão ficar na diretoria."
- "O projeto está adiado até segunda ordem."
- "Infelizmente estamos sem pessoal para alocar nesse projeto!"
- "Por favor, veja minha agenda com a secretária."

Como lidar com a avareza?
Negociando recursos, estabelecendo cronogramas com agendas flexíveis, mantendo um profissional responsável pela disseminação de informações e coordenação do projeto, de forma a descentralizar o processo.

INVEJA: há pessoas que, por não conseguirem determinadas conquistas, agem como a raposa na famosa história das uvas: *já que não conseguem alcançá-las, enxergam-nas verdes e azedas*. Esse é o comportamento dos invejosos. Quando o projeto está a todo vapor, aparecem os do contra. Sua visão míope e desfocada faz com que direcionem sua energia no sentido de derrubar o que está tendo sucesso.

Frases mais comuns:

- "Não estou vendo resultados neste projeto!"
- "Estamos gastando muito e tendo pouco retorno!"
- "Esse projeto foi lançado na hora errada!"
- "Eu faria melhor!"

Como lidar com a inveja?
Estabelecendo estratégias de divulgação dos resultados e estendendo as informações relevantes para toda a empresa – *endomarketing*.

IRA: quando as expectativas pessoais não são atendidas, alguns irados descontam nos outros suas frustrações. Se esperam alcançar algum ganho, ocupar mais espaço na empresa, brilhar sozinhos ou obter promoções e não conseguem seus intentos, tornam-se agressivos no trato, interferindo diretamente no clima e na credibilidade do banco de identificação de talentos.

Frases mais comuns:

- "Este banco de talentos não funciona!"
- "Estou sendo perseguido pelo meu chefe por causa do banco de identificação de talentos."
- "Aqueles consultores não têm condições de avaliar uma pessoa em tão pouco tempo!"

Como lidar com a ira?
Deve-se trabalhar de forma preventiva, cuidando da etapa de sensibilização e deixando claros os objetivos do banco de identificação de talentos. Deve-se desvincular o resultado de qualquer ganho individual que não esteja atrelado aos ganhos organizacionais. As pessoas precisam ser informadas de todo o processo.

LUXÚRIA: nas atividades diárias de qualquer profissional existem algumas tarefas prazerosas e outras enfadonhas. Evitar as últimas e focar as que dão prazer é a marca registrada deste pecado.

Frases mais comuns:

- "Detesto fazer esse trabalho!"
- "Prefiro trabalhar nessa equipe!"
- "Com Fulano eu não trabalho!"

Como lidar com a luxúria?
Definindo papéis, negociando as responsabilidades, os resultados esperados e sensibilizando as pessoas para aceitar o desafio de enfrentar as tarefas mais enfadonhas.

COBIÇA: existem os que só valorizam o que é do outro e querem sempre o que está longe deles. O banco de talentos é um projeto que, às vezes, estimula a cobiça. A visibilidade e o sucesso dos seus promotores ocasionam tal pecado.

Frases mais comuns:

- "Este projeto deveria estar na nossa área!"
- "O que podemos fazer para trazer esse projeto para nós?"

Como lidar com a cobiça?
Compartilhando informações e reconhecendo o mérito de outras áreas no seu desenvolvimento. Disseminar e descentralizar a base de dados, treinar gestores e líderes para seu uso minimiza a cobiça.

As dificuldades relacionadas nos 'pecados' anteriores são comuns, porém, raramente aparecem reunidas num mesmo contexto empresarial.

Por surgirem de forma pontual, podem e devem ser administradas, de forma a tornar o ambiente favorável à valorização e retenção dos talentos.

3.4.4 Quarto bloco: capacitação

A filosofia do modelo de competências se ancora na crença do potencial ilimitado de desenvolvimento do ser humano.

Os dados obtidos na base de informações permitem a distribuição das pessoas em quatro grupos distintos:

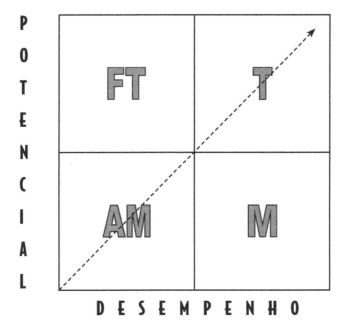

Legenda

T (Talentos): alto potencial e desempenho correspondente ao esperado.
FT (Futuros Talentos): alto potencial e desempenho abaixo do esperado.
M (Mantenedores): potencial abaixo do esperado e bom desempenho.
AM (Abaixo da Média): baixo potencial e baixo desempenho.

Para cada grupo de pessoas, as intervenções variam e têm objetivos diferentes:

AM (abaixo da média)

Recomenda-se estudar criteriosamente cada caso, buscando dados e referências sobre o profissional em questão.

Descobrir os motivos do baixo desempenho, verificar se a pessoa se adequa a outras funções disponíveis na empresa, fornecer *feedback* sobre a atual situação e aconselhar são comportamentos gerenciais que antecedem qualquer decisão de desligamento. O fato de as pessoas apresentarem baixo desempenho não significa impossibilidade de aproveitá-las em outra área.

M (mantenedores)

Uma organização precisa de pessoas mantenedoras. Com sua dedicação, conseguem obter um bom desempenho, mesmo com um potencial médio.

Para esse grupo, é necessário elaborar programas de desenvolvimento que favoreçam a ampliação e o domínio de competências e um acompanhamento de resultados mais de perto. Aconselhamento, feedback e estímulos são bem-vindos nesse grupo.

FT (futuros talentos)

Trata-se de um grupo especial. São possuidores de alto potencial e necessitam de um diagnóstico específico que retrate os motivos de seu desempenho abaixo do esperado. Geralmente relacionam-se com:

- Desmotivação.
- Clima de trabalho contraproducente.
- Gerência pouco estimuladora.
- Locação em funções incompatíveis com o potencial.
- Trabalho pouco desafiador.
- Falta de reconhecimento por parte da empresa.

De posse do diagnóstico, o consultor interno e o gerente imediato definem de que forma tratar cada caso:

- Aconselhamento.
- Oferta de ações de desenvolvimento.
- Negociação de metas de melhoria do desempenho, seguidas de acompanhamento direto.
- Outras estratégias que envolvam os profissionais em seu processo de desenvolvimento e que valorizem seu potencial.

T (talentos)

A grande riqueza das organizações está nos seus talentos. Para mantê-los, faz-se necessário aproveitar seus potenciais.

Este grupo precisa ser cuidado com muita atenção, pois nele podem estar os futuros sucessores para cargos de maior responsabilidade. Geralmente os talentos se sentem valorizados quando:

- São chamados para participar de projetos desafiadores.
- Têm suas responsabilidades ampliadas.
- Percebem que a organização está investindo em sua carreira.
- Participam de treinamentos.
- Recebem reconhecimento público pelas suas contribuições.
- Têm a oportunidade de trabalhar em equipe como coordenadores ou líderes.

É imprescindível que as empresas mantenham um programa de desenvolvimento específico para o grupo de talentos, de forma a retê-los na organização.

3.4.5 Quinto bloco: a gestão do desempenho

Este é o bloco que fecha um ciclo do programa de competências.

Após mapear e definir perfis, verificar performances, montar o banco de identificação de talentos e capacitar, é chegado o momento de avaliar os resultados.

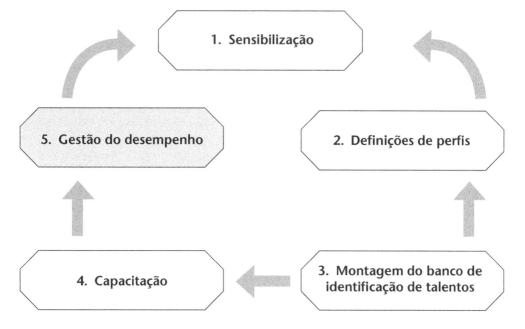

A gestão do desempenho prevê a mensuração de resultados por meio de ferramentas e metodologias específicas.

É por meio da avaliação das performances individuais que o gerente verifica a evolução ou involução no desempenho das pessoas de sua equipe, obtendo uma nova base de informações.

A verificação do desempenho mantém o foco nas competências definidas nos perfis, agregadas a atitudes e comportamentos que só podem ser observados no cotidiano de trabalho. As unidades de medida devem conter indicadores que facilitem a verificação.

A estratégia adotada pela MRG é a do feedback em redes.

Nossa metodologia prevê a formação de redes em 90°, 180°, 270° e 360° (o detalhamento dos passos e das ferramentas será feito no Capítulo 7).

O que evitar neste bloco

- Atrelar a avaliação do desempenho a promoções ou vantagens financeiras.
- Adotar a avaliação do desempenho como mais uma norma da empresa, deixando de utilizar os dados coletados para alavancar o desenvolvimento das pessoas.
- Implantar o processo sem preparar a empresa para a cultura do feedback.

3.5 Principais dificuldades na implantação do modelo de competências e recomendações especiais

O foco principal do modelo é a integração dos processos de recursos humanos. Essa é a condição básica para a obtenção de resultados positivos.

Faz-se necessário alinhar as necessidades humanas à estratégia da empresa, tornando o ambiente de trabalho um espaço de aprendizagem e de troca de experiências.

Possuir um plano, definir passos, traçar metas e pensar o futuro são ações que auxiliam a mapear caminho — assim, estabelecer uma metodologia é essencial em qualquer processo de mudança.

Quando nossa equipe se dispôs a estudar e pesquisar o tema, firmamos o propósito de criar ferramentas e instrumentos que sustentassem nosso trabalho de consultoria.

Nessa trajetória tivemos a oportunidade de estudar o caminho percorrido pelas empresas que, apesar dos esforços, não obtiveram os resultados esperados, devendo compará-las com as que estão obtendo êxito e colhendo frutos de sua iniciativa.

Identificamos pontos comuns nas organizações que fracassaram ou retrocederam em seus planos, os quais categorizamos para uma melhor compreensão dos fatores restritivos, que são:

1. Problemas de venda e patrocínio

- Dificuldades dos gestores de recursos humanos em obter a adesão da alta direção (venda para cima).
- Ausência de ações de sensibilização destinadas ao público-alvo (venda para baixo).
- Manutenção da postura centralizadora e resistência a compartilhar as informações e decisões com gerentes de outras áreas (venda horizontal).
- Descompromisso dos patrocinadores (alta direção) e percepção da iniciativa como 'mais um programa da área de recursos humanos'.
- Resistência e descrença no projeto por parte dos gerentes e colaboradores que não abraçaram a iniciativa como um programa institucional.

2. Problemas técnicos

- Definição de perfis de competência incompatíveis com a realidade interna da empresa, subestimando ou superestimando o potencial das pessoas.
- Inadaptação dos modelos de competências e ferramentas de suporte às características da empresa.
- Aplicação de instrumentos de verificação de competências de forma desconectada e isolada dos demais processos.
- Uso inadequado das ferramentas de medição de competências em demissões ou remanejamentos sem critérios negociados e explícitos, estimulando suspeitas e desconfiança nos empregados.
- Falta de agilidade na tomada de decisões, gerando expectativas negativas no ambiente empresarial.
- Não-utilização de informações relevantes que poderiam servir para o realinhamento dos processos internos, causando a perda da oportunidade de alavancar a produtividade e o engajamento das pessoas em desafios.
- Ausência de um plano de gerenciamento da informação sustentado pela informática e que pudesse minimizar a carga burocrática do trabalho.

3. Problemas de planejamento

- Descontinuidade das ações por falta de previsão financeira.
- Implantação de forma desordenada, gerando acúmulo de responsabilidades e atividades paralelas, levando à paralisação do projeto em momentos decisivos.
- Falta de estratégias sistematizadas para gerir as mudanças e visão restrita do projeto.
- Dificuldades para compreender a dimensão das intervenções iniciais na cultura empresarial, tornando o processo estático e pouco abrangente.
- Ausência de planos de sucessão e projetos de aproveitamento dos talentos.

4. Problemas culturais

- Predominância de estilos gerenciais centralizadores, incompatíveis com a filosofia do modelo.
- Costume de agir 'apagando incêndios' em vez de agir de maneira proativa.
- Presença de jogos de poder entre as áreas nas quais as equipes adotam uma postura competitiva em relação aos seus pares.

Recomendações

Partindo dos fatores restritivos detectados nas empresas que tiveram dificuldade em dar continuidade ao processo ou em alcançar resultados com o modelo de competências, listamos algumas estratégias e cuidados essenciais na adoção do modelo de competências.

Busca do patrocinador

Todo projeto de sucesso precisa de um patrocinador. É necessário obter a adesão da direção da empresa no apoio e sustentação às iniciativas.

A melhor maneira de vender o modelo é começar pelo desenho do mapa de poder da organização, no qual são garimpadas as pessoas-chave, responsáveis por decisões estratégicas e que deverão ocupar lugar de destaque na venda do projeto.

3.6 Mapa de poder

Fátima Braga, especialista em treinamento empresarial e psicóloga, em seu seminário sobre técnicas negociais, distribuiu o texto a seguir, que transcrevo na íntegra.

O que fazer quando temos uma idéia genial, um projeto maravilhoso, e não conseguimos tocá-lo à frente porque não realizamos, de forma assertiva, as parcerias necessárias para colocá-lo em prática?

De uma maneira ou de outra, acredito que todos nós, profissionais das mais variadas áreas, já nos encontramos nessa situação. Como é que ficamos, então?

- Como negociar com as pessoas certas para que nosso projeto possa alçar vôo?
- Como interagir de forma assertiva para operacionalizar uma idéia na qual acreditamos, mas que dependemos de outras pessoas para colocá-la em prática?
- Como convencer as outras pessoas de que realmente somos capazes de concretizar nossa idéia, desde que nos dêem as condições mínimas necessárias?

Quando precisamos de outras pessoas para aprovar uma proposta, necessitamos nos cercar de algumas habilidades pessoais específicas, como persuasão, influência, convencimento e negociação, para conseguir aquilo que almejamos.

Antes de mais nada, é preciso que aprendamos a lidar com o nosso poder pessoal, e a usá-lo como fonte inspiradora na obtenção das parcerias de que tanto necessitamos.

Quando falamos de poder estamos nos referindo àquela força interior que todos nós usamos para persuadir, convencer e direcionar o comportamento de outras pessoas para algo que almejamos e queremos. Essa força interior, esse poder de influência é o recurso interno que possuímos e que nos permite conseguir aquilo que desejamos.

Há diferentes formas de manifestarmos nosso poder pessoal para com as outras pessoas. Entretanto, é a percepção que os outros têm do poder que você possui que lhe dá a capacidade de induzir o outro a fazer aquilo que almeja.

O poder pode ser comparado, por exemplo, com a competência profissional de um profissional que participa de uma seleção. Sua aprovação não depende somente dos cursos de formação e graduação que possui ou das experiências diversas que teve durante a sua vida profissional, mas sim da sua capacidade para demonstrar competências superiores aos de outros candidatos para o outro que o está selecionando. Se não conseguir transmitir essa competência, ele não dará os créditos necessários.

Portanto, poder é algo que nos é conferido pelo outro. Por isso, para que alguém possa realmente influenciar o comportamento das pessoas, é preciso que o influenciado demonstre a fonte de poder com a qual está se relacionando.

FONTES DE PODER

Existem várias maneiras de influenciar o comportamento das pessoas. Listamos a seguir as fontes de poder mais prováveis para 'vender uma idéia' ou 'influenciar pessoas'.

Poder de posição: é o poder conferido a alguém, em função do cargo ou da posição que ocupa. Normalmente, quanto mais elevada for a sua posição, maior será o poder exercido sobre as pessoas.

Poder de competência: é o poder da especialização, do conhecimento, da experiência vivida ou das habilidades especializadas. Uma pessoa com alto poder de competência é capaz de influenciar e orientar outros profissionais na execução ou realização de uma(s) atividade(s) específica(s). Os outros lhe dão esse crédito pela destreza que apresenta na resolução dos problemas que surgem no exercício da atividade em questão.

Poder de informação: é o poder de possuir ou ter acesso a informações que são consideradas importantes pelo outro. Quando alguém dispõe de mecanismos que o tornam uma pessoa muito informada nos assuntos que o outro valoriza, provavelmente passará a exercer o poder de informação sobre o outro.

Poder de relação/ligação: é o poder de estar conectado com um grande número de pessoas. É o volume e a qualidade do relacionamento interpessoal que alguém mantém com pessoas ou grupos. A sua rede de relacionamentos o torna uma pessoa com poder de influenciar pessoas que possuem o desejo de se conectar.

Poder pessoal: é o poder da sua autoridade pessoal, do carisma, da forma como interage com as pessoas. É resultado da admiração que os outros têm pelo jeito de ser, pela personalidade de determinada pessoa. Essa estima, admiração e identificação que ela inspira aos outros lhe confere o poder pessoal capaz de influenciar aqueles que valorizam suas qualidades.

Quando passamos a reconhecer em nós mesmos essas fontes de poder, passamos a ter um certo domínio sobre a nossa capacidade de influenciar e direcionar as outras pessoas a fazerem aquilo que desejamos.

Em cada situação é necessário exercer um tipo de poder específico para poder conduzir o problema da melhor forma possível.

MONTANDO O MAPA DE PODER DAS RELAÇÕES

Mesmo que já tenhamos consciência dos nossos poderes e saibamos utilizá-los assertivamente, é preciso direcioná-los às pessoas ou aos órgãos que possam trazer de concreto algum valor ao nosso projeto ou que nos ajudem a realizá-lo.

Existem dois grupos diferentes de pessoas que nos cercam e nos quais podemos encontrar parceiros para a nossa empreitada:

- Grupo de influência.
- Grupo periférico.

Grupo de influência é o conjunto de pessoas que estão à nossa volta, sob o nosso domínio, que conhecemos e a que temos acesso direto. Não importa se estão em áreas diferentes ou distantes. O que vale é o nível direto de influência e contato com elas. São pessoas ou grupos que posso acessar a qualquer momento, sem depender de intermediários ou terceiros para fazê-lo.

Grupo periférico é composto por pessoas ou entidades que eu conheço ou não, porém, estão fora do meu domínio, do meu controle, da minha influência direta. São pessoas ou grupos com os quais não tenho contato ou relação direta. Para contatá-los preciso ter alguém que sirva de 'ponte' e acesso para intermediar essa relação ou para abrir as devidas portas.

Frente a uma nova proposta ou projeto a ser implementado e aprovado, precisamos estabelecer parcerias para colocá-los em prática. A montagem do mapa de poder das nossas relações é fundamental. Ele responde a perguntas tais como:

- Quais as pessoas necessárias à aprovação de minha proposta e que estão ligadas a mim diretamente?
- Quem está no meu domínio de influência?
- Quem está no grupo periférico?

DEMONSTRAÇÃO GRÁFICA DO MAPA DE PODER

COMO MONTAR O MAPA DE PODER

1. Identificar as pessoas do nosso grupo de influência com as quais necessitamos fazer parcerias para colocar o projeto em prática e o que desejamos de cada uma.
2. Listar as estratégias que poderão facilitar a entrada dessas pessoas para a nossa zona de controle pessoal (zona pontilhada do desenho).
3. Propor a parceria, utilizando para isso algum tipo de poder que fortaleça a relação de troca.
4. Escolher o tipo de poder mais adequado (posição, informação, relação, competência e pessoal) para influenciar essas pessoas. De acordo com a necessidade ou posição que ocupa no meio em que atua, será necessário usar um tipo diferente de poder (às vezes mais de um).
5. Identificar as pessoas que estão no grupo periférico com as quais queremos realizar parcerias, seus nomes e posições que ocupam é o próximo passo.

6. Retornar ao grupo de influência e identificar pessoas próximas a nós, isto é, sob o nosso poder direto de influência e que possam servir de 'ponte'.

7. Elaborar estratégias que envolvam as pessoas do grupo de influência de forma que ajudem a estabelecer parcerias com o grupo periférico.

Fátima Braga (reproduzido com autorização da autora)

3.6.1 Envolvendo a rede de poder na venda do projeto

Os componentes do mapa de poder devem ser convidados para auxiliar no planejamento de apresentação do projeto. Eles participam da definição:

- da estratégia de apresentação do modelo, que deve conter dados e informações comprovando o êxito do empreendimento em outras organizações;
- da lista de vantagens e ganhos futuros para o negócio;
- dos resultados esperados para a organização.

É oportuno convidar um número razoável de gerentes de outras áreas para participar da apresentação e deixar claro que o projeto é institucional e não da área de Recursos Humanos.

Algumas empresas promovem palestras de sensibilização para a diretoria ou oferecem workshops de curta duração com a presença de especialistas em consultorias externas. Outras incluem na comunicação interna artigos e textos alusivos ao assunto.

Recentemente, participei como conferencista de um seminário sobre gestão por competências. Estavam presentes 45 profissionais, quase todos em cargos de liderança e da área de Recursos Humanos. Naquele momento, passou pela minha cabeça uma pergunta: "Será que, se esse público viesse acompanhado de gerentes de outras áreas, ficariam fortalecidos na hora da venda para cima?"

Ainda não obtive resposta. Na prática, o que temos visto é que, quanto mais pessoas acreditam e defendem uma idéia, maiores são as possibilidades de ela se transformar em realidade.

Uma de nossas empresas-cliente, ao se definir pela gestão por competências, envolveu diretores e gerentes desde o início das negociações até a definição dos perfis. A princípio, imaginei que esse grupo não estaria disposto a participar de reuniões, discutir e trabalhar num projeto desconhecido. Com surpresa, verifiquei que as contribuições foram inúmeras e enriqueceram de forma decisiva a agilização do processo, a sensibilização e o repasse de informações relevantes para toda a organização.

3.7 Resumo dos blocos de implantação

Definição de perfis por meio do mapeamento de competências: informações gerais

- Fase em que diretoria e pessoas-chave definem as competências com as quais querem trabalhar.

- Geralmente trabalha-se o perfil, tendo como foco a missão, o negócio, a visão e os valores vigentes na empresa.
- O perfil poderá conter competências mistas: distintivas ou diferenciais, essenciais e básicas.
- Para melhor entendimento, faz-se necessário conceituar cada uma delas, bem como desmembrá-las.
- Seu desmembramento obedece à metáfora da árvore das competências: são listadas as atitudes fundamentais, os conhecimentos necessários e as habilidades de suporte.
- Definido o perfil geral, parte-se para a análise das diversas unidades de negócio (ou áreas de atuação) e para a importância da competência para o alcance de suas missões.
- A metodologia MRG usa os pesos como diferencial de importância para cada unidade de negócio. Por exemplo: a competência criatividade poderá ter um peso muito maior na unidade de negócios Planejamento de Marketing, e um peso menor na unidade de negócios Planejamento Financeiro. Tal análise é realizada em conjunto com diretores e gerentes de diversas unidades de negócio, na qual o consenso é fundamental.

Importante

A fase de definição de perfis deve ser cuidadosamente desenvolvida, pois dela partem todas as ações subseqüentes.

Caso os perfis não estejam compatíveis com a realidade da empresa, todo o resultado ficará comprometido.

Vale a pena dedicar um tempo ótimo a essa etapa da implantação do modelo.

Algumas empresas usam o sistema de seminários, enquanto outras utilizam as reuniões de trabalho. O importante é valorizar esse momento e reconhecê-lo como marco inicial.

Verificação de performances: informações gerais

A verificação de performances é realizada levando-se em consideração os perfis definidos.

Para comparar o desempenho real com o desempenho desejado, podem ser usadas diversas estratégias, desde a observação direta no trabalho até os programas sistematizados de avaliação do desempenho e do potencial dos colaboradores.

O banco de identificação de talentos é um dos resultados dessa fase do programa.

Importante

A verificação de performances é o marco inicial que orienta as decisões relativas aos programas da área de Recursos Humanos e gestão de pessoas. Seu resultado subsidia as ações de desenvolvimento, remanejamento de pessoal, formação de equipes de alto desempenho, aconselhamento, ocupação de cargos vagos (seleção interna), planos de carreira e remuneração, entre outras.

Realinhamento e capacitação por competências: informações gerais

Os programas de capacitação por competências têm ocupado cada vez mais espaço nas empresas. Em vez de investir em listas de cursos, os projetos são elaborados atendendo a três critérios:

- Investimento nas competências prioritárias para o bom desempenho empresarial e aumento da competitividade.
- Resultado das performances individuais ou das equipes de trabalho.
- Reunindo os dois tipos de informação, é possível oferecer programas que realinham competências e reforçam as que fazem a diferença.

Importante

Os programas resultantes das duas primeiras fases podem ter como objetivos:
- Formar sucessores.
- Garantir a manutenção do capital intelectual (potenciais e talentos).
- Oferecer oportunidade de desenvolver novas competências.
- Alavancar processos de trabalho.
- Assegurar mudanças.
- Integrar competências nas diversas áreas de trabalho.
- Desenvolver novos comportamentos, acelerando mudanças culturais.

Gestão das competências: informações gerais

Uma gestão de pessoas voltada para resultados exige estratégias de gestão das competências.

A ferramenta mais atual que vem obtendo a adesão das empresas de vanguarda é a avaliação 360°, por intermédio do feedback em rede.

Por tratar-se de uma forma democrática e aberta de avaliar o desempenho, está na ordem do dia.

O processo é abrangente e envolve as seguintes etapas:

- A rede de avaliação é formada pelo chefe imediato e pelos colegas de trabalho.
- Amplia-se a rede, acrescentando-se clientes e fornecedores internos.
- São agregados alguns clientes à rede.
- Completa-se o ciclo envolvendo chefe imediato, colegas de trabalho, clientes e fornecedores internos e externos.

Cuidados na implantação do feedback em rede

- Treinar gerentes e equipes na nova ferramenta.
- Realizar seminários de sensibilização e orientação.
- Certificar-se de que o processo está sendo realizado de forma adequada e responsável.

> **Resultados**
> O sistema de avaliação em rede traz como conseqüências um maior comprometimento das pessoas com o desenvolvimento das competências abaixo do perfil desejado e permite à empresa redirecionar suas ações na busca da excelência.

3.8 Visualização do modelo

Estrutura do modelo de competências

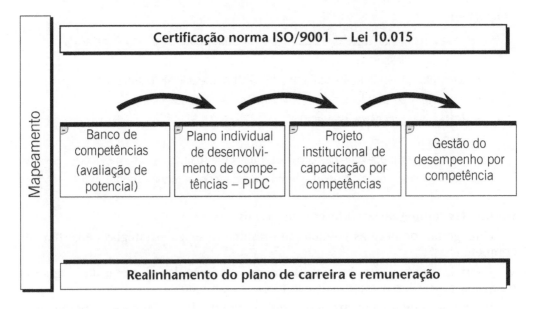

Capítulo 4

A FASE DE MAPEAMENTO NO MODELO DE GESTÃO POR COMPETÊNCIAS

4.1 Desafios da nova economia

Na nova economia, com a competição acirrada em um mercado globalizado, três desafios se fazem presentes:

- A adoção de tecnologias inovadoras que permitam competir de igual para igual com os concorrentes.
- O alinhamento de processos internos para agilizar e apresentar qualidade em produtos e serviços.
- A adoção de um modelo assertivo de gestão de pessoas capaz de identificar, desenvolver e reter talentos como principal fonte de capital.

> Precisamos aprender a gerenciar tecnologias e processos e a liderar pessoas!

Para atender à demanda de técnicas relativas à liderança de pessoas, surgiu, nos anos de 1990, a gestão por competências, que agregou valor aos diversos negócios então existentes no mercado brasileiro.

4.2 O que é gestão por competências?

> Conjunto de ferramentas, instrumentos e processos metodológicos voltados para a gestão estratégica de pessoas.

> Todo líder é um gestor de pessoas.

O projeto permite a definição e a identificação das competências da empresa e das pessoas, bem como detecta lacunas e direciona as ações de desenvolvimento.

4.3 O mapeamento na gestão por competências

4.3.1 A primeira etapa: mapeamento de competências

Esta etapa exige a participação da direção da empresa e é decisiva para o desenvolvimento do projeto. Além disso, inclui discussões sobre negócio, missão, visão, diretrizes e políticas da organização, bem como define o perfil de competências da empresa e das pessoas.

Em um segundo momento há o realinhamento, a revisão e o mapeamento de perfis.

No mapeamento são levantados dois tipos de competências:

- Técnicas: são as que compõem o perfil profissional para ocupar determinados cargos. Exemplo: um gestor financeiro deve possuir competências relativas à gestão de finanças.
- De suporte: são as que agregam valor às competências técnicas e que fazem a diferença no perfil profissional das pessoas.

O conceito de competências adotado neste modelo são repertórios de comportamentos que algumas pessoas e/ou organizações dominam e disponibilizam. É o que as faz se destacar de outras em contextos específicos (Claude Levy-Leboyer).

4.3.2 Algumas competências de suporte elencadas para a fase de mapeamento

Fonte: empresas situadas no mercado brasileiro.
Registro iniciado em 1997 até 2005

1. Autodesenvolvimento e gestão do conhecimento

Capacidade de aceitar as próprias necessidades de desenvolvimento e de investir tempo e energia no aprendizado contínuo.

2. Capacidade de adaptação e flexibilidade

Habilidade para adaptar-se oportunamente às diferentes exigências do meio, sendo capaz de rever sua postura diante de novas realidades.

3. Capacidade empreendedora

Facilidade para identificar novas oportunidades de ação e capacidade para propor e implementar soluções aos problemas e necessidades que se apresentam, de forma assertiva e adequada ao contexto.

4. Capacidade negocial

Capacidade para se expressar e ouvir o outro, buscando o equilíbrio e soluções satisfatórias nas propostas apresentadas pelas partes.

5. Comunicação e interação

Capacidade para interagir com as pessoas, apresentando facilidade para ouvir, processar e compreender a mensagem. Facilidade para transmitir e argumentar com coerência e clareza, promovendo feedback sempre que necessário.

6. Criatividade e inovação

Capacidade para conceber soluções inovadoras, viáveis e adequadas para as situações apresentadas.

7. Cultura da qualidade

Postura orientada para a busca contínua da satisfação das necessidades e superação das expectativas dos clientes internos e externos.

8. Liderança

Capacidade para catalisar os esforços grupais de forma a atingir ou superar os objetivos organizacionais, estabelecendo um clima motivador, a formação de parcerias e estimulando o desenvolvimento da equipe.

9. Motivação e energia para o trabalho

Capacidade de demonstrar interesse pelas atividades que vai executar, tomando iniciativas e mantendo atitude de disponibilidade.

10. Orientação para resultados

Capacidade de trabalhar sob a orientação de objetivos e metas, focando os resultados a alcançar.

11. Planejamento e organização

Capacidade para planejar as ações para o trabalho, atingindo resultados por meio do estabelecimento de prioridades, metas tangíveis, mensuráveis e dentro de critérios de desempenho válidos.

12. Relacionamento interpessoal

Habilidade para interagir com as pessoas de forma empática, inclusive diante de situações conflitantes, demonstrando atitudes assertivas, comportamento maduro e não combativo.

13. Tomada de decisão

Capacidade para selecionar alternativas de forma sistematizada e perspicaz, obtendo e implementando soluções adequadas diante de problemas identificados, considerando limites e riscos.

14. Trabalho em equipe

Capacidade para desenvolver ações compartilhadas, catalisando esforços por meio da cooperação mútua.

15. Visão sistêmica

Capacidade para perceber a interação e a interdependência das partes que compõem o todo, visualizando tendências e possíveis ações capazes de influenciar o futuro.

4.4 Taxonomia das competências de suporte

4.4.1 Histórico do termo 'taxonomia'

Desde a década de 1940, educadores pesquisam e sistematizam metas e objetivos educacionais. O resultado de tal estudo foi a organização desses objetivos em três domínios: cognitivo, afetivo e psicomotor.

O trabalho no domínio cognitivo foi concluído em 1956. Referenciado como "Bloom's taxonomy of the cognitive domain", o título completo da obra é *Taxonomy of educational objectives: the classification of educational goals. Handbook I: cognitive domain*, e contou com a contribuição de quatro autores: M. Englehart, E. Furst, W. Hill e D. Krathwohl.

A idéia central da taxonomia é a de que aquilo que os educadores querem que os alunos saibam (definido em declarações escritas como objetivos educacionais) pode ser arranjado numa hierarquia do menos para o mais complexo.

4.4.2 Um exemplo de competência inserida na taxonomia

O exemplo a seguir, já com adaptações para descrever a taxonomia da competência planejamento, apresenta os níveis de domínio e de declarações de desempenho para cada um.

Nível	Domínio	Níveis de proficiência em desempenho
CONHECIMENTO	Recorda ou reconhece informações, idéias e princípios do planejamento na forma (aproximada) em que foram aprendidos.	Definir os níveis de planejamento estratégico, tático e operacional.
COMPREENSÃO	Traduz, compreende ou interpreta informações sobre planejamento com base em conhecimento prévio.	Explicar cada um dos níveis de planejamento dos quais tem conhecimento.
APLICAÇÃO	Seleciona, transfere e usa informações e princípios do planejamento para completar um plano de ação com um mínimo de supervisão.	Elaborar um plano de ação em todas as suas etapas.
ANÁLISE	Distingue, classifica e relaciona pressupostos, hipóteses, evidências ou estruturas de um planejamento.	Comparar e contrastar os diversos tipos de planejamento.

(continua)

(continuação)

SÍNTESE	Cria, integra e combina idéias num novo projeto, plano ou proposta.	Elaborar diversos tipos de planejamento, de acordo com o contexto.
AVALIAÇÃO	Aprecia, avalia ou critica seus planejamentos com base em padrões e critérios específicos.	Julgar resultados e verificar a efetividade de seus planos.

4.4.3 Os verbos mais adequados para traçar objetivos relativos a competências

Ao traçar objetivos em programas nas diversas funções de gestão de pessoas que incluam competências, sua formulação ficará facilitada se os verbos adequados forem utilizados, conforme demonstra o quadro a seguir.

Nível	Verbos mais adequados
CONHECIMENTO	Escrever Listar Rotular Nomear Dizer Definir
COMPREENSÃO	Explicar Resumir Descrever Ilustrar
APLICAÇÃO	Usar Computar Resolver Demonstrar Aplicar Construir
ANÁLISE	Analisar Categorizar Comparar Contrastar Separar

(continua)

(continuação)

SÍNTESE	Criar Planejar Elaborar hipótese(s) Inventar Desenvolver
AVALIAÇÃO	Julgar Recomendar Criticar Justificar

4.4.4 Competências: abstração e concretude – Outra forma de visão

Outra forma de enxergar as competências refere-se à abstração ou concretude de cada uma delas, conforme pode ser visualizado no quadro a seguir.

Níveis	Grau	Tipos de comportamentos
6. Avaliação	Abstrato	Ser capaz de fazer julgamento crítico de um fato baseado em critérios internos ou externos.
5. Síntese		Ser capaz de produzir uma obra pessoal após ter concebido um plano de ação.
4. Análise		Ser capaz de identificar os elementos, as relações e os princípios da organização de determinada situação.
3. Aplicação		Ser capaz de se lembrar de conhecimentos ou princípios para resolver problemas.
2. Compreensão		Ser capaz de transpor, interpretar e extrapolar a partir de certos conhecimentos.
1. Aquisição de conhecimentos	Concreto	Ser capaz de lembrar palavras, fatos, datas, convenções, classificações, princípios, teorias etc.

Dessa forma, quando se adota um projeto de desenvolvimento por competências, a aprendizagem precisa alcançar os seguintes níveis:

- **Cognitivo:** conhecimentos, aprendizagem, linguagem, raciocínio, memória, percepção, pensamento, imagem que o profissional tem do contexto.
- **Afetivo:** auto-imagem, engajamento, integração, investimento motivacional e afetivo na ação.
- **Social:** a expectativa do indivíduo em obter seu autodirecionamento e estabelecer uma integração com o ambiente ou o objeto de conhecimento.
- **Cultural:** organização cultural do contexto.
- **Praxeológico:** parte visível das competências, o desenvolvimento que é o objeto da avaliação social.

> Muitas coisas não ousamos empreender por parecerem difíceis: entretanto, são difíceis porque não ousamos empreendê-las.
>
> *(Sêneca)*

4.4.5 O que é desenvolvimento?

Desenvolvimento é uma palavra que vem do latim: 'des' significa ênfase; 'em' designa dentro, interno; e 'volvere' corresponde a mudar de posição, mudar de lugar.

No dito popular, desenvolvimento é fazer crescer, progredir além do que já está.

O processo de desenvolvimento é a preparação da pessoa para posições mais complexas em termos de abrangências ou para carreiras diversas da que ela está engajada ou desempenhada (Boog, 1994).

4.4.6 O que é autodesenvolvimento?

"É assumir as ações de desenvolvimento da própria carreira, tomando as iniciativas e superando as lacunas por meio do domínio do perfil competências, exigidas na empresa e no mercado" (Gramigna, 2005).

> Desenvolver-se é "tirar o invólucro. Evoluir por meio da quebra ou transformações de padrões, paradigmas, regras, conceitos, limites"
>
> *(Boog, 1994)*

> No autodesenvolvimento somos nossos próprios clientes. Dessa forma, esperamos de nós mesmos o bom atendimento e a alta qualidade.

> Para realizar o autodesenvolvimento, o primeiro passo é planejar áreas ou temas a serem desenvolvidos, identificando as fontes de conhecimento necessárias para tal: livros ou revistas especializados, vídeos, cursos, palestras, congressos, programas de televisão, filmes, exposições, peças teatrais, feedback etc.

4.4.7 Competências no dia-a-dia: metáfora da árvore

Uma competência pode ser observada no dia-a-dia e no trabalho — e também pode ser desdobrada em três blocos de indicadores:

Habilidades: capacidade de colocar seus conhecimentos em ação para gerar resultados, domínio de técnicas, talentos, capacidades – SABER FAZER.

Conhecimentos: informações, fatos, procedimentos e conceitos – SABER.

Atitudes: valores, princípios, comportamentos, pontos de vista, opiniões e percepções, atos pessoais – QUERER.

4.4.8 As diversas definições de competências

- Capacidade de apreciar e resolver certo assunto, fazer determinada coisa; capacidade, habilidade, aptidão, idoneidade (*Novo Dicionário da Língua Portuguesa*).
- Capacidade de realizar determinado trabalho (renascimento).
- Habilidades necessárias para o exercício de atividades específicas (taylorismo).
- Característica subjacente de um indivíduo que resulta em desempenho efetivamente superior em determinado cargo (G. O. Klemp, década de 1950).
- Conjunto de conhecimentos, habilidades e atitudes que tem produzido desempenho excelente (Hay McBer).
- Conjunto de conhecimentos, habilidades, tecnologias, sistemas físicos, gerenciais e valores que geram diferencial competitivo para a organização, bem como valor distintivo percebido pelos clientes e que são difíceis de imitar (Prahalad e Hamel).
- Conjunto de conhecimentos, habilidades e experiências que credenciam um profissional a exercer determinada função (Magalhães).
- Conjunto de conhecimentos, habilidades e atitudes interdependentes e necessários à consecução de determinado propósito (Durand).
- Saber agir responsável e reconhecido, que implica mobilizar, integrar, transferir conhecimentos, recursos e habilidades que agreguem valor econômico à organização e valor social ao indivíduo (Maria Tereza Fleury).

O mercado exige cada vez mais dos profissionais um elenco de competências adicionais à sua formação acadêmica e às suas habilidades técnicas.

4.5 Competências desdobradas segundo orientações taxonômicas

São apresentadas a seguir um elenco de quinze competências, as mais requisitadas no mercado brasileiro, e seus conceitos. Tais competências estão desdobradas em atitudes, conhecimentos e habilidades, de modo a facilitar sua compreensão e torná-las passíveis de desenvolvimento.

Ao descrever os níveis de proficiência, cada competência foi colocada em um quadro inspirado na taxonomia de objetivos, com suas respectivas escalas de domínio.

1. Autodesenvolvimento e gestão do conhecimento

Capacidade de aceitar as próprias necessidades de desenvolvimento e de investir tempo e energia no aprendizado contínuo.

Habilidades:
- Sabe identificar necessidades próprias.
- Participa de eventos de desenvolvimento.
- Tem o hábito de ler.
- Aprende coisas novas.
- Mantém-se atualizado.
- Identifica ações para desenvolvimento.
- Sabe usar as críticas recebidas para se desenvolver.
- Pergunta o que não sabe.
- Conhece seus pontos fortes.
- Conhece seus pontos fracos.

Conhecimentos:
- Sobre os cursos de sua área oferecidos na empresa e pelo mercado.
- Sobre fontes de leitura para o autodesenvolvimento.
- Acerca das exigências do cargo.
- A respeito do perfil de competências do cargo.
- Sobre as próprias necessidades de desenvolvimento.

Atitudes:
- Toma a iniciativa.
- Gosta de participar de treinamentos e eventos de desenvolvimento.
- Gosta de aprender coisas novas.
- Gosta de ler.
- Procura conhecer seus pontos fortes.
- Procura conhecer suas dificuldades.
- Apresenta humildade para reconhecer que precisa de desenvolvimento.

TAXONOMIA – ESCALA

Nível	Domínio	Níveis de proficiência em desempenho
CONHECIMENTO	Identifica as vantagens e o valor do autodesenvolvimento, bem como a importância de trocar conhecimentos com a equipe.	Definir as vantagens de um processo de autoconhecimento e gestão do conhecimento.
COMPREENSÃO	Compreende ou interpreta informações sobre gestão do conhecimento e autodesenvolvimento com base em conhecimento prévio.	Enumerar e explicar as ações que traduzem um contexto de gestão do conhecimento e autodesenvolvimento.
APLICAÇÃO	Seleciona, adota e usa referências conceituais para elaborar um plano de gestão do conhecimento e autodesenvolvimento com um mínimo de supervisão.	Elaborar um plano de gestão do conhecimento e autodesenvolvimento em todas as suas etapas.
ANÁLISE	Distingue, classifica e relaciona pressupostos, hipóteses, evidências ou estruturas de um projeto de gestão do conhecimento e autodesenvolvimento.	Comparar e contrastar projetos de gestão do conhecimento e autodesenvolvimento.
SÍNTESE	Cria, integra e combina idéias gerando projeto, plano ou proposta.	Elaborar diversos tipos de projetos adequados aos contextos.
AVALIAÇÃO	Aprecia, avalia ou critica planos com base em padrões e critérios específicos.	Julgar a efetividade dos planos de autodesenvolvimento ou gestão do conhecimento colocados em prática.

Importância profissional do autodesenvolvimento e da gestão do conhecimento

Pessoas que investem no autodesenvolvimento têm maiores chances de sucesso na carreira, reconhecendo suas defasagens e preenchendo as lacunas existentes. Tais iniciativas favorecem o processo de mudança e melhoria.

Além do ganho pessoal, os profissionais que tratam essa competência com cuidado são vistos pela direção como comprometidos, responsáveis e envolvidos no contexto atual de exigências, chamando a atenção para si de forma positiva.

Conseqüências do pouco investimento nessa competência

- Defasagem em relação aos demais colegas.
- Possibilidade de ser 'esquecido(a)' quando houver chances de promoções ou movimentação na carreira.

Níveis de proficiência

MÍNIMO	Apresenta dificuldades para identificar as próprias necessidades e as ações de desenvolvimento que poderiam sanar lacunas. Não sabe tirar proveito das críticas recebidas. Desconhece seus pontos fortes e fracos. Tem pouca iniciativa na busca de conhecimentos. Não lê nem participa de eventos de desenvolvimento e treinamento e não se interessa pelo novo. Não se mantém atualizado. Acredita que não precisa melhorar.
MÁXIMO	Sabe identificar necessidades próprias. Toma iniciativas e participa de eventos de desenvolvimento. Tem o hábito de ler. Interessa-se por coisas novas e se mantém atualizado. Identifica ações para desenvolvimento. Sabe usar as críticas recebidas para se desenvolver. Pergunta o que não sabe. Conhece seus pontos fortes e fracos.

Algumas dicas para desenvolver essa competência

- Converse com seu gerente ou supervisor e peça-lhe que seja seu mentor nesse processo.
- Peça feedback sobre seus pontos a aperfeiçoar e seus pontos de excelência.
- Faça um plano de metas para o ano.
- Associe-se a um grupo de estudos de sua área específica.
- Participe de pelo menos um evento oferecido pelo mercado para se atualizar. Algumas associações oferecem cursos, palestras ou workshops sem custos para seus associados.
- Cultive o hábito de ler. Comece com pequenos artigos, jornais e revistas especializados até tomar gosto por livros.
- Comece a formar sua biblioteca pessoal, adquirindo livros que possam ajudá-lo nesse empreendimento.
- Registre resumos de suas leituras em pastas específicas de seu computador.
- Ofereça-se para fazer uma apresentação para um pequeno grupo sobre o resumo de um livro que gostou de ler.
- Monte um workshop com um conteúdo que domina e apresente-o para o departamento de Recursos Humanos de sua empresa, oferecendo-se para ser o facilitador/instrutor naquele tema que você desenvolveu.

2. Capacidade de adaptação e flexibilidade

Capacidade para adaptar-se oportunamente às diferentes exigências do meio, sendo capaz de rever sua postura diante de novas realidades.

Habilidades:
- Posiciona-se de acordo com seus princípios e valores, respeitando o outro.
- Convive e enfrenta as mudanças, mantendo qualidade e produtividade (desempenho).
- Adapta-se a situações adversas.
- Muda de posicionamento quando percebe que o ganho para o todo é mais importante que o ganho individual, mantendo o comprometimento com resultados.

Conhecimentos:
- A respeito dos contextos da atualidade, fatos e informações da empresa e do mercado em geral.

Atitudes:
- Disposição para rever e mudar de opinião quando necessário (quebrar paradigmas).
- Demonstração de respeito por idéias contrárias.
- Abertura ao novo.
- Disponibilidade para mudar as referências pessoais (mudança de processos, local de trabalho, equipes, funções etc.).

TAXONOMIA – ESCALA

Nível	Domínio	Níveis de proficiência em desempenho
CONHECIMENTO	Identifica as vantagens e o valor das mudanças e inovações, bem como a importância de adaptar-se a elas.	Definir as vantagens da adaptação ao meio e às mudanças no entorno.
COMPREENSÃO	Compreende ou interpreta indicadores de mudanças, bem como identifica as que agregam valor no contexto profissional e organizacional.	Identificar as mudanças que poderão agregar valor à carreira e ao negócio no qual está inserido(a).
APLICAÇÃO	Seleciona e adota ações que favoreçam a inserção de inovações e mudanças.	Adotar ações que incluam inovações e mudanças que agregam valor à carreira e ao negócio.
ANÁLISE	Distingue e relaciona pressupostos, hipóteses, evidências de tendências e indicadores de mudanças e inovações.	Projetar mudanças e inovações a partir da identificação de tendências.

(continua)

(continuação)

SÍNTESE	Cria, integra e combina idéias gerando projetos, planos ou propostas de inovação.	Elaborar diversos tipos de projetos de melhoria ou de inovação de acordo com o contexto.
AVALIAÇÃO	Aprecia, avalia ou critica planos e projetos que contenham propostas de inovação, mudanças e/ou melhorias.	Julgar a efetividade dos planos de mudança e melhoria colocados em prática.

Importância profissional da capacidade de adaptação e da flexibilidade

O mundo atual é movido a mudanças, que se iniciam em nosso ambiente familiar e se estendem até as organizações. Perceber mudanças necessárias e adquirir a capacidade crítica de adaptá-las e incorporá-las é uma exigência profissional dos nossos tempos. A única coisa que é permanente em nossos dias é a mudança.

Mudar é um processo muitas vezes difícil, porém necessário. É por meio da mudança que inovamos e melhoramos nossa forma de trabalho.

As pessoas que dedicam esforço a essa competência, além de terem maior facilidade para incorporar o novo, passam sua forma de ser para os outros, influenciando sobremaneira o ambiente em que atuam. Geralmente destacam-se nas coisas que fazem por apresentarem formas reveladoras e assertivas de trabalho.

Conseqüências do pouco investimento nessa competência

- Rigidez retratada nas posturas pessoais contrárias às inovações.
- Tendência ao estilo 'do contra', ou seja, àquele estilo que gera posições pouco assertivas nos relacionamentos.
- Obsoletismo.

Níveis de proficiência

MÍNIMO	Evita posicionar-se de acordo com seus princípios e valores. Adota atitudes de desrespeito para com o outro. Não consegue conviver e enfrentar as mudanças, fazendo com que seu comportamento afete a qualidade e a produtividade (desempenho). Apresenta dificuldades para adaptar-se a situações adversas e para lidar com idéias contrárias. Inflexibilidade. Comportamento rígido quando precisa ceder a favor do coletivo, com tendências a atitudes individuais.
MÁXIMO	Sabe se posicionar de acordo com seus princípios e valores, respeitando o outro. Convive e enfrenta as mudanças, mantendo qualidade e produtividade (desempenho). Adapta-se a situações adversas. Muda de posicionamento quando percebe que o ganho para o todo é mais importante que o ganho individual, mantendo o comprometimento com resultados. Demonstra flexibilidade nos contextos em que atua.

Algumas dicas para desenvolver essa competência

- Converse com seu gerente ou supervisor e peça-lhe que seja seu mentor nesse processo.
- A princípio, trace metas de pequenas mudanças, fáceis de cumprir (mudar um pouco o penteado, uma mesa de lugar, o trajeto para o trabalho etc.).
- Aos poucos, coloque metas mais ousadas em seu plano (metas que exigem maior esforço para cumpri-las).
- Reserve um dia no mês para ouvir sugestões sem contestá-las ou avaliá-las (só ouça e reflita).
- Faça um programa diferente com sua família (não precisa ser um programa caro ou sofisticado, mas algo que nunca foi feito antes).
- Leia um livro sobre um tema inédito (que você nunca leu e pelo qual nunca se interessou).
- Participe de um grupo esportivo. Quando fazemos parte de uma equipe, precisamos fazer concessões e isso nos ajuda a desenvolver a flexibilidade.
- Comece a praticar diariamente as palavras 'sim' e 'talvez' em vez de 'não'.
- Acompanhe as mudanças que ocorrem ao seu redor, mantendo-se informado(a) por meio de conversas com colegas, leitura de jornais e revistas especializados, acompanhando o noticiário da TV e pesquisando sites relativos ao seu negócio na Internet.
- Não tenha receio de mudar sua decisão. Isso não desqualifica nem desmerece ninguém. Todos somos capazes de decidir e tomar outra decisão quando percebemos que a primeira não foi boa.

3. Capacidade empreendedora

Facilidade para identificar novas oportunidades de ação e capacidade para propor e implementar soluções aos problemas e necessidades que se apresentam de forma assertiva e adequada ao contexto.

Habilidades:
- Estabelece objetivos e metas realistas e oportunos.
- Coloca em prática os planos elaborados (toca projetos).
- Implementa suas idéias, acompanhando as atividades e promovendo melhorias.
- Sabe criar alternativas novas e eficazes para a solução dos problemas detectados.
- Apresenta iniciativa própria para estabelecer parcerias e negociações, a fim de alcançar os resultados pretendidos.
- Motiva-se diante de problemas, barreiras e desafios (resiliência).
- Age com autonomia e responde pelos riscos assumidos e resultados atingidos.

Conhecimentos:
- A respeito de informações estratégicas da empresa e/ou do negócio.
- Sobre cenários e tendências de mercado.
- Ferramentas de análise de problemas.

Atitudes:
- Toma a iniciativa, é proativo, busca informações.
- Revela interesse, disponibilidade e comprometimento.
- Demonstra energia e entusiasmo.
- Não desanima quando algo dá errado (persistência).
- Mostra gostar de vencer, alcançar metas e obter resultados (dinamismo).
- Demonstra ser persistente na implantação das soluções.
- Propõe-se a realizar atividades desconhecidas.

TAXONOMIA – ESCALA

Nível	Domínio	Níveis de proficiência em desempenho
CONHECIMENTO	Identifica as vantagens e o valor da ação empreendedora no ambiente organizacional e/ou no mercado.	Definir as vantagens de ações empreendedoras na vida pessoal e profissional.
COMPREENSÃO	Compreende ou interpreta indicadores do empreendedorismo, bem como reconhece oportunidades para a ação empreendedora.	Identificar oportunidades para o empreendedorismo no cotidiano organizacional.
APLICAÇÃO	Seleciona e adota ações que favoreçam a elaboração de projetos de empreendedorismo.	Identificar espaços para inovações ou empreendimentos que agregam valor à carreira e ao negócio.
ANÁLISE	Distingue e relaciona pressupostos, hipóteses, evidências de tendências e espaços para empreendimentos.	Projetar melhorias e inovações a partir da identificação de oportunidades de negócio ou melhorias organizacionais.
SÍNTESE	Cria, integra e combina idéias gerando projetos, planos ou propostas empreendedoras.	Elaborar diversos tipos de projetos empreendedores de acordo com o contexto.
AVALIAÇÃO	Aprecia, avalia ou critica planos e novos projetos que contenham novos empreendimentos.	Julgar a efetividade dos planos colocados em prática.

Importância profissional da capacidade empreendedora

A idéia de que o empreendedor é aquele profissional que monta seu próprio negócio agora já agrega a figura do empreendedor interno. As organizações, com seus novos modelos de gestão, oferecem espaços internos para as pessoas que detêm essa competência. São elas que lideram novos projetos, assumem desafios importantes para o negócio, tomam decisões em seus espaços funcionais e fazem acontecer.

A capacidade empreendedora alavanca negócios, abre mercados, encanta clientes (internos e externos) e faz do ambiente de trabalho um local motivador.

Conseqüências do pouco investimento nessa competência

- Imagem de pessoa com pouca iniciativa e que pode não dar conta do recado.
- Imobilidade profissional: perde espaços para outros empreendedores internos.

Níveis de proficiência

MÍNIMO	Dificuldade para estabelecer objetivos e metas realistas e oportunos. Não leva à frente os planos elaborados. Não implementa suas idéias. Demonstra dificuldade para desenvolver soluções novas e eficazes para os problemas detectados. Não apresenta iniciativa própria para estabelecer parcerias e negociações, a fim de alcançar resultados.
	Desmotiva-se diante de problemas, barreiras e desafios. Não consegue agir com autonomia e responder pelos riscos assumidos e resultados atingidos. Evita tomar iniciativas e buscar informações. Demonstra desinteresse, falta de disponibilidade e comprometimento, bem como falta de energia e de entusiasmo. Desanima quando algo dá errado (falta de persistência). Não valoriza metas e resultados (falta de dinamismo). Foge de atividades desconhecidas.
MÁXIMO	Toma iniciativa, é proativo, busca informações. Demonstra interesse, disponibilidade, comprometimento, energia e entusiasmo. Não desanima quando algo dá errado (persistência).
	Gosta de vencer, alcançar metas e obter resultados (dinamismo). É persistente na implantação das soluções. Propõe-se a realizar atividades desconhecidas. Estabelece objetivos e metas realistas e oportunos. Coloca em prática os planos elaborados (toca projetos). Implementa suas idéias, acompanhando as atividades e promovendo melhorias. Sabe criar alternativas novas e eficazes para a solução dos problemas detectados. Apresenta iniciativa própria para estabelecer parcerias e negociações, a fim de alcançar resultados. Age com autonomia e responde pelos riscos assumidos e resultados atingidos.

Algumas dicas para desenvolver essa competência

- Converse com seu gerente ou supervisor e peça-lhe que seja seu mentor nesse processo.
- Arrisque-se a sugerir melhorias.
- Ofereça-se para coordenar um pequeno projeto interno.
- Faça planos escritos de pequenas melhorias e apresente para sua equipe e chefia.
- Evite ter medo de errar e das críticas. Lembre-se: os empreendedores também falham em suas iniciativas.
- Quando o medo chegar, lembre-se de iniciativas que deram certo e que se tornaram um sucesso (suas ou de colegas).
- Compre um presente simbólico para você sempre que uma iniciativa der resultado.
- Fale com os outros sobre suas idéias. Convide-os a partilhá-las com você.
- Registre seus sucessos na agenda e leia de vez em quando.
- Leve para seu ambiente pessoal a idéia de empreender: melhore tudo que puder melhorar em sua vida.

4. Capacidade negocial

Capacidade de se expressar e de ouvir o outro, buscando o equilíbrio de soluções satisfatórias nas propostas apresentadas pelas partes.

Habilidades:
- Prepara antecipadamente os planos de negociação.
- Informa-se sobre o conteúdo da negociação.
- Ouve os argumentos da outra parte com tranqüilidade e argumenta com propriedade.
- Age com persuasão (ouve, percebe as nuances e acha a chave para ligar os fatos).
- Reage com tranqüilidade a argumentos combativos.
- Diante das objeções, indica os benefícios da negociação.
- Obtém a melhor negociação para a empresa, com postura de empatia.

Conhecimentos:
- Básicos das técnicas de negociação.
- Acerca do produto ou do serviço a negociar.
- Sobre o mercado e os concorrentes.

Atitudes:
- Valoriza o planejamento e a organização de informações antes de iniciar a negociação.
- Demonstra flexibilidade.
- Interessa-se em conhecer estratégias e táticas de negociação.
- Valoriza resultados ganha-ganha.
- Inspira confiança.

TAXONOMIA – ESCALA

Nível	Domínio	Níveis de proficiência em desempenho
CONHECIMENTO	Identifica as vantagens e o valor da negociação tanto no ambiente interno quanto com fornecedores e clientes externos.	Definir as vantagens da negociação na vida pessoal e profissional.
COMPREENSÃO	Compreende ou interpreta oportunidades de negociação, bem como identifica vantagens em seu uso no cotidiano pessoal e profissional.	Apontar oportunidades para a negociação no dia-a-dia (nos níveis pessoal e organizacional).
APLICAÇÃO	Seleciona e adota táticas e estratégias que favoreçam o estabelecimento de espaços negociais.	Adotar as melhores táticas e estratégias de negociação como ferramenta de trabalho.
ANÁLISE	Distingue e relaciona pressupostos, hipóteses, evidências de tendências e espaços para o uso da negociação.	Projetar espaços de melhoria no relacionamento com clientes internos, clientes externos e fornecedores a partir da identificação de oportunidades de negociação.
SÍNTESE	Cria, integra e combina táticas e estratégias, tornando-as habituais nas ações cotidianas de negociação.	Desenvolver comportamentos e atitudes assertivas nas negociações do cotidiano organizacional.
AVALIAÇÃO	Aprecia, avalia ou critica resultados das ações negociais.	Julgar a efetividade das negociações colocadas em prática.

Importância profissional da capacidade negocial

A negociação é uma competência presente no contexto atual das organizações. Por conta da flexibilização das estruturas hierárquicas, a relação entre pares, chefias e colaboradores abriu espaço para essa competência.

Além de seu uso no fechamento de negócios com clientes externos, a negociação é presença obrigatória no dia-a-dia, quando as partes apresentam interesses divergentes.

É por meio dela que se chega a um acordo consensual, no qual cada parte cede um pouco e todos ganham.

Decisões unilaterais vêm sendo substituídas por decisões consensuais por intermédio de negociação.

Conseqüências do pouco investimento nessa competência

- Incapacidade de levar adiante processos negociais de interesse pessoal.
- Adoção de posturas intransigentes, afetando a imagem pessoal.
- Maiores possibilidades de efetivar negociações ganha-perde, angariando perdas.

Níveis de proficiência

MÍNIMO	Participa de negociações sem se preparar. Apresenta dificuldades para ouvir os argumentos da outra parte. Comporta-se com impaciência e argumenta sem propriedade. Age sem persuasão (não ouve, não percebe as nuances e não consegue achar a chave para ligar os fatos). Reage com agressividade ou apatia a argumentos combativos e a objeções. Não valoriza o planejamento e a organização de informações antes de iniciar a negociação. Demonstra inflexibilidade. Não se interessa em conhecer estratégias e táticas de negociação. Desconhece o que é resultado ganha-ganha. Inspira desconfiança.
MÁXIMO	Prepara antecipadamente os planos de negociação. Informa-se sobre o conteúdo da negociação. Ouve os argumentos da outra parte com tranqüilidade e argumenta com propriedade. Age com persuasão (ouve, percebe as nuances e acha a chave para ligar os fatos). Reage com tranqüilidade a argumentos combativos. Obtém a melhor negociação para a empresa, com postura de empatia. Valoriza o planejamento e a organização de informações antes de iniciar a negociação. Demonstra flexibilidade. Interessa-se em conhecer estratégias e táticas de negociação. Valoriza resultados ganha-ganha. Inspira confiança.

Algumas dicas para desenvolver essa competência

- Converse com seu gerente ou supervisor e peça-lhe que seja seu mentor nesse processo.
- Arrisque-se a negociar pequenas coisas em seu dia-a-dia familiar: onde a família vai passar o final de semana, cardápio do domingo etc.
- Estenda sua intenção de negociar para o trabalho: negocie metas, resultados, responsabilidades.
- Arrisque-se em sua equipe, propondo uma melhoria no trabalho. Se houver resistência, use estratégias de negociação.
- Leia sobre o tema e tente colocar em prática as táticas de negociação.
- Pesquise sites culturais e leia artigos sobre negociação.
- Acompanhe um programa oficial do governo pela TV e avalie os tipos de negociação que aparecem nele.

- Assista a filmes que tratem sobre o tema consenso e analise a performance dos personagens (sugestão: *Doze homens e uma sentença*).
- Organize um bazar beneficente em seu bairro e avalie sua performance como negociador.
- Quando for adquirir algum bem, negocie com o vendedor, usando as táticas aprendidas.

5. Comunicação e interação

Capacidade para interagir com as pessoas apresentando facilidade para ouvir, processar e compreender a mensagem. Facilidade para transmitir e argumentar com coerência e clareza, promovendo feedback sempre que necessário.

Habilidades:
- Apresenta a comunicação falada, escrita ou gráfica de forma organizada e correta.
- Comunica-se por meio de argumentos, fatos e dados coerentes.
- Mantém sua equipe atualizada, informando fatos novos.
- Sabe ouvir, fornecer e receber feedback de forma educada e cortês.
- Quando se comunica, os outros entendem.
- Interpreta a comunicação com propriedade (entende).
- Não é prolixo (subjetivo e cansativo).

Conhecimentos:
- Sobre o processo de comunicação.
- Acerca de técnicas de expressão verbal.
- Sobre tecnologias da informação utilizadas na empresa.
- Sobre língua portuguesa.

Atitudes:
- Adota postura de escuta e interesse pelo que os outros falam.
- Busca informações e pergunta quando tem dúvida.
- Nas discussões, esclarece seus pontos de vista quando os outros solicitam.
- Reage de forma natural a feedback que inclui crítica.
- Oferece feedback com propriedade, cortesia e respeito pela outra parte (mesmo quando este inclui crítica).
- Busca aproximação com as pessoas e é receptivo aos contatos.
- Procura expressar-se com clareza e objetividade.

TAXONOMIA – ESCALA

Nível	Domínio	Níveis de proficiência em desempenho
CONHECIMENTO	Identifica as vantagens e o valor da comunicação assertiva tanto no ambiente interno quanto com fornecedores e clientes.	Listar as vantagens da comunicação assertiva na vida pessoal e profissional.
COMPREENSÃO	Compreende ou interpreta processos, técnicas e estratégias de comunicação, bem como identifica vantagens de seu uso no cotidiano pessoal e profissional.	Identificar e descrever espaços de comunicação no cotidiano pessoal e organizacional.
APLICAÇÃO	Seleciona e adota formas de comunicação que favorecem o relacionamento e a compreensão dos contextos das partes envolvidas.	Demonstrar assertividade na comunicação cotidiana e usar essa mesma assertividade como ferramenta de trabalho.
ANÁLISE	Distingue e relaciona pressupostos, hipóteses, evidências de tendências e espaços para o uso da comunicação.	Projetar espaços de melhoria na comunicação com clientes internos, clientes externos e fornecedores a partir da identificação de lacunas.
SÍNTESE	Cria, integra e combina formas assertivas de comunicação, tornando-as habituais nas ações cotidianas.	Desenvolver comportamentos e atitudes assertivas nas comunicações do cotidiano organizacional.
AVALIAÇÃO	Aprecia, avalia ou critica os resultados das comunicações.	Julgar a efetividade das comunicações colocadas em prática.

Importância profissional da comunicação e da interação

A comunicação é a competência que faz a ponte entre as pessoas. As palavras e as atitudes exercem um poder assustador, pois podem ajudar a construir uma auto-imagem positiva ou a destruir sonhos e desejos. Portanto, investir na melhoria dessa competência é tarefa daqueles que almejam o sucesso e a excelência.

Conseqüências do pouco investimento nessa competência

- Dificuldade para se fazer entender.
- Uso de canais inadequados de comunicação, perdendo oportunidades para apresentar ou gerar resultados.
- Obstáculos nos relacionamentos interpessoais causados pelas falhas de comunicação.
- Perda de oportunidades profissionais.

Níveis de proficiência

MÍNIMO	Apresenta a comunicação falada, escrita ou gráfica de forma desorganizada e incorreta. Comunica-se por meio de argumentos, fatos e dados confusos e incoerentes. Não sabe ouvir, tem dificuldades para fornecer e receber feedback de forma educada e cortês. É prolixo (subjetivo e cansativo). Não busca informações nem pergunta quando tem dúvidas. Nas discussões, não esclarece seus pontos de vista quando os outros solicitam. Reage de forma agressiva ou apática a feedback que inclui crítica. Oferece feedback sem propriedade e peca pela falta de cortesia e respeito pela outra parte, principalmente quando inclui crítica. Não se aproxima das pessoas e é pouco receptivo aos contatos.
MÁXIMO	Apresenta a comunicação falada, escrita ou gráfica de forma organizada e correta. Comunica-se por meio de argumentos, fatos e dados coerentes. Sabe ouvir, fornecer e receber feedback de forma educada e cortês. Não é prolixo (subjetivo e cansativo). Busca informações e pergunta quando tem dúvida. Nas discussões, esclarece seus pontos de vista quando os outros solicitam. Reage de forma natural a feedback que inclui crítica. Oferece feedback com propriedade, cortesia e respeito em relação à outra parte (mesmo quando este inclui crítica). Busca aproximação com as pessoas e é receptivo aos contatos.

Algumas dicas para desenvolver essa competência

- Converse com seu gerente ou supervisor e peça-lhe que seja seu mentor nesse processo.
- Leia. Atualize-se e informe-se sobre tudo que diz respeito à comunicação e aos recursos tecnológicos usados em sua empresa.
- Se a tecnologia é nova e você ainda não teve a chance de familiarizar-se com ela, faça cursos e aprenda.
- Planeje sua comunicação sempre que tiver como objetivo alcançar uma adesão, um resultado ou meta.
- Prepare suas reuniões de trabalho cuidando da forma como vai se comunicar com a equipe ou com seu gerente/supervisor. Avalie os resultados.
- Leia sobre o tema e tente colocar em prática as informações atuais.

- Pesquise sites culturais e leia artigos sobre comunicação.
- Avalie os comunicadores de programas de TV, identificando pontos em comum com você. Verifique se são positivos ou negativos.
- Se tiver dificuldades com a língua portuguesa, faça um curso rápido de gramática.
- Escreva artigos ou resumos de temas de sua área de trabalho. Divulgue para seus colegas e peça feedback.

6. Criatividade e inovação

Capacidade para conceber e adotar soluções inovadoras, viáveis e adequadas para as situações apresentadas.

Habilidades:
- Usa a imaginação para resolver problemas.
- Usa analogias, comparações e/ou metáforas.
- Coloca as idéias em ação.
- Estrutura as idéias novas de forma que os outros entendam.
- Usa estratégias criativas para resolver problemas.
- Adota métodos diferenciados para situações específicas.
- Propõe novas formas de trabalho.

Conhecimentos:
- A respeito de técnicas de resolução de problemas.
- Sobre ferramentas da criatividade.

Atitudes:
- Busca formas diferentes de trabalho.
- Apresenta facilidade em gerar novas idéias.
- Tem disponibilidade para ouvir e aproveitar as idéias dos outros.
- Mantém atitude espontânea.
- Demonstra estabilidade emocional e bom humor.
- Propõe formas diferentes de trabalho.
- Demonstra autoconfiança.

	TAXONOMIA – ESCALA		
Nível	Domínio	Níveis de proficiência em desempenho
CONHECIMENTO	Identifica as vantagens e o valor da criatividade na vida pessoal e profissional.	Definir as vantagens da criatividade na vida pessoal e profissional.

(continua)

(continuação)

COMPREENSÃO	Compreende ou interpreta processos, técnicas e estratégias de criatividade, bem como identifica vantagens de seu uso no cotidiano pessoal e profissional.	Identificar espaços de criação e inovação no cotidiano pessoal e organizacional.
APLICAÇÃO	Seleciona e adota ferramentas da criatividade que propiciam resultados e agregam valor ao negócio.	Usar os espaços de criação e inovação aplicando ferramentas adequadas e gerando resultados positivos.
ANÁLISE	Distingue e relaciona pressupostos, hipóteses, evidências de tendências e espaços para criatividade e inovação.	Elaborar projetos de criatividade e inovação a partir de diagnósticos e análises de contextos, com o uso de ferramentas específicas.
SÍNTESE	Cria, integra e combina ferramentas da criatividade, tornando-as habituais nas ações cotidianas.	Manter comportamentos e atitudes criativas, elaborar projetos e planos utilizando ferramentas próprias nas ações do cotidiano organizacional.
AVALIAÇÃO	Aprecia, avalia ou critica os resultados das ações criativas.	Julgar a efetividade das ações criativas colocadas em prática.

Importância profissional da criatividade e da inovação

A criatividade é a mola-mestra da inovação. Criar é agir de forma diferente da usual nos contextos da organização. É abrir novas possibilidades para resolver problemas, ampliar resultados e agregar valor ao negócio. Criar é estabelecer formas de relacionamento construtivas, melhorar o clima de trabalho, aproximar pessoas e idéias.

Conseqüências do pouco investimento nessa competência

- Obsoletismo.
- Apego ao passado.
- Dificuldade para enxergar as oportunidades de crescimento.
- Perda de oportunidades profissionais.

Níveis de proficiência

MÍNIMO	Demonstra dificuldades para identificar e resolver problemas. Não consegue gerar idéias e colocá-las em ação. Estrutura as idéias de forma desorganizada e incompreensível. Evita usar estratégias criativas para resolver problemas. Não adota métodos diferenciados para situações específicas. Tem dificuldades para ouvir e aproveitar as idéias dos outros. Demonstra instabilidade emocional e mau humor. Demonstra possuir pouca confiança em si mesmo.
MÁXIMO	Usa a imaginação para resolver problemas. Tem facilidade para gerar idéias e colocá-las em ação. Estrutura as idéias novas de forma que os outros entendam. Usa estratégias criativas para resolver problemas. Adota métodos diferenciados para situações específicas. Propõe novas formas de trabalho. Tem disponibilidade para ouvir e aproveitar as idéias dos outros. Demonstra estabilidade emocional e bom humor. Mostra autoconfiança.

Algumas dicas para desenvolver essa competência

- Converse com seu gerente ou supervisor e peça-lhe que seja seu mentor nesse processo.
- Utilize ferramentas que auxiliem no processo criativo: *brainstorming* (TI), *mind map* (mapas mentais), metodologia de resolução de problemas, pensamento lateral, analogias e metáforas etc.
- Sempre que estiver em uma situação de impasse, pense em pelo menos três soluções novas para a resolução do seu problema.
- Trabalhe e reconheça que todos temos medo do ridículo. Tente superá-lo. Esse é um dos primeiros passos para o desenvolvimento do potencial criativo. Não se importe muito com o que os outros irão pensar sobre suas idéias.
- A criatividade precisa ser aplicada dentro de um contexto. Não adianta criar uma série de procedimentos se estes não tiverem aplicabilidade.
- Identifique como está sua auto-estima e quanto acredita no seu potencial. Para criar é preciso acreditar que você pode.
- Se você sempre se considerou uma pessoa pouco criativa, comece desde já a romper certos paradigmas. Todos somos criativos e temos o poder de transformar as coisas.
- Para criar é preciso estar energizado. Assim, procure praticar exercícios que trabalhem o corpo e a mente: musculação, hidroginástica, esporte, caminhada, danças circulares, ioga, meditação.
- Identifique os bloqueios que o impedem de apresentar novas idéias, arriscar mais e ousar. Procure analisar os motivos desses bloqueios e faça um trabalho mental para superá-los. Algumas vezes, identificando a origem dos bloqueios, automaticamente eles passam a não mais existir.

- Identifique seus progressos nessa competência. Celebre! Valorize o que você fez.

7. Cultura da qualidade

Postura orientada para a busca contínua da satisfação das necessidades e superação das expectativas dos clientes internos e externos.

Habilidades:
- Sabe estabelecer indicadores de desempenho das metas e acompanhá-los.
- Sabe ouvir críticas, sugestões e solicitações de clientes.
- Usa com propriedade o marketing de relacionamento.
- Age com exatidão e agilidade no atendimento das necessidades do cliente.
- Atende de forma correta, deixando o cliente satisfeito.
- Cria canais de comunicação com o cliente.
- Age com foco em resultados que favoreçam as partes.

Conhecimentos:
- Sobre ferramentas da qualidade adotadas na empresa.
- Sobre o funcionamento e a estrutura de uma empresa, compreendendo a inter-relação e a interdependência entre as partes.
- Básico de estatística.

Atitudes:
- Demonstra reconhecer o real valor do cliente para o negócio da empresa.
- Interessa-se em conhecer as necessidades dos clientes internos e externos, procurando meios de atendê-las (ver pela ótica do cliente).
- É receptivo a críticas, sugestões e às solicitações dos clientes.
- Procura desenvolver as tarefas com qualidade.
- Procura acertar sempre e corrigir falhas.
- Dá importância aos indicadores de desempenho das metas e os acompanha.
- É persistente na implantação de soluções.

TAXONOMIA – ESCALA		
Nível	Domínio	Níveis de proficiência em desempenho
CONHECIMENTO	Identifica as vantagens e o valor da cultura da qualidade tanto no ambiente interno quanto em relação a fornecedores e clientes.	Nomear as vantagens da cultura da qualidade na vida pessoal e profissional.

(continua)

(continuação)

COMPREENSÃO	Compreende ou interpreta processos, técnicas e estratégias direcionadas para a qualidade, bem como identifica vantagens de seu uso no cotidiano pessoal e profissional.	Apontar espaços de melhoria da qualidade junto aos clientes internos e externos, no cotidiano pessoal e organizacional.
APLICAÇÃO	Seleciona e adota ferramentas da qualidade, com foco na melhoria constante do atendimento aos clientes internos, clientes externos e fornecedores.	Identificar e aplicar as ferramentas da qualidade mais adequadas às demandas do contexto organizacional.
ANÁLISE	Distingue e relaciona pressupostos, hipóteses, evidências de tendências e espaços para o uso das ferramentas, premissas e pressupostos da cultura da qualidade.	Projetar espaços de melhoria no atendimento aos clientes internos, clientes externos e fornecedores a partir da análise de lacunas e da verificação de oportunidades para alcançar a excelência.
SÍNTESE	Cria, integra e combina formas assertivas de uso das ferramentas da qualidade, tornando-as habituais nas ações cotidianas.	Desenvolver comportamentos e atitudes focados na excelência das ações do cotidiano organizacional.
AVALIAÇÃO	Aprecia, avalia ou critica os resultados do uso das ferramentas da qualidade e das ações com foco no cliente interno, cliente externo e fornecedores.	Julgar a efetividade das ações de qualidade colocadas em prática.

Importância profissional da cultura da qualidade

Qualidade hoje não é mais diferencial: é condição de sobrevivência.

Quem faz qualidade?

É sabido que qualidade implica a melhoria de processos e a adoção de inovações tecnológicas. Entretanto, quem lida com os processos e as novas tecnologias são as pessoas. Você é uma delas.

Todo esforço das empresas na busca de melhor qualidade (ou alcance da qualidade total) traz um desafio: o comprometimento e o envolvimento das pessoas com resultados, de forma a ganhar mercados e clientes fiéis e satisfeitos.

Certamente, os profissionais que participam desse processo são valorizados e lembrados em projetos ou contextos importantes.

Conseqüências do pouco investimento nessa competência

- Incompatibilidade da ação individual com a cultura empresarial vigente.
- Ações fora de foco e com poucos resultados.
- Incompreensão do valor do cliente, gerando poucos negócios ou resultados abaixo das metas.
- Possibilidades de desligamento, caso haja persistência nas lacunas.

Níveis de proficiência

MÍNIMO	Não sabe estabelecer indicadores de desempenho das metas e acompanhá-los. É pouco receptivo a críticas, sugestões e solicitações dos clientes. Usa sem propriedade o marketing de relacionamento. Age com pouca exatidão e não tem agilidade no atendimento das necessidades do cliente, deixando-o insatisfeito. Não consegue criar canais de comunicação com o cliente. Age sem foco nos resultados, o que desfavorece as partes. Demonstra desconhecer o real valor do cliente para o negócio da empresa. Desenvolve as tarefas sem qualidade e não corrige falhas. Tem dificuldades na implantação de soluções.
MÁXIMO	Sabe estabelecer indicadores de desempenho das metas e acompanhá-los. É receptivo a críticas, sugestões e solicitações dos clientes. Usa com propriedade o marketing de relacionamento. Age com exatidão e rapidez no atendimento das necessidades do cliente, deixando-o satisfeito. Cria canais de comunicação com o cliente. Age com foco em resultados que favoreçam as partes. Demonstra reconhecer o real valor do cliente para o negócio da empresa. Procura desenvolver as tarefas com qualidade e corrigir falhas. É persistente na implantação de soluções.

Algumas dicas para desenvolver essa competência

- Converse com seu gerente ou supervisor e peça-lhe que seja seu mentor nesse processo.
- Implante os 5S ou outra metodologia de melhoria em sua área de trabalho, envolvendo as outras pessoas.
- Crie formas de comunicação visual (quadros, tabelas etc.) para facilitar o andamento e o controle de processos.
- Procure interagir mais com seus clientes e identificar suas necessidades.
- Solicite feedback aos clientes internos e externos periodicamente.
- Utilize planos de melhoria para cada projeto/meta, com foco na qualidade.
- Após a realização de um projeto ou cumprimento de uma meta, saiba identificar falhas e acertos e propor melhorias para os próximos projetos.
- Estabeleça padrões e critérios de qualidade para os procedimentos internos e divulgue-os entre sua equipe.

- Crie roteiros que auxiliarão a equipe na prática da qualidade.
- Pesquise os índices de satisfação dos clientes e peça sugestões de melhoria.

8. Liderança

Capacidade para catalisar os esforços grupais de forma a atingir ou superar os objetivos organizacionais, estabelecendo um clima motivador, formando parcerias e estimulando o desenvolvimento da equipe.

Habilidades:
- Consegue manter a equipe comprometida com resultados e metas.
- Cria um clima de entusiasmo e envolvimento.
- Tem facilidade para convencer o grupo a seguir suas orientações.
- Obtém a atenção e o respeito das pessoas.
- Acompanha e participa do andamento dos trabalhos, colocando-se disponível caso haja necessidade.
- Adota palavras de estímulo, reconhecendo resultados e desempenho.
- Avalia e, se necessário, reorienta as ações, obtendo a colaboração das pessoas.
- Age com foco nas atividades e projetos das equipes na busca dos objetivos organizacionais.

Conhecimentos:
- Acerca de funções e papéis da liderança de vanguarda: apoiar, acompanhar, orientar, delegar, treinar etc.
- Sobre estilos de liderança assertivos, que geram resultados satisfatórios; e estilos não assertivos, que impedem o alcance de resultados.
- A respeito do próprio trabalho (competências técnicas).
- Acerca do negócio como um todo.
- Sobre as principais funções do papel de liderança.
- Sobre o perfil das competências de liderança esperadas pela empresa.

Atitudes:
- Respeita as pessoas.
- Demonstra satisfação com resultados alcançados em grupo.
- Vibra e passa energia para o grupo.
- Valoriza resultados e metas.
- Incentiva o desenvolvimento das pessoas.

TAXONOMIA – ESCALA

Nível	Domínio	Níveis de proficiência em desempenho
CONHECIMENTO	Identifica as vantagens e o valor do domínio da competência liderança no cotidiano das equipes de trabalho.	Nomear as vantagens de uma liderança assertiva na ação das equipes e nos resultados organizacionais.
COMPREENSÃO	Compreende ou interpreta processos, técnicas e estratégias de apoio à função de liderança, identificando vantagens em sua adoção.	Apontar os espaços para colocar em prática as técnicas, estratégias e conhecimentos sobre liderança com as equipes de trabalho.
APLICAÇÃO	Seleciona e adota comportamentos, estratégias, ferramentas e processos que favorecem a liderança de equipes.	Identificar e aplicar estratégias, ferramentas e processos de liderança no cotidiano da gestão de equipes.
ANÁLISE	Distingue e relaciona pressupostos, hipóteses, evidências de tendências de liderança que permitem o uso das ferramentas, premissas e pressupostos do líder de vanguarda.	Projetar espaços de melhoria na ação de liderança a partir da análise de lacunas e oportunidades para alcançar a excelência.
SÍNTESE	Cria, integra e combina formas assertivas de liderança, tornando-as habituais nas ações cotidianas.	Desenvolver comportamentos e atitudes focados na excelência das ações de liderança.
AVALIAÇÃO	Aprecia, avalia ou critica os resultados das ações de liderança junto às equipes.	Julgar a efetividade das ações de liderança levando em consideração o resultado alcançado e o nível de motivação das equipes (clima de trabalho).

Importância profissional da liderança

A função de liderança nas organizações ultrapassou o espaço dos cargos de chefia.

Hoje, os diversos profissionais têm a chance de exercer essa competência na liderança de projetos, de contas de clientes, de grupos-tarefa e nos diversos blocos de negócios internos.

A capacidade de liderança é um forte componente de excelência no ambiente empresarial.

Aqueles que a desenvolverem certamente terão mais espaços de crescimento que aqueles que minimizarem sua importância.

Conseqüências do pouco investimento nessa competência

- Poucas chances de movimentação na carreira ou de ser lembrado para promoções em que a competência de liderança é exigida.
- Dificuldade para coordenar projetos importantes.
- Tendência a permanecer em funções técnicas ou administrativas que não exijam a competência de liderança.

Níveis de proficiência

MÍNIMO	Não consegue manter a equipe comprometida com resultados e metas. Cria um clima de desmotivação. Tem dificuldades para convencer o grupo a seguir suas orientações. Não conquista a atenção e o respeito das pessoas. Não acompanha e não participa do andamento dos trabalhos. Tem dificuldades para obter a colaboração das pessoas. Age sem foco nas atividades e projetos das equipes, deixando em segundo plano os objetivos organizacionais. Não demonstra satisfação com resultados alcançados em grupo. Passa falta de energia para o grupo. Não valoriza resultados e metas. Não investe no desenvolvimento das pessoas.
MÁXIMO	Consegue manter a equipe comprometida com resultados e metas. Cria um clima de entusiasmo e envolvimento. Tem facilidade para convencer o grupo a seguir suas orientações. Conquista a atenção e o respeito das pessoas. Acompanha e participa do andamento dos trabalhos, colocando-se disponível caso haja necessidade. Adota palavras de estímulo, reconhecendo resultados e desempenho. Avalia e, se necessário, reorienta as ações, obtendo a colaboração das pessoas. Age com foco nas atividades e projetos das equipes na busca dos objetivos organizacionais. Respeita as pessoas. Demonstra satisfação com resultados alcançados em grupo. Vibra e passa energia para o grupo. Valoriza resultados e metas. Incentiva o desenvolvimento das pessoas.

Algumas dicas para desenvolver essa competência

- Converse com seu gerente ou supervisor e peça-lhe que seja seu mentor nesse processo.
- Sempre que surgir a oportunidade, ofereça-se para coordenar um projeto ou grupo.
- Participe de um grupo informal de seu bairro (associação de pais e mestres, associação dos moradores etc.) e ocupe espaços de liderança.
- Peça feedback sobre sua atuação como líder e/ou observe a reação das pessoas à sua forma de liderar.

- Monitore periodicamente a evolução dos projetos no setor. Seja acessível para esclarecimentos e feedback.
- Assuma a responsabilidade, mas valorize a pessoa que realizou o trabalho.
- Delegue a pessoa certa para fazer o trabalho e, ao delegar, forneça todas as informações necessárias para a conclusão da tarefa.
- Esteja atento ao potencial da equipe e saiba aproveitar o que cada membro sabe fazer melhor.
- Valorize a sua equipe e contribua para o crescimento das pessoas, propondo metas e desafios.
- Amplie seus conhecimentos de liderança por meio de livros, palestras e cursos que abordem o tema.

9. Motivação e energia para o trabalho

Capacidade para demonstrar interesse e energia pelas atividades que executa, tomando iniciativas e mantendo atitude de disponibilidade.

Habilidades:
- Atende às demandas com prontidão, assertividade e rapidez.
- Incentiva as pessoas a atingir metas.
- Informa os progressos do grupo e ao grupo.
- Elogia colegas e demonstra alegria quando estes atingem resultados.
- Obtém a cumplicidade do grupo.
- Mantém comportamentos que indicam motivação.
- Levanta o moral do grupo.

Conhecimentos:
- Sobre técnicas de automotivação.
- Básicos sobre motivação.

Atitudes:
- Busca novas alternativas diante de problemas reais.
- Inicia o trabalho.
- Apresenta prontidão para o trabalho.
- Interessa-se pelo trabalho.
- É receptivo e disponível.
- Demonstra satisfação com o trabalho (entusiasmo).
- Apresenta postura de aceitação (nos gestos e na fala).

TAXONOMIA – ESCALA

Nível	Domínio	Níveis de proficiência em desempenho
CONHECIMENTO	Identifica as vantagens e o valor da motivação para o alcance de resultados e manutenção de um bom clima de trabalho.	Enumerar as vantagens da presença de motivação para os resultados e o clima organizacional.
COMPREENSÃO	Compreende ou interpreta as fontes de motivação humana, reconhecendo as vantagens desse conhecimento.	Descrever as fontes de motivação humana e identificar os benefícios dessa motivação no cotidiano de trabalho.
APLICAÇÃO	Seleciona e adota comportamentos, estratégias, ferramentas e processos que favorecem a motivação das equipes e a automotivação.	Identificar e aplicar estratégias e técnicas motivacionais no ambiente de trabalho e na vida pessoal.
ANÁLISE	Distingue e relaciona pressupostos, hipóteses, evidências de tendências no campo da motivação humana que permitem o uso das técnicas motivacionais no cotidiano de trabalho.	Analisar oportunidades para colocar em prática ações motivacionais a partir da identificação de comportamentos específicos na equipe de trabalho.
SÍNTESE	Cria, integra e combina formas assertivas de manter a motivação da equipe e a automotivação, tornando-as habituais nas ações cotidianas.	Desenvolver comportamentos e atitudes que traduzem a ação motivada.
AVALIAÇÃO	Aprecia, avalia ou critica os resultados das ações de motivacionais junto às equipes.	Julgar a efetividade das ações motivacionais e da própria motivação, levando em consideração o resultado alcançado e o nível de envolvimento e de comprometimento das pessoas envolvidas.

Importância profissional da motivação e da energia para o trabalho

Passamos 80 por cento de nosso tempo útil trabalhando. É preciso ter um forte motivo pessoal para esse alto índice de dedicação. Diversos fatores interferem em nossa motivação, entretanto, o mais forte deles é o seu significado. Um trabalho do qual nos orgulhamos, gostamos e acreditamos ajuda a manter e sustentar a motivação pessoal.

Pessoas motivadas trabalham mais felizes, geram melhores resultados e são vistas como melhores profissionais. Demonstram comprometimento por meio das atitudes pessoais e da forma como se dedicam ao trabalho.

Conseqüências do pouco investimento nessa competência

- Infelicidade e baixa energia para enfrentar o cotidiano de trabalho.
- Imagem de pouco comprometimento.
- Tendência a não ser lembrado em promoções e pouca participação em projetos importantes da empresa.

Níveis de proficiência

MÍNIMO	Não consegue atender às demandas com prontidão, assertividade e rapidez. Não incentiva as pessoas a atingir metas. Informa os progressos do grupo e ao grupo. Demonstra apatia quando atinge resultados. Mantém comportamentos que indicam desmotivação. Não é receptivo nem disponível. Apresenta postura de falta de aceitação (nos gestos e na fala).
MÁXIMO	Atende às demandas com prontidão, assertividade e rapidez. Incentiva as pessoas a atingir metas. Informa os progressos do grupo e ao grupo. Demonstra satisfação quando atinge resultados. Mantém comportamentos que indicam motivação. É receptivo e disponível. Apresenta postura de aceitação (nos gestos e na fala).

Algumas dicas para desenvolver essa competência

- Converse com seu gerente ou supervisor sobre essa competência e peça feedback.
- Procure conhecer o máximo possível as interfaces de suas atividades com as de outras pessoas. Você descobrirá que é importante para o resultado final.
- Liste os motivos pelos quais você trabalha na empresa atual.
- Liste o que você não gosta na sua função, tentando identificar os motivos. Trace metas para superar esses desafios.
- Acostume-se a acordar pela manhã e agradecer o trabalho que tem, lembrando-se de que existem milhões de desempregados em nosso país.
- Mesmo não gostando muito de seu atual trabalho, acostume-se a fazê-lo com excelência. Você ficará contente com os resultados obtidos, à medida que as outras pessoas passarem a reconhecer suas qualidades.

- Celebre todas as novas conquistas com algum ritual que você mesmo definirá (comprar um presente simbólico, escolher um objeto e expô-lo em local próximo lembrando seu sucesso, adotar um grito de guerra ou uma palavra-chave a ser falada em voz alta etc.).
- Se for impossível você começar a gostar de seu atual trabalho, comece a se preparar psicologicamente para mudanças: imagine-se em um novo ambiente e identifique suas reações.
- Prepare-se técnica e estrategicamente para a mudança: estude, participe de grupos de profissionais, atualize-se e comece a fazer sua rede de relacionamentos com foco na identificação de melhores oportunidades e recolocação no mercado.
- Escolha atividades que o motivem e pratique-as em seu tempo vago. Existe uma tendência de as pessoas concentrarem sua energia nas atividades que se referem ao meio profissional. Evite isto. Um esporte pode ser uma boa pedida.

10. Orientação para resultados

Capacidade de trabalhar sob a orientação de objetivos e metas, focando os resultados a alcançar.

Habilidades:
- Atua de acordo com os planos.
- Obtém resultados.
- Mantém padrão de qualidade em seu trabalho.
- Cumpre metas.
- Persegue objetivos.
- Analisa contextos, identificando indicadores favoráveis a resultados.

Conhecimentos:
- Sobre o negócio.
- Sobre o mercado.
- A respeito das ferramentas de gestão disponíveis na empresa.
- Acerca dos processos de trabalho.

Atitudes:
- Valoriza resultados.
- Enxerga-se como dono do negócio.
- Apresenta posturas que indicam seu comprometimento com resultados.
- Mantém o foco nas metas e nos resultados.

TAXONOMIA – ESCALA

Nível	Domínio	Níveis de proficiência em desempenho
CONHECIMENTO	Identifica as vantagens e o valor da orientação para os resultados nas ações do cotidiano.	Listar as vantagens da ação com foco em resultados.
COMPREENSÃO	Compreende ou interpreta indicadores que propiciam bons resultados, reconhecendo as vantagens desse conhecimento.	Identificar espaços para colocar em prática os conhecimentos sobre orientação para resultados.
APLICAÇÃO	Seleciona e adota comportamentos, estratégias, ferramentas e processos que tenham como foco os resultados.	Aplicar estratégias, ferramentas e ações voltadas para resultados.
ANÁLISE	Distingue e relaciona pressupostos, hipóteses, evidências e tendências organizacionais que dão embasamento às ações com orientação para resultados.	Projetar oportunidades para colocar em prática ações com foco em resultados a partir da análise de indicadores específicos.
SÍNTESE	Cria, integra e combina formas assertivas de manter ações orientadas para resultados, tornando-as habituais nas ações cotidianas.	Desenvolver comportamentos e atitudes orientadas para resultados.
AVALIAÇÃO	Aprecia, avalia ou critica os resultados das ações implementadas.	Julgar a efetividade das ações colocadas em prática, levando em consideração o resultado alcançado.

Importância profissional da orientação para resultados

A drástica redução do número de profissionais na maioria das empresas exige que o quadro permanente atue com foco em resultados.

Esses resultados podem ser traduzidos em números, imagem, clima organizacional ou outro indicador valorizado na organização.

Conseqüências do pouco investimento nessa competência

- Menores chances de sobrevivência da empresa no mercado e conseqüente redução de oportunidades de trabalho para os cidadãos.
- Gasto de energia das pessoas sem o devido retorno para a organização.

Níveis de proficiência

MÍNIMO	Atua em desacordo com os planos. Não valoriza e não consegue atingir resultados. Mantém padrão de qualidade abaixo do esperado em seu trabalho. Não consegue cumprir metas. Não traça objetivos e tem dificuldades para analisar contextos e identificar indicadores favoráveis a resultados.
MÁXIMO	Atua de acordo com os planos. Valoriza e obtém resultados. Mantém padrão de qualidade em seu trabalho. Cumpre metas e persegue objetivos. Analisa contextos identificando indicadores favoráveis a resultados. Enxerga-se como dono do negócio.

Algumas dicas para desenvolver essa competência

- Converse com seu gerente ou supervisor e peça-lhe que seja seu mentor nesse processo. Busque informações para ter claro os objetivos e as metas da empresa.
- Dê andamento em projetos que tenham resultados fixados em forma de metas.
- Crie formas de gestão à vista para facilitar o andamento e o controle de processos.
- Procure interagir mais com seus clientes e identificar suas necessidades.
- Solicite feedback aos clientes internos e externos periodicamente.
- Utilize planos de melhoria para cada projeto, buscando ampliar a qualidade.
- Após a realização de um projeto, busque identificar falhas e acertos — e procure implementar melhorias nos próximos projetos.
- Estabeleça padrões e critérios de qualidade para os procedimentos internos e divulgue-os para a sua equipe.
- Criar manuais ou roteiros para ajudar sua equipe a se comprometer com a obtenção de resultados.
- Estabeleça metas pessoais e fixe resultados que quer alcançar em sua vida.

11. Planejamento e organização

Capacidade para planejar e organizar as ações para o trabalho, atingindo resultados por meio do estabelecimento de prioridades, metas tangíveis, mensuráveis e dentro de critérios de desempenho válidos.

Habilidades:
- Analisa contextos de forma objetiva, lógica e correta.
- Estabelece objetivos e monta estratégias para colocar os planos em ação.
- Define com propriedade metas que sejam mensuráveis e atingíveis.
- Usa instrumentos de acompanhamento (monitoramento de resultados por intermédio de gráficos, ferramentas, controles visuais etc.).
- Define padrões de desempenho com lógica.
- Realinha metas quando estas vão em direção contrária aos objetivos da organização.
- Identifica e corrige desvios em tempo hábil.
- Obtém resultados dentro dos prazos estabelecidos.
- Avalia o que é urgente e importante.
- Administra o tempo.

Conhecimentos:
- Básicos sobre planejamento tático e operacional.
- Outros: técnicas de reunião, uso da agenda (de papel ou eletrônica), computador.

Atitudes:
- Valoriza o planejamento.
- Demonstra gosto pela organização do local onde trabalha.
- Busca informações sobre recursos disponíveis.
- Valoriza planos e estratégias.
- Prioriza o planejamento antes da ação.
- Demonstra assumir compromissos com as metas traçadas.

TAXONOMIA – ESCALA

Nível	Domínio	Níveis de proficiência em desempenho
CONHECIMENTO	Recorda ou reconhece informações, idéias e princípios do planejamento na forma (aproximada) em que foram aprendidos.	Definir os níveis de planejamento estratégico, tático e operacional.
COMPREENSÃO	Traduz, compreende ou interpreta informações sobre planejamento com base em conhecimento prévio.	Identificar espaços para colocar em prática os conhecimentos sobre orientação para resultados.

(continua)

(continuação)

APLICAÇÃO	Seleciona, transfere e usa informações e princípios do planejamento para completar um plano de ação com um mínimo de supervisão.	Elaborar um plano de ação em todas as suas etapas.
ANÁLISE	Distingue, classifica e relaciona pressupostos, hipóteses, evidências ou estruturas de um planejamento.	Comparar e contrastar os diversos tipos de planejamento.
SÍNTESE	Cria, integra e combina idéias num novo projeto, plano ou proposta.	Desenvolver diversos tipos de planejamento de acordo com o contexto.
AVALIAÇÃO	Aprecia, avalia ou critica seus planejamentos com base em padrões e critérios específicos.	Julgar a efetividade de seus planos.

Importância profissional do planejamento e da organização

Quem não sabe aonde ir pode se perder na caminhada. Desvios na rota geram perda de tempo, retrabalho e erros.

Os planos ajudam as pessoas a nortear suas ações por meio de objetivos, metas e controle de resultados.

A organização pessoal favorece esse processo. Pessoas organizadas que seguem os planos desenhados têm mais tempo para se dedicar a tarefas importantes e são bem vistas nas empresas. Geralmente são lembradas quando projetos importantes são lançados.

Conseqüências do pouco investimento nessa competência

- Desorganização pessoal.
- Erros, retrabalho e perda de tempo.
- Imagem negativa nas organizações.
- Falta de credibilidade diante dos gestores.

Níveis de proficiência

MÍNIMO	Apresenta dificuldades para analisar contextos de forma objetiva, lógica e correta. Não estabelece objetivos nem cria estratégias para colocar os planos em ação. Define metas pouco mensuráveis e atingíveis. Não tem o hábito de usar instrumentos de acompanhamento (monitoramento de resultados por meio de gráficos, ferramentas, controles visuais etc.). Define padrões de desempenho sem lógica. Quando as metas vão em direção contrária aos objetivos, não consegue identificar e corrigir desvios em tempo hábil. Obtém resultados fora dos prazos estabelecidos. Não consegue avaliar o que é urgente e importante. Apresenta dificuldades para administrar o tempo. O local onde trabalha é desorganizado. Não busca informações sobre recursos disponíveis. Prioriza a ação antes do planejamento.
MÁXIMO	Analisa contextos de forma objetiva, lógica e correta. Estabelece objetivos e cria estratégias para colocar os planos em ação. Define metas mensuráveis e atingíveis. Usa instrumentos de acompanhamento (monitoramento de resultados por meio de gráficos, ferramentas, controles visuais etc.). Define padrões de desempenho com lógica. Realinha metas quando estas vão em direção contrária aos objetivos, identificando e corrigindo desvios em tempo hábil. Obtém resultados dentro dos prazos estabelecidos. Avalia o que é urgente e importante. Administra o tempo. Demonstra gosto pela organização do local onde trabalha. Busca informações sobre recursos disponíveis. Prioriza o planejamento antes da ação.

Algumas dicas para desenvolver essa competência

- Converse com seu gerente ou supervisor e peça-lhes que seja seu mentor nesse processo.
- Peça feedback sobre seus pontos a aperfeiçoar e seus pontos de excelência.
- Leia e informe-se sobre o tema planejamento.
- Inicie seu processo pela organização pessoal: arrume sua mesa de trabalho, seu armário, aquele cantinho de tralhas que você costuma juntar em casa etc.
- Coloque recados que o lembrem de suas tarefas em locais visíveis.
- Use a agenda todos os dias: antes de iniciar o expediente, verifique o que tem a fazer. Vá marcando as ações realizadas. No final do expediente, veja o que ficou para o dia seguinte e registre.
- Crie o hábito de planejar seus dias. Aprenda a separar o que é urgente (e que precisa ser realizado rápido) do que é importante (e dedique um tempo para fechar esses itens).
- Faça cursos sobre o tema, participe de grupos, peça ajuda a um colega organizado, quando for o caso.

- Celebre suas conquistas. A cada meta cumprida, arrume um jeito de comemorar.
- Divulgue para seus colegas sua intenção de melhorar. Eles o ajudarão, lembrando-o de sua promessa.

12. Relacionamento interpessoal

Habilidade para interagir com as pessoas de forma empática, inclusive diante de situações conflitantes, demonstrando atitudes assertivas, comportamentos maduros e não combativos.

Habilidades:
- É agradável nos contatos e angaria a simpatia do grupo.
- Contorna situações conflitantes com propriedade e flexibilidade.
- Interage com as pessoas de maneira espontânea.
- Estabelece clima de confiança.
- Mantém bom relacionamento.
- Consegue a colaboração e o respeito das pessoas de sua equipe.

Conhecimentos:
- Acerca da dinâmica e do funcionamento dos grupos.
- Sobre princípios da inteligência emocional.

Atitudes:
- Mantém bom relacionamento com equipe, usuários e fornecedores.
- Demonstra comportamentos não combativos.
- É bem-humorado.
- É receptivo(a) à aproximação das pessoas.
- Mostra-se disponível para ajudar e cooperar com os grupos.
- Reage de forma educada às provocações.
- Nas discussões, adota postura de escuta e de interesse pelo que os outros falam.
- Quando se dirige às pessoas, age com flexibilidade e empatia.

TAXONOMIA – ESCALA		
Nível	Domínio	Níveis de proficiência em desempenho
CONHECIMENTO	Recorda ou reconhece informações sobre relacionamento humano na forma como foram aprendidas.	Reconhecer o valor do bom relacionamento, identificando as vantagens.

(continua)

(continuação)

COMPREENSÃO	Traduz, compreende ou interpreta informações sobre relacionamento humano com base em conhecimento prévio.	Explicar as informações sobre relacionamento interpessoal das quais tem conhecimento.
APLICAÇÃO	Seleciona, transfere e usa informações e princípios do relacionamento interpessoal para interagir no cotidiano.	Utilizar as informações e princípios do bom relacionamento interpessoal no dia-a-dia.
ANÁLISE	Distingue, classifica e relaciona pressupostos, hipóteses, evidências ou estruturas de um bom relacionamento interpessoal.	Comparar e contrastar relacionamentos assertivos e não assertivos.
SÍNTESE	Cria, integra e combina formas de interagir no cotidiano.	Desenvolver relacionamentos assertivos no ambiente organizacional e na vida pessoal.
AVALIAÇÃO	Aprecia, avalia ou critica seus relacionamentos com base em padrões e critérios específicos.	Julgar a efetividade de sua forma de relacionamento humano.

Importância profissional do relacionamento interpessoal

Contribuir para um bom clima de trabalho é responsabilidade de todos. As atitudes e os comportamentos que adotamos na empresa fazem a diferença quando tratamos da questão relacionamento interpessoal. Respeito, sensibilidade, educação e ética são componentes desse processo.

As pessoas que conseguem manter um bom relacionamento no trabalho têm maiores chances de formar equipes motivadas, angariar a adesão de superiores e pares e, conseqüentemente, de obter ascensão em suas carreiras.

Conseqüências do pouco investimento nessa competência

- Isolamento pelos colegas e pares.
- Críticas dos superiores.
- Menores oportunidades de participação em projetos importantes.

Níveis de proficiência

MÍNIMO	Mantém contatos pouco assertivos. Não consegue contornar situações conflitantes com propriedade e flexibilidade. Interage com as pessoas de maneira pouco espontânea. Estabelece clima de desconfiança. Seu relacionamento impede a colaboração e o respeito das pessoas da equipe, usuários e fornecedores. Demonstra comportamento combativo. É mal-humorado e pouco receptivo(a) à aproximação das pessoas. Mostra-se pouco disponível para ajudar e cooperar nos grupos. Reage de forma pouco educada às provocações. Nas discussões, adota postura de desinteresse pelo que os outros falam. Quando se dirige às pessoas, age com inflexibilidade e pouca empatia.
MÁXIMO	É agradável nos contatos e angaria a simpatia do grupo. Contorna situações conflitantes com propriedade e flexibilidade. Interage com as pessoas de maneira espontânea. Estabelece clima de confiança. Mantém bom relacionamento. Consegue a colaboração e o respeito das pessoas de sua equipe. Possui bom relacionamento com equipe, usuários e fornecedores. Demonstra comportamentos não combativos. É bem-humorado. É receptivo(a) à aproximação das pessoas. Mostra-se disponível para ajudar e cooperar com os grupos. Reage de forma educada às provocações. Nas discussões, adota postura de escuta e interesse pelo que os outros falam. Quando se dirige às pessoas, age com flexibilidade e empatia.

Algumas dicas para desenvolver essa competência

- Converse com seu gerente ou supervisor e peça-lhe que seja seu mentor nesse processo.
- Peça feedback sobre seus pontos a aperfeiçoar e seus pontos de excelência.
- Leia e informe-se sobre o tema relacionamento humano.
- Procure identificar seus pontos fortes (potencial) e suas fraquezas (o que pode desenvolver).
- Invista no desenvolvimento de lacunas (pontos a desenvolver).
- Cuide do seu lado emocional. Se necessário, procure ajuda externa com profissionais da área de psicologia ou grupos de auto-ajuda.
- Peça feedback sobre seu comportamento às pessoas de sua confiança.
- Leia muito sobre inteligência emocional, comportamento humano e relacionamento.
- Comece a praticar a tolerância: seja flexível com os outros.
- Informe à sua família que você está em processo de transformação. Eles certamente irão ajudá-lo.

13. Tomada de decisão

Capacidade de buscar e selecionar alternativas, identificando a que garanta o melhor resultado, cumprindo prazos definidos e considerando limites e riscos.

Habilidades:
- Toma decisões relativamente rápidas visando à melhoria contínua.
- Enfrenta situações arriscadas com assertividade e responsabilidade.
- Analisa o contexto da tomada de decisão, calculando os riscos.
- Toma decisões orientadas para os clientes internos e externos.
- Consegue argumentar e convencer as pessoas em relação à pertinência da decisão (capacidade de persuasão).
- Adota métodos e critérios específicos para tomar decisões.
- Percebe quando o emocional está interferindo nas decisões.

Conhecimentos:
- A respeito do próprio trabalho (competências técnicas).
- Sobre sistemas gerenciais que envolvem a decisão.
- Acerca de metodologias para a solução de problemas e tomada de decisão.

Atitudes:
- Pensa e pondera antes de agir.
- Considera o contexto que envolve a decisão (cenários, tendências, variáveis, indicadores etc.).
- Demonstra bom senso e segurança.
- Demonstra autoconfiança.
- Gosta de desafios e enfrenta riscos com tranqüilidade.
- Assume as responsabilidades pelas decisões tomadas.
- Estimula o debate, evitando colocar-se como o dono da verdade.
- Demonstra não se deixar levar pelas emoções em situações de tensão.
- Demonstra possuir valores construtivos, tais como ética, honestidade, justiça.

TAXONOMIA – ESCALA

Nível	Domínio	Níveis de proficiência em desempenho
CONHECIMENTO	Recorda ou reconhece informações e ferramentas aplicadas à tomada de decisão.	Reconhecer o valor da tomada de decisão assertiva, nomeando as vantagens.
COMPREENSÃO	Traduz, compreende ou interpreta informações sobre o processo de tomada de decisão com base em conhecimento prévio.	Resumir e explicar as etapas do processo de tomada de decisão.

(continua)

(continuação)

APLICAÇÃO	Seleciona, transfere e usa informações, princípios e ferramentas voltadas para a tomada de decisão.	Utilizar informações, princípios e ferramentas para tomar decisões.
ANÁLISE	Distingue, classifica e relaciona pressupostos, hipóteses, evidências ou estruturas de processo de tomada de decisão.	Comparar e contrastar decisões assertivas e não assertivas.
SÍNTESE	Cria, integra e combina formas de tomar decisões no cotidiano.	Desenvolver estratégias e ferramentas para a tomada de decisão de acordo com o contexto.
AVALIAÇÃO	Aprecia, avalia ou critica suas decisões com base em padrões e critérios específicos.	Julgar a efetividade de suas decisões.

Importância profissional da tomada de decisão

O ser humano toma decisões a todo momento: o que fazer, de que forma fazer, com o que fazer, com quem fazer?

A decisão é um processo de escolha entre mais de um caminho possível. Por envolver perda (quando escolhemos um caminho, deixamos os outros livres), a tomada de decisões apresenta-se como um processo difícil: muitas vezes postergamos o ato de tomar uma decisão para não passar por situações emocionais desgastantes.

Entretanto, o profissional da atualidade precisa transformar-se em um excelente tomador de decisões para se diferenciar em seu espaço de trabalho.

Conseqüências do pouco investimento nessa competência

- Inabilidade nas escolhas.
- Decisões que não geram resultados positivos.
- Medo de decidir e postergação na tomada de decisões.

Níveis de proficiência

MÍNIMO	Não consegue argumentar e convencer pessoas em relação à pertinência da decisão (capacidade de persuasão). Adota métodos e critérios pouco específicos para tomar decisões. Não percebe quando o emocional está interferindo nas decisões. Age sem pensar e ponderar. Desconsidera o contexto que envolve a decisão (cenários, tendências, variáveis, indicadores etc.). Demonstra desconfiança, falta de bom senso e insegurança. Enfrenta riscos com pouca tranqüilidade. Não assume responsabilidade pelas decisões tomadas. Evita o debate, colocando-se como o dono da verdade.
MÁXIMO	Pensa e pondera antes de agir, embora consiga tomar decisões relativamente rápidas visando à melhoria contínua. Enfrenta situações arriscadas com assertividade e responsabilidade. Analisa o contexto da tomada de decisão, calculando os riscos. Toma decisões orientadas para os clientes internos e externos. Consegue argumentar e convencer as pessoas em relação à pertinência da decisão (capacidade de persuasão). Adota métodos e critérios específicos para tomar decisões. Percebe quando o emocional está interferindo nas decisões. Pensa e pondera antes de agir. Considera o contexto que envolve a decisão (cenários, tendências, variáveis, indicadores etc.). Demonstra confiança, bom senso e segurança. Gosta de desafios e enfrenta riscos com tranqüilidade. Assume responsabilidade pelas decisões tomadas. Estimula o debate, evitando colocar-se como o dono da verdade. Demonstra possuir valores construtivos, tais como ética, honestidade e justiça.

Algumas dicas para desenvolver essa competência

- Converse com seu gerente ou supervisor e peça-lhe que seja seu mentor nesse processo.
- Peça feedback sobre seus pontos a aperfeiçoar e seus pontos de excelência.
- Leia e informe-se sobre o assunto tomada de decisões.
- Procure identificar seus pontos fortes (potencial) e suas fraquezas (o que pode desenvolver).
- Invista no desenvolvimento de lacunas (pontos a desenvolver).
- Observe as pessoas tomando decisões, a forma como o fazem e as conseqüências. Busque um modelo.
- Peça feedback sobre suas decisões às pessoas de sua confiança.
- Procure aprender uma metodologia de análise de problemas. Você encontrará esse assunto em livros de planejamento ou de criatividade.
- Comece a praticar a tomada de decisões em pequenos temas: que roupa vestir, o que fazer com as economias que sobraram no mês, onde passar o final de semana com a família etc.

- Informe à sua família que você está em processo de transformação. Eles certamente vão contribuir com você em suas decisões.

14. Trabalho em equipe

Capacidade para desenvolver ações compartilhadas, catalisando esforços e obtendo resultados por meio da cooperação mútua.

Habilidades:
- Obtém a colaboração, a participação e o comprometimento do grupo na busca de resultados.
- Participa ativamente dos trabalhos, deixando espaço para a participação dos demais.
- Avalia sua participação e também do restante do grupo, considerando os resultados esperados.
- Descontrai o ambiente e preserva o humor mesmo diante de dificuldades.
- Integra novos membros na equipe.

Conhecimentos:
- Sobre a dinâmica e a estrutura de funcionamento dos grupos.
- A respeito das técnicas de comunicação e do relacionamento humano.

Atitudes:
- Demonstra disponibilidade para ajudar os outros.
- Respeita os pontos de vista das pessoas e as diferenças individuais.
- Sabe expor seus pontos de vista sem desvalorizar os dos outros.
- Coloca-se no lugar do outro e compreende eventuais dificuldades (empatia).
- Busca a colaboração/comprometimento do grupo em prol de objetivos comuns.
- Tem interesse pela coesão do grupo.
- É aberto às opiniões alheias.
- Acredita no comprometimento/colaboração para o andamento dos trabalhos.
- Tem transparência de atitudes/ética.

\multicolumn{3}{c}{TAXONOMIA – ESCALA}		
Nível	Domínio	Níveis de proficiência em desempenho
CONHECIMENTO	Recorda ou reconhece informações e ferramentas aplicadas ao trabalho em equipe.	Nomear o valor do trabalho em equipe, identificando as vantagens.

(continua)

(continuação)

COMPREENSÃO	Traduz, compreende ou interpreta informações sobre trabalho em equipe com base em conhecimento prévio.	Identificar as diversas formas de atuação de uma equipe, descrevendo comportamentos assertivos e não assertivos.
APLICAÇÃO	Seleciona, transfere e usa informações, princípios e processos que resultam em atitudes assertivas na equipe.	Utilizar informações, princípios e ferramentas que facilitam o trabalho em equipe.
ANÁLISE	Distingue, classifica e relaciona pressupostos, hipóteses, evidências ou estruturas do trabalho em equipe.	Comparar e contrastar equipes que atuam de forma assertiva e não assertiva.
SÍNTESE	Cria, integra e combina formas de atuar nas diversas equipes de trabalho.	Adotar e desenvolver diversos tipos de estratégias e ferramentas para atuar nas equipes de acordo com o contexto.
AVALIAÇÃO	Aprecia, avalia ou critica sua participação nas equipes com base em padrões e critérios específicos.	Julgar a efetividade de sua participação nas equipes.

Importância profissional do trabalho em equipe

Trabalhar em equipe é uma necessidade que exige de todos uma boa dose de humildade, confiança, transparência e compreensão.

Profissionais de sucesso evitam pensar, planejar, decidir e agir de forma individualista para trabalhar em equipe.

As empresas hoje estimulam as pessoas a trabalhar em prol de objetivos comuns.

Conseqüências do pouco investimento nessa competência

- Ações individuais e resultados não compartilhados.
- Falta de visão da importância de resultados coletivos.
- Inadequação à atual filosofia das empresas: o trabalho compartilhado.

Níveis de proficiência

MÍNIMO	Não se dispõe a ajudar os outros. Desrespeita os pontos de vista das pessoas e não consegue enxergar as diferenças individuais. Demonstra dificuldades para expor seus pontos de vista sem desvalorizar os dos outros. É fechado às opiniões contrárias às suas. Participa pouco dos trabalhos e não dá espaço para a participação dos demais. Não consegue avaliar sua participação nem a do restante do grupo, considerando os resultados esperados. Não se preocupa em integrar novos membros à equipe.
MÁXIMO	Demonstra disponibilidade para ajudar os outros. Respeita os pontos de vista das pessoas e as diferenças individuais. Sabe expor seus pontos de vista sem desvalorizar os dos outros. Busca a colaboração/comprometimento do grupo em prol de objetivos comuns. É aberto às opiniões de terceiros. Participa ativamente dos trabalhos, deixando espaço para a participação dos demais. Avalia sua participação e também a do restante do grupo, considerando os resultados esperados. Integra novos membros à equipe.

Algumas dicas para desenvolver essa competência

- Converse com seu gerente ou supervisor e peça-lhe que seja seu mentor nesse processo.
- Peça feedback sobre seus pontos a aperfeiçoar e seus pontos de excelência.
- Leia e informe-se sobre o tema trabalho em equipe.
- Procure identificar seus pontos fortes (potencial) e suas fraquezas (o que pode desenvolver).
- Invista no desenvolvimento de lacunas (pontos a desenvolver).
- Observe as pessoas trabalhando em equipes, a forma como o fazem e as conseqüências. Busque um modelo.
- Peça feedback sobre sua forma de trabalhar em equipe às pessoas de sua confiança.
- Faça com que as pessoas explicitem as expectativas em relação à sua atuação em equipe.
- Comece a praticar o trabalho em equipe na família, no clube, com os amigos.
- Participe de um time esportivo. Você obterá ganhos nessa empreitada.

15. Visão sistêmica

Capacidade para perceber a interação e a interdependência das partes que compõem o todo, visualizando tendências e possíveis ações capazes de influenciar o futuro.

Habilidades:
- Percebe a inter-relação das partes.
- Visualiza perspectivas para os negócios.
- Percebe e analisa as situações, gerando informações estratégicas para os negócios, antes de tomar decisões.
- Estabelece interfaces de negócios entre a sua área e os objetivos empresariais.
- Acompanha mudanças e tendências de mercado.
- Analisa ações que agregam valor ao negócio.
- Analisa e seleciona informações, estabelecendo conexões necessárias ao desenvolvimento do trabalho.
- Percebe sua posição na cadeia dos processos internos e as conseqüências das ações tomadas.

Conhecimentos:
- Informações do mercado.
- A respeito da cultura e da política da empresa/instituição.
- Amplas informações acerca do próprio segmento de seu negócio.

Atitudes:
- Demonstra interesse e curiosidade pelos negócios, clientes e mercado.
- Instiga as pessoas a refletir sobre as oportunidades existentes.
- Orienta antecipadamente as pessoas sobre os riscos e oportunidades no contexto global.
- Valoriza os resultados macro.
- Valoriza o todo e a interdependência das áreas.
- Busca informações.
- Orienta-se pela visão de longo prazo.

TAXONOMIA – ESCALA

Nível	Domínio	Níveis de proficiência em desempenho
CONHECIMENTO	Recorda ou reconhece informações e ferramentas relacionadas à visão sistêmica e do negócio.	Listar o valor da visão sistêmica e do negócio, identificando as vantagens.
COMPREENSÃO	Traduz, compreende ou interpreta informações sobre visão sistêmica com base em conhecimento prévio.	Descrever as diversas formas de percepção do negócio, identificando as partes que compõem o todo e vice-versa.

(continua)

(continuação)

APLICAÇÃO	Seleciona, transfere e usa informações, princípios e processos relacionados à visão sistêmica.	Utilizar as informações, princípios e ferramentas, demonstrando possuir visão sistêmica.
ANÁLISE	Distingue, classifica e relaciona pressupostos, hipóteses, evidências ou estruturas da visão sistêmica.	Comparar e contrastar visão sistêmica com a visão departamentalizada (focada).
SÍNTESE	Cria, integra e combina formas de perceber o ambiente interno e externo à organização.	Desenvolver estratégias e ferramentas para atuar com visão sistêmica.
AVALIAÇÃO	Aprecia, avalia ou critica sua visão sistêmica com base em padrões e critérios específicos.	Julgar a efetividade de sua visão sistêmica.

Importância profissional da visão sistêmica

Permite ao profissional compreender o processo em que está inserido, identificando oportunidades de carreira, de negócios, de melhorias em geral.

Quando as interfaces organizacionais são percebidas e entendidas, os processos fluem sem atropelos.

Conseqüências do pouco investimento nessa competência

- Ações sem foco.
- Falta de visão crítica.
- Tendência ao individualismo e à falta de compartilhamento entre as áreas e o trabalho geral.

Níveis de proficiência

MÍNIMO	Não consegue perceber a interação das partes. Demonstra dificuldades para visualizar novas perspectivas de negócios. Dificuldades para analisar as situações e gerar informações estratégicas antes de tomar decisões. Não estabelece interfaces de negócios entre a sua área e os negócios entre a sua área e os objetivos empresariais. Fica à margem das mudanças e tendências de mercado. Não faz as conexões necessárias ao desenvolvimento do trabalho. Não percebe sua posição na cadeia dos processos internos e as conseqüências das ações tomadas. Dá pouco valor aos resultados macros. Orienta-se pela visão de curto prazo.

(continua)

(continuação)

MÁXIMO	Percebe a interação das partes. Visualiza perspectivas para os negócios. Consegue analisar as situações, gerando informações estratégicas antes de tomar decisões. Estabelecem interfaces de negócios entre a sua área e os objetivos empresariais. Acompanha mudanças e tendências de mercado. Abalisa e seleciona informações, estabelecendo conexões necessárias ao desenvolvimento do trabalho. Percebe sua posição na cadeia dos processos internos e as conseqüências das ações tomadas. Valoriza os resultados macros. Orienta-se pela visão de longo prazo.

Algumas dicas para desenvolver essa competência

- Converse com seu gerente ou supervisor e peça-lhe que seja seu mentor nesse processo.
- Peça feedback sobre seus pontos a aperfeiçoar e seus pontos de excelência.
- Leia e informe-se sobre o tema visão sistêmica.
- Procure identificar seus pontos fortes (potencial) e suas fraquezas (o que pode desenvolver).
- Invista no desenvolvimento de lacunas (pontos a desenvolver).
- Faça caminhadas planejadas de 15 a 20 minutos por dia, com objetivo de observar detalhes durante o percurso.
- Peça feedback sobre sua forma de ver o mundo a pessoas de sua confiança.
- Faça com que as pessoas explicitem as expectativas em relação à forma como você trabalha as interfaces organizacionais.
- Comece a praticar a visão sistêmica no dia-a-dia, no ambiente empresarial e no pessoal.
- Reserve um dia no mês para observar seu ambiente de trabalho: clima, layout, mesas de trabalho, atendimento interno, detalhes que não tinha percebido antes. Anotar o observado a cada mês, verificando progressos. Com o mesmo objetivo, mude e observe outros ambientes.

Capítulo 5

BANCO DE IDENTIFICAÇÃO DE TALENTOS

5.1 Inteligências múltiplas *versus* bancos de talentos

Nas diversas áreas de atividade humana, são valorizados aqueles que se destacam por possuir um domínio de competências superior à maioria.

Nos últimos anos, as exigências de mercado apontam para novas competências e para novos indicadores de desempenho, antes desconsiderados.

Você já se fez estas perguntas?

- O que é inteligência?
- Quais os tipos de inteligência reconhecidos no meio científico e empresarial?
- Que aspectos da inteligência são valorizados em nossa cultura?
- Como transformar seu potencial em talento?

O campo das competências é vasto e agrega os sete tipos de inteligências humanas.

Howard Gardner difundiu seu modelo de inteligências múltiplas e contribuiu de forma expressiva para a compreensão dos caminhos que temos à nossa escolha.

O ser humano é o único animal que tem habilidade para inventar e criar. Os outros seguem instintos e padrões, repetindo o comportamento de suas espécies. Tal capacidade permite ao homem ser o construtor de seu próprio destino.

Vivemos hoje numa era repleta de contrastes: enquanto a tecnologia está cada vez mais avançada, disponibilizando facilidades para a nossa vida, a crise nos sistemas político, social e econômico se faz presente.

O contexto em que está situado nosso mercado reforça a idéia do profissional de vanguarda como um ser inteligente, capaz de lidar com paradoxos, de adaptar-se às diversas mudanças do ambiente, com competência para inovar, criar e gerar resultados.

Os termos competência e inteligência caminham lado a lado.

5.1.1 O que é ser inteligente?

Aurélio Buarque de Holanda descreve inteligência como a "capacidade de aprender, apreender ou compreender; inclui percepção, apreensão, intelecto, intelectualidade, capacidade de adaptar-se facilmente, agudeza, perspicácia, destreza mental, habilidade".

Se compararmos o conceito de inteligência de Aurélio às exigências do novo perfil gerencial, perceberemos uma convergência, quando ambos destacam um rol de atitudes e habilidades humanas.

De que valem os ensinamentos e o conhecimento adquiridos na educação formal ou em cursos específicos se não vêm agregados a um perfil comportamental adequado?

> Gerente inteligente, hoje, é aquele que possui um conjunto de competências disponibilizadas de forma assertiva, o que o faz se destacar em contextos variados.

5.1.2 Que formas de inteligência precisamos desenvolver?

De acordo com Gardner, a inteligência humana apresenta-se sob sete formas.

Distribuídas entre diversas atividades e profissões, as inteligências se intercalam, se misturam, se complementam e, quando reunidas, fortalecem aqueles que as possuem.

O quadro a seguir mostra a influência de cada uma das sete formas de inteligências na ação profissional.

As sete inteligências	Influência na atuação profissional
1. *Inteligência lingüística*: dom de poetas, escritores e oradores, que fazem uso corrente e fluido da linguagem.	No dia-a-dia, qualquer profissional necessita comunicar-se de todas as formas possíveis. Dominando a inteligência lingüística, agirá com maior desenvoltura nos seus diversos papéis.

(continua)

(continuação)

2. *Inteligência lógico-matemática*: presente nos cientistas, matemáticos e pesquisadores, que usam o racional como elemento norteador de suas ações.	O indivíduo que possui esse tipo de inteligência apresenta habilidade no desenvolvimento de estratégias, na avaliação de planos, na análise imparcial de dados e fatos significativos para o negócio, o que influencia sobremaneira a qualidade de sua tomada de decisões.
3. *Inteligência musical*: habilidade dos que são atraídos pelo mundo dos sons. Com a música, obtêm ritmos, sons e melodias que fazem a história da arte.	Respeitar ritmos (dos outros e próprios), perceber os diversos tons das pessoas, tornar o ambiente harmonioso e motivador são elementos essenciais na atuação profissional. Qualidade de vida no trabalho é uma bandeira hasteada nos novos tempos.
4. *Inteligência espacial*: observada nos profissionais que apreciam o visual — geralmente pintores, escultores, pilotos de aeronaves, asa-delta etc.	"Ocupar espaços de forma assertiva" e "deixar espaços para o crescimento da equipe de colaboradores". Eis um alerta àqueles que querem se engajar no perfil das empresas de vanguarda. Pilotar um time, esculpir um projeto, apreciar os resultados está na ordem do dia.
5. *Inteligência cinestésica*: domínio corporal e do movimento, presente em atores, dançarinos e desportistas.	Deslocar-se, movimentar-se nos vários contextos empresariais, conhecer as diversas realidades, disponibilizar competências e colaborar para o 'gol': atitudes que ajudam a 'tocar' na sensibilidade e motivação das pessoas.
6. *Inteligência interpessoal*: habilidade de entender e tratar outras pessoas com sensibilidade. Capacidade de influir no comportamento do outro. Presente nos profissionais de vendas, mestres e terapeutas.	Uma das competências mais exigidas na atualidade. Hoje é considerado um bom profissional aquele que consegue formar ou participar de times, fortalecer equipes e desenvolver talentos.
7. *Inteligência intrapessoal*: capacidade de autoconhecimento. Consciência do próprio potencial, debilidades, temores e sonhos. Tal inteligência exige autodisciplina e perseverança.	O autoconhecimento conduz ao desenvolvimento pessoal. Todas as outras inteligências são influenciadas pelo desenvolvimento intrapessoal. Conhecer-se, olhar para si, descobrir-se faz parte da caminhada de todas as pessoas de sucesso.

5.1.3 Que aspectos da inteligência humana são valorizados em nossa cultura?

Nossa educação privilegiou — e privilegia — a inteligência lógico-matemática e a lingüística, deixando em segundo plano as restantes.

Em uma sociedade essencialmente cartesiana, a predominância do racional sobre o emocional e intuitivo é evidente.

Paradoxalmente, as portas estão se abrindo para os que dominam as inteligências menos estimuladas.

Talvez por esse motivo tenho convivido com pessoas que, depois de algum tempo de experiência no mercado, fazem das atividades alternativas seu lazer regular.

Tornou-se comum encontrar os executivos jogando tênis nos finais de semana, participando de corais ou grupos musicais, praticando esportes radicais (ou não), enfrentando montanhas numa desafiante escalada, organizando festas e bazares em seus bairros, produzindo obras de arte em argila, pintando telas (às vezes meio surrealistas) etc.

Uma das maiores vantagens da implantação de um banco de talentos é a possibilidade de descobrir onde estão as pessoas que apresentam o fator quim — Quociente de Inteligências Múltiplas.

5.2 Para que e quais as vantagens de montar um banco de talentos

Na gestão das competências, é fundamental conhecer a força de trabalho disponível, identificando os pontos de excelência e insuficiência de cada colaborador.

A alta competitividade obriga as empresas que querem sobreviver com algum diferencial a maximizar a capacidade produtiva e a buscar resultados por meio do desempenho de suas equipes.

Os investimentos em tecnologias de última geração, o preço do produto ou serviço e marca não são mais fatores de decisão do cliente. Estão ganhando a preferência do consumidor empresas cujos profissionais demonstram estar preparados para exercer suas funções de forma diferenciada.

O banco de talentos permite à empresa desenhar um raio X do seu potencial humano, servindo de base para a tomada de diversas decisões gerenciais, entre elas:

- Uso de critérios objetivos e justos na escolha de profissionais para participação em processos sucessórios.
- Elaboração de planos de treinamento e desenvolvimento de pessoal com base nas competências em déficit.
- Aproveitamento de potenciais em evidência na formação de equipes multidisciplinares e complementares. As competências reunidas ampliam as possibilidades de alcançar os resultados pretendidos em um prazo menor e com menos esforço.

- A prática do rodízio como estratégia de aquisição de novas competências.
- Assertividade na realocação de pessoal.
- Indicadores de desempenho mensuráveis na elaboração de perfis que permitam o investimento em contratação de novos profissionais.

Além de servir de orientação nas decisões mencionadas, quando o banco de talentos pode ser consultado? Quando é necessário?

- Detectar os talentos humanos existentes para preencher vagas internas.
- Criar horizontes profissionais compatíveis com a capacidade de desenvolvimento das pessoas, promovendo maior qualidade e produtividade.
- Adotar medidas que favoreçam a motivação.
- Remanejar colaboradores de diversos setores que não estão ajustados ao cargo que ocupam ou à função que exercem.
- Ajustar o colaborador de acordo com sua predisposição natural para o desempenho das missões para as quais revela vocação.
- Acomodar as pessoas nas unidades, segundo a relação necessidade/competências.
- Realocar colaboradores em setores, funções e projetos aos quais possam aplicar seus conhecimentos e habilidades.
- Ampliar o espaço de autonomia das pessoas, bem como suas responsabilidades e participação no processo decisório organizacional.

O banco de talentos favorece uma gestão mais dinâmica e participativa, além de trazer inúmeras vantagens. Quais são elas?

- Instrumentaliza a empresa para identificação, absorção e aproveitamento máximo das potencialidades dos colaboradores. Para tanto, é necessário manter uma base de dados informatizada que permita consultas rápidas e objetivas.
- Aperfeiçoamento do colaborador na função, com conseqüente aumento da produtividade.
- Prospecção dos colaboradores na carreira e próximas opções profissionais.
- Elevação do moral e da satisfação de pessoas e grupos, adequando-se novas funções e novas missões aos potenciais dos seres humanos.
- Ampliação do domínio das competências.
- Maior rendimento e produtividade.
- Melhoria do potencial humano.
- Maior integração das funções.

5.3 O foco do banco de identificação de talentos

Ao implantar o banco de talentos, o primeiro aspecto a ser considerado é o potencial das pessoas.

> Potencial é a qualidade de um corpo ou de um sistema qualquer de estar pronto para entrar em ação. É a capacidade de vir a desempenhar determinada complexidade de função em determinado momento.

Ao verificar performances e identificar competências em potencial, é possível constatar o *gap*, bem como investir na capacidade potencial futura de uma equipe.

A análise do resultado de uma verificação de performance é sempre comparativa.

No exemplo mostrado nos gráficos a seguir, a comparação da performance individual com o perfil desejado e com os resultados do outro colaborador serve de orientação para o gestor de pessoas tomar decisões, quando assim for exigido.

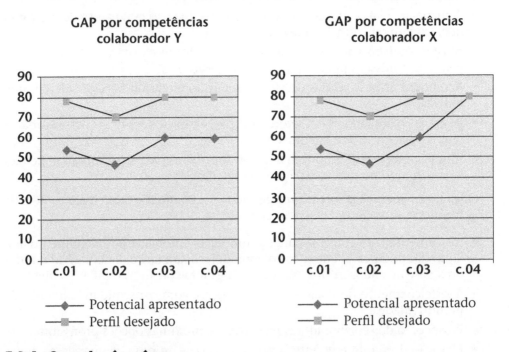

5.3.1 O ganho é recíproco

O processo de identificação de potenciais e talentos é fundamental para que a organização possa realinhar suas estruturas de pessoal. Todos ganham.

Para as pessoas, a vantagem é a possibilidade de planejar o autodesenvolvimento por meio do conhecimento das suas potencialidades e dificuldades.

Para a empresa, fica a certeza de que a responsabilidade pelo desenvolvimento profissional é uma questão de parceria.

Ambos têm de se esforçar e criar condições para tal.

5.4 Estratégias para identificar potenciais e a formação de um banco de identificação de talentos

Existem inúmeras ferramentas e estratégias para identificar o potencial dos colaboradores de uma empresa. A opção por uma delas dependerá de alguns fatores:

- Número de colaboradores.
- Urgência.
- Necessidades da organização.
- Disponibilidade financeira.
- Capacidade técnica da equipe de implantação e verificação de perfis.
- Perfil da clientela.

O quadro a seguir mostra, de forma simplificada, as principais estratégias usadas pelas empresas brasileiras.

Comparação entre os métodos de identificação de potencial

Métodos	Como se processam	Vantagens	Desvantagens
1. Auto-avaliação.	Por meio de instrumento próprio de pesquisa; as pessoas fazem uma auto-análise e se auto-avaliam.	• Rapidez de resposta. • Custo baixo.	• Subjetividade. • Retrata somente a percepção do avaliado.
2. Avaliação de desempenho tradicional.	Mecanismo de avaliação no qual o gestor e o colaborador analisam e chegam a um consenso sobre desempenho, metas e padrões.	• Estabelecimento de um clima de confiança entre as partes. • Possibilidades de melhoria do desempenho por meio do feedback. • Tempo relativamente curto. • Custo baixo.	• Possibilidade de parcialidade na avaliação se houver conflitos entre as partes. • Baseado em impressões, já que é humanamente impossível acompanhar todas as ações de cada colaborador. • Visão restrita ao gerente. • Algumas vezes o processo torna-se frustrante para uma ou ambas as partes.

(continua)

(continuação)

3. Observação no posto de trabalho.	Observação do colaborador no exercício de suas funções e posterior avaliação pelo gerente, instrutor ou cliente.	• Objetividade. • Simplicidade. • Custo baixo.	• Consome muito tempo. • Depende da maturidade do observador. • Causa estresse no avaliado.
4. Testes específicos de mapeamento de potencial.	Instrumentos específicos, desenvolvidos e testados em laboratório, que permitem indicar tendências pessoais.	• Confiabilidade, quando validados por pesquisa, em amostra significativa. • Avaliação realizada por pessoas treinadas para tal. • Independe do gerente. • Tempo relativamente curto.	• Custo relativamente alto. • Não permite a observação da pessoa em ação, podendo ser manipulado algumas vezes pelo avaliado, com o objetivo de esconder algo negativo. • Impossibilidade de adaptação às especificidades das empresas, já que são fechados e não se pode alterar sua estrutura.
5. Entrevistas pessoais.	Entrevista individual de avaliação realizada por especialista, com o objetivo de mapear potenciais. Realizada com roteiros preestabelecidos e com base em perfis de competências desejáveis.	• Contato direto com os colaboradores. • Avaliação por especialistas. • Ajudam a compreender como as pessoas reagem em situações específicas. • Entrevistas direcionadas de acordo com a necessidade da empresa.	• Demanda tempo. • Dispendioso. • O resultado depende da imparcialidade e da maturidade do avaliador.

(continua)

(continuação)

6. Avaliação presencial por meio de situações-teste que simulam a realidade.	Participação de grupos de colaboradores em workshops ou seminários que oferecem atividades vivenciais e simulam situações e desafios do cotidiano empresarial. As atividades são selecionadas em função dos perfis de competências desejáveis.	• Confiabilidade. • Especificidade e adaptação às necessidades da empresa. • Avaliação com base em perfis de competências e realizada por especialistas. • Possibilidade de observar as pessoas em ação, favorecendo a objetividade na hora da avaliação. • Método comparativo. • Feedback imediato.	• Custo relativamente alto. • Exige especialistas em facilitação de grupos. • Exige infra-estrutura para o desenvolvimento das ações.

5.4.1 Qual das estratégias funciona melhor?

Partindo do pressuposto de que cada forma de avaliar tem suas vantagens e desvantagens, a metodologia mais adequada é a que reúne um número ótimo de instrumentos e estratégias, gerando para o consultor (interno ou externo) responsável pela verificação um número de informações suficientes para mapear o potencial dos colaboradores. Cabe a cada empresa decidir o que usar, extraindo o melhor de cada uma das opções existentes, de acordo com suas possibilidades.

Entretanto, é muito importante validar os dados coletados nas atividades mais subjetivas, oferecendo aos colaboradores a oportunidade de colocar suas competências em ação. Uma atividade-âncora no formato de seminário, com atividades simuladas, incluindo dinâmicas, jogos, vivências, discussões orientadas e debates, poderá ser comparada com o resultado obtido pelas outras estratégias. Nas atividades vivenciais, as pessoas demonstram de forma muito natural suas competências e deficiências.

5.4.2 Algumas ferramentas usadas na verificação de competências

- Entrevistas de mapeamento de competências das quais participam pessoas-chave da empresa. O objetivo é traçar perfis desejáveis por funções ou postos de trabalho.
- Entrevistas individuais ou em grupos com os avaliados para sondagem de potenciais.

- Pesquisa de dados individuais.
- Seminário de verificação de performance, no qual as equipes passam por situações de teste, participando de atividades que simulam sua realidade.
- Instrumentos específicos de mapeamento de potenciais (questionários, software e roteiros).
- Feedback aos avaliados.
- Feedback aos gestores de pessoas por meio de relatório geral, processado por intermédio de algum instrumento que facilite o manuseio pós-implantação.
- Treinamento e orientação para utilização dos dados como ferramenta gerencial de tomada de decisão.

5.5 Administrando talentos a partir da formação da base de dados

Após a implantação do banco de identificação de talentos, faz-se necessário o acompanhamento e a utilização desses resultados na tomada de decisão. Algumas ações possíveis são:

- Distinção aos colaboradores considerados talentos em potencial, alocando-os em projetos significativos e desafiadores. Tal atitude instiga a motivação e estimula a busca de novas competências.
- Oferta de programas de treinamento e desenvolvimento para os que se posicionarem dentro da média esperada, de forma a ampliar seu domínio de competências.
- Acompanhamento e aconselhamento aos colaboradores que apresentarem performances abaixo do esperado. Este grupo merece atenção especial. As causas devem ser pesquisadas na busca do realinhamento.

É importante ressaltar que os dados obtidos nesta fase não devem ser considerados os únicos. A observação diária no trabalho, a avaliação sistematizada e regular, as informações dos parceiros e a auto-avaliação devem ser agregadas às informações disponíveis no banco de identificação de talentos para orientar a tomada de decisões.

5.5.1 Definindo perfis para verificar potenciais

Para chegar ao resultado individual, a empresa tem um trabalho anterior de definição de perfis.

A partir da verificação das competências essenciais (tratadas no Capítulo 1), as unidades de negócio (ou áreas de trabalho) tornam-se alvo de estudos.

Em nossa metodologia, essa fase é realizada com o envolvimento de nossos consultores e da equipe dirigente da empresa cliente.

Alguns pontos-chave trabalhados são:

- Revisão da missão empresarial e das unidades de negócio.
- Elenco de competências que cada unidade coloca em uso para atingir os resultados do negócio.
- Importância de cada competência para que metas e objetivos sejam atingidos.
- Ponderação de cada competência.
- Priorização das competências que vão compor o perfil a ser verificado nas atividades para o banco de identificação de talentos.
- Exclusão das competências consideradas básicas e já incorporadas pela empresa.

Este último item (exclusão das competências) ainda faz parte das nossas discussões. Após ponderar sobre a viabilidade ou não de excluir algumas competências durante a verificação de potenciais, podemos chegar à decisão de eliminá-la do processo.

Por exemplo, verificando perfis em uma empresa cuja atividade principal exige que as pessoas possuam capacidade para dar respostas sob pressão, partimos do pressuposto de que os indivíduos que compõem seu quadro devem possuí-la. Seria redundante avaliar uma competência que já faz parte das exigências internas para contratação profissional.

Os instrumentos de levantamento de perfil possibilitam a visualização final, cujo resultado pode ser organizado em quadros ou gráficos.

5.6 Mensuração por níveis de proficiência na avaliação de potencial e em processos seletivos

5.6.1 Níveis de proficiência

Escalas de comportamentos observáveis e mensuráveis que podem variar de instrumento para instrumento. São desenhados a partir do conteúdo das competências já desdobradas. Um exemplo:

MÍNIMO	Não consegue perceber a interação das partes. Demonstra dificuldades para visualizar novas perspectivas de negócios. Dificuldades para analisar as situações e gerar informações estratégicas antes de tomar decisões. Não estabelece interfaces de negócios entre a sua área e os objetivos empresariais. Fica à margem das mudanças e tendências de mercado. Não faz as conexões necessárias ao desenvolvimento do trabalho. Não percebe sua posição na cadeia dos processos internos e as conseqüências das ações tomadas. Dá pouco valor aos resultados macro. Orienta-se pela visão de curto prazo.

(continua)

(continuação)

MÁXIMO	Percebe a interação das partes. Visualiza perspectivas para os negócios. Consegue analisar as situações, gerando informações estratégicas para os negócios antes de tomar decisões. Estabelece interfaces de negócios entre a sua área e os objetivos empresariais. Acompanha mudanças e tendências de mercado. Analisa e seleciona informações, estabelecendo conexões necessárias ao desenvolvimento do trabalho. Percebe sua posição na cadeia dos processos internos e as conseqüências das ações tomadas. Valoriza os resultados macro. Orienta-se pela visão de longo prazo.

5.6.2 A seleção por competências: informações básicas

Os processos seletivos atuais vêm quase sempre acompanhados de três demandas:

- Investimento financeiro que permita atingir resultados com orçamentos enxutos.
- Agilidade de resposta: preenchimento da vaga em tempo hábil.
- Qualidade no atendimento: indicação de candidatos que atendam ao perfil desenhado pelo detentor da vaga.

Nesse último item (qualidade no atendimento) encontram-se os grandes desafios dos selecionadores, a saber:

- Traduzir as expectativas do cliente em um perfil passível de ser avaliado, mensurado, descrito em competências.
- Agir com assertividade e objetividade nas escolhas.

Para obter eficácia nesse processo, é essencial que o perfil de competências a ser identificado esteja bem ajustado à demanda do detentor da vaga. Mas como fazê-lo?

5.6.3 A construção do perfil de competências

As responsabilidades do selecionador neste momento são:

- Definir, com o detentor da vaga, quais os indicadores comportamentais exigidos pelo requisitante. Exemplos: iniciativa, boa comunicação e bom relacionamento.
- Coletar informações sobre objetivos, metas, desafios e dificuldades da área e do cargo. De posse desses dados, o profissional de seleção deve introduzir o conceito de competências.
- Apresentar o elenco de competências universais descritos neste livro, discutir com o detentor da vaga a respeito do entendimento que possui sobre cada uma delas. Desenhar o perfil de competências a ser avaliado. Ajudar a selecionar, no máximo, cinco ou seis competências. Geralmente, se a pessoa domina bem uma competência, esta vem agregada a outras, que necessariamente não precisam estar contidas no perfil.
- Clarear para o detentor da vaga o conceito de competências: "competência é o conjunto de habilidades, conhecimentos e atitudes que contribuem para uma atuação de destaque e de excelência em determinados contextos".

O elenco de competências apresentado neste livro pode ser ampliado à medida que o cliente demonstre a necessidade e aponte outras competências importantes para o desempenho da função.

5.6.4 Desdobramento das competências em atitudes e comportamentos desejáveis, conhecimentos básicos na competência em questão e habilidades requeridas

Esse trabalho poderá ser realizado pelo selecionador e, em seguida, validado pelo detentor da vaga, tendo como referência as informações existentes neste livro.

5.6.5 Definição da metodologia e dos instrumentos de avaliação dos candidatos

É necessário analisar os diversos métodos existentes, optando por aquele que seja mais adequado ao contexto. Devem ser consideradas variáveis como número de candidatos, urgência de tempo, objetivo da seleção, disponibilidade financeira, capacidade técnica do avaliador e perfil da clientela.

5.6.6 Os métodos

Os métodos usados na seleção por competências são:

- Entrevista por competência.
- Inventários específicos de mapeamento de potencial.
- Avaliação presencial.

Cada um dos métodos traz suas vantagens e desvantagens. Sugerimos uma combinação de procedimentos cujo resultado propicie maior garantia de acerto nas indicações.

É importante ressaltar que, na fase de verificação de domínio das competências, qualquer que seja a metodologia escolhida, o selecionador deverá organizar sua matriz de proficiência, que orientará a mensuração de cada candidato em comparação com o perfil do cargo.

A escala ideal contém, geralmente, cinco ou seis níveis de proficiência, e sua descrição abrange algumas atitudes, conhecimentos e habilidades desejáveis. De posse dessa matriz, o selecionador terá maior clareza nas indicações que vier a fazer.

5.6.7 Quadro de proficiência: um exemplo

A seguir, um exemplo de competência descrita em níveis de proficiência:

Pontuação × desempenho
1. Desempenho mais distante do desejado. Área crítica.
2. Desempenho no limite da média inferior. Área crítica.
3. Desempenho na média. Área mediana.
4. Desempenho na média superior, ainda distante da excelência.
5. Desempenho bom, no limite da média superior, em direção à excelência.
6. Desempenho excelente: acima da média superior.

Competência planejamento:	
Capacidade para planejar e organizar as ações para o trabalho, atingindo resultados por meio do estabelecimento de prioridades, metas tangíveis, mensuráveis e dentro de critérios de desempenho válidos.	
Pontuação	Interpretação
1	Diante dos objetivos a serem cumpridos, age sem planejamento e com pouca organização pessoal, o que interfere no resultado final do trabalho. Demonstra dificuldades para estabelecer metas e não busca informações sobre recursos disponíveis. Na análise de contextos apresenta dificuldades para compreender os dados de forma objetiva e correta. Não se preocupa em buscar recursos por prioridades. Não demonstra o hábito de usar instrumentos de acompanhamento (monitoramento de resultados por meio de gráficos, ferramentas ou outros controles visuais). Necessita acreditar no valor do planejamento e intensificar suas estratégias para otimizar o cumprimento de metas, o atendimento dos prazos e o resultado final do trabalho. Deve gastar mais tempo no planejamento, na organização do layout do ambiente e no local onde trabalha.
2	Diante dos objetivos a serem cumpridos, esforça-se para planejar e se organizar. Demonstra dificuldades para estabelecer metas e não costuma buscar informações sobre recursos disponíveis. Tenta ler contextos e analisar dados, porém o faz de forma pouco objetiva e incorreta. Não demonstra o hábito de usar regularmente os instrumentos de acompanhamento dos planos (agenda pessoal, monitoramento de resultados por meio de gráficos, ferramentas ou outros controles visuais). Necessita acreditar no valor do planejamento e intensificar suas ações pessoais para otimizar o cumprimento de metas, o atendimento dos prazos, bem como melhorar o resultado final do trabalho. Deve gastar um pouco mais de tempo no planejamento, na organização do layout do ambiente e no local onde trabalha.

(continua)

(continuação)

3	Diante dos objetivos a serem cumpridos, procura agir com organização e planejamento. Estabelece metas e busca informações sobre recursos disponíveis. Tem facilidade para ler contextos e analisa dados de forma objetiva, lógica e correta. Disponibiliza recursos por prioridades. Não apresenta o hábito de usar regularmente os instrumentos de acompanhamento dos planos (agenda pessoal, monitoramento de resultados por meio de gráficos, ferramentas ou outros controles visuais). Necessita acreditar mais no valor do planejamento e intensificar suas estratégias para otimizar o cumprimento de metas, o atendimento dos prazos e o resultado final do trabalho. Poderá dedicar-se mais à organização do ambiente de trabalho (**layout** e materiais pessoais) e dedicar tempo ao uso de instrumentos de acompanhamento e controle.
4	Diante dos objetivos a serem cumpridos, busca organizar e planejar suas ações. Atua estabelecendo metas para a execução dos trabalhos, gerando resultados favoráveis. Cria estratégias focadas em metas. Cuida do **layout** do ambiente e organiza o local onde trabalha. Busca informações sobre recursos disponíveis. Tem facilidade para ler contextos e analisa dados de forma objetiva, lógica e correta. Atua voltado(a) para resultados. Disponibiliza recursos por prioridades. Demonstra dar pouca importância a instrumentos de acompanhamento (agenda pessoal, monitoramento de resultados por meio de gráficos, ferramentas ou outros controles visuais). Necessita acreditar no valor do planejamento e intensificar suas estratégias para otimizar o cumprimento de metas, o atendimento dos prazos e o resultado final do trabalho, bem como usar instrumentos de acompanhamento e controle de resultados.
5	Diante dos objetivos a serem cumpridos, organiza e planeja suas ações. Cria estratégias com foco nas metas estabelecidas, agindo com seqüência lógica, o que facilita o bom andamento e a conclusão do trabalho. Demonstra acreditar no valor do planejamento. Divulga para o grupo e colegas a importância dos planos. Cria estratégias focadas em metas mensuráveis e atingíveis, cumprindo-as dentro do prazo. Busca informações sobre recursos disponíveis. Preocupa-se com planos e estratégias e prioriza o planejamento antes da ação. Tem facilidade para ler contextos e analisa dados de forma objetiva, lógica e correta. Atua voltado(a) para resultados. Disponibiliza recursos por prioridades. Usa instrumentos de acompanhamento (monitoramento de resultados por meio de gráficos, ferramentas ou outros controles visuais). Realinha metas quando estas vão em direção contrária aos objetivos da organização. Consegue obter a aprovação e o comprometimento da equipe nos planos definidos. Elabora ferramentas para verificar o andamento dos trabalhos e garantir resultados positivos. Cuida do **layout** do ambiente e organiza o local onde trabalha.

(continua)

(continuação)

6	Destaca-se no planejamento, traçando objetivos, organizando e planejando suas ações considerando todo o contexto. Demonstra acreditar no valor do planejamento. Divulga para o grupo e colegas a importância dos planos. Cria estratégias focadas em metas mensuráveis e atingíveis, cumprindo-as dentro do prazo. Elabora ferramentas para verificar o andamento dos trabalhos e garantir resultados positivos. Cuida do layout do ambiente e organiza o local onde trabalha. Busca informações sobre recursos disponíveis. Preocupa-se com planos e estratégias e prioriza o planejamento antes da ação. Tem facilidade para ler contextos e analisa dados de forma objetiva, lógica e correta. Atua voltado(a) para resultados. Disponibiliza recursos por prioridades. Usa instrumentos de acompanhamento (monitoramento de resultados por meio de gráficos, ferramentas ou outros controles visuais). Realinha metas quando estas vão em direção contrária aos objetivos. É exemplo para o grupo e obtém a aprovação e o comprometimento da equipe nos planos definidos. Define instrumentos de medida de resultados.

5.6.8 Metodologia Star para entrevista por competências

Essa metodologia apóia o entrevistador no momento de verificar o nível de experiência, domínio ou dificuldade nas competências definidas no perfil.

Tendo como base o desdobramento em atitudes, conhecimentos e habilidades, bem como a descrição dos níveis de proficiência, a entrevista pela metodologia Star é simples e útil, além de agregar valor ao processo de seleção e avaliação de potencial.

Baseada na experiência vivida pela pessoa, o entrevistador tem uma visão geral do comportamento pregresso na competência em evidência.

Faz-se necessário preparar as perguntas com antecedência, sendo que para cada competência sondada a sigla Star deverá ser roteirizada.

Estrutura Star	Influência na atuação profissional
SITUAÇÃO O que aconteceu? Onde aconteceu? Como aconteceu? Quando aconteceu? Quem estava envolvido?	**TAREFA** Qual era seu papel? O que você devia fazer? Para que fazer tal coisa? Que resultados eram esperados de você?
AÇÃO O que você fez? Como fez? Como foi a ação? O que os outros fizeram?	**RESULTADO** Qual o efeito da sua ação? De que forma percebeu os resultados (indicadores)? Como soube dos resultados? O que ocorreu depois?

Quando encerrar todo o processo de avaliação, lembre-se: o candidato merece um feedback e deve ser informado sobre seu perfil, independentemente do resultado.

Selecionamos, a seguir, alguns exemplos de planejamento para a entrevista.

1. Competência liderança de impacto e influência (perguntas geradoras de flashback)

- *Situação*: Em alguma ocasião de sua vida alguém já lhe pediu aconselhamento antes de tomar uma decisão importante? Em algum momento da sua vida alguém pediu aconselhamento sobre qual emprego aceitar? Lembra-se de alguma vez em que você teve de convencer alguém de algo que parecia impossível e... conseguiu? Lembra-se da última vez que teve de convencer alguém de algo importante? O que foi?
- *Tarefa*: Que posição você ocupava naquela ocasião?
- *Ação*: Como foi sua atuação nas situações apresentadas?
- *Resultado*: E o resultado? Foi positivo? Descreva-o.

2. Competência capacidade para trabalho em equipe e para colaborar (perguntas geradoras de flashback)

- *Situação*: descreva situações de sua vida nas quais você participou de equipes de esporte, grupos informais, atividades voluntárias, grupos de igreja etc.
- *Tarefa*: Qual era a finalidade do grupo? Que papel desempenhava nesse grupo?
- *Ação*: Você tem ou teve costume de se reunir com grupos para trabalhar ou estudar? Qual a última vez que se encontrou com um grupo? Como você reage quando alguém está fora do ritmo do grupo?
- *Resultado*: Lembra-se de alguma situação especial em que teve de ouvir um colega e entender seus problemas? Ou de uma situação na qual você ajudou a reforçar o espírito de equipe? Obteve resultados? Relate-os.

Modelo de quadro de registro de resultados (para cada pergunta)

Situação:
Tarefa:
Ação:
Resultado:
Nível da competência (pontuar ou conceituar):

Quadro de pontuação (sugestão)

ESCALA	Indicadores
0-1	Ausência ou exemplo fora do âmbito da competência.
2-3	Situação que evidencia a competência, ações adequadas, função pouco significativa, resultados médios ou ausentes. Evidências de domínio e ausência de relato de resultados.

(continua)

(continuação)

4-5	Situação que evidencia a competência, ações adequadas, função significativa para o contexto organizacional, obtenção de resultados. Nível de domínio.
6	Mais de uma situação que evidencia a competência, ações adequadas, função significativa e obtenção de resultados. Nível de excelência.

5.6.9 Conclusão do processo e escolha do grupo de candidatos mais próximo do perfil de competências desenhado

Algumas ações são imprescindíveis para o fechamento do processo, a saber:

- Devolução ao candidato (feedback).
- Repasse de informações sobre os candidatos à vaga e orientações sobre a análise dos perfis avaliados.
- Indicação do(s) mais próximo(s) ao perfil traçado.

Essa metodologia traz como pontos fortes clareza na verificação de perfis e maior facilidade para avaliar os candidatos com imparcialidade, justiça e ética.

Capítulo 6

AMPLIANDO O DOMÍNIO DE COMPETÊNCIAS

Para reflexão:

Diz-se que a autoria do texto a seguir é de Bill Gates. Esse texto foi retirado de um discurso proferido por ele para alunos que se formavam no segundo grau e dá dicas para o sucesso.

Bill Gates apresentou-se por apenas cinco minutos e foi aplaudido por mais de dez, sem parar. Dizem que ele agradeceu e foi embora em seu helicóptero particular.

O que as escolas não ensinam

- Regra 1: a vida não é fácil — acostume-se com isso.

- Regra 2: o mundo não está preocupado com a sua auto-estima. O mundo espera que você faça alguma coisa útil por ele ANTES de sentir-se bem consigo mesmo.

- Regra 3: você não ganhará U$ 20.000 por mês assim que sair da escola. Você não será vice-presidente de uma empresa nem terá carro e telefone à disposição antes que tenha conseguido comprar seu próprio carro e telefone.

- Regra 4: se você acha seu professor rude, espere até ter um CHEFE. Ele não terá pena de você.

- Regra 5: vender jornal velho ou trabalhar durante as férias não está abaixo da sua posição social. Seus avós têm uma palavra diferente para isso: eles chamam de OPORTUNIDADE.

- Regra 6: se você fracassar, não é culpa de seus pais. Então, não lamente seus erros, aprenda com eles.

> - Regra 7: antes de você nascer, seus pais não eram tão críticos como são agora. Eles só ficaram assim depois de pagar suas contas, lavar suas roupas e ouvir você dizer que eles são ridículos. Assim, antes de salvar o planeta para a próxima geração e de querer consertar os erros da geração dos seus pais, tente limpar o próprio quarto.
> - Regra 8: sua escola pode ter eliminado a distinção entre vencedores e perdedores, mas a vida não é assim. Em algumas escolas você não repete mais de ano e tem quantas chances precisar até acertar. Isso não se parece absolutamente em NADA com a vida real. Se pisar na bola, será despedido. RUA!!!!! Faça certo da primeira vez.
> - Regra 9: a vida não é dividida em semestres. Você não terá sempre os verões livres e é pouco provável que outros empregados o ajudem a cumprir suas tarefas no fim de cada período.
> - Regra 10: televisão NÃO é vida real. Na vida real as pessoas têm de deixar o barzinho ou a boate e ir trabalhar.
> - Regra 11: seja legal com os CDFs (aqueles estudantes que os demais julgam ser uns babacas). Existe uma grande probabilidade de você vir a trabalhar PARA um deles.

6.1 Como usar o banco de talentos para maximizar competências

A base de informações gerada pela implantação do banco de talentos orienta a tomada de decisões gerenciais em relação à gestão de pessoas.

Qualquer ação para ampliar a rede de domínios deve levar em consideração as competências essenciais definidas pela organização, ou seja, as competências que vão dar o diferencial e destacar a empresa no mercado.

Hammel e Prahalad, em seu livro *Competindo pelo futuro*, colocam as competências essenciais como elemento base para a sobrevivência das empresas no mundo atual.

Esses autores afirmam que:

> O desafio fundamental na competição pelo futuro é o desenvolvimento de competências que abram as portas para as oportunidades do amanhã, bem como a descoberta de novas aplicações para as competências atuais.
>
> Ainda que poucas empresas compreendam como alavancar as competências específicas existentes e ultrapassar as fronteiras atuais com o objetivo de criar um novo espaço competitivo, o domínio de uma competência essencial representa uma potencialidade, quando deflagrada e explorada de forma criativa.
>
> A Sharp e a Toshiba investiram centenas de milhões de dólares no desenvolvimento da liderança da competência no monitor de tela plana. O investimento foi orientado por uma noção ampla da arena de oportunidades.
>
> O investimento prévio em uma competência essencial não é um salto no escuro nem uma grande aposta no desconhecido. O que impulsiona o processo de desenvolvimento é o desejo de liderança mundial na provisão de um benefício fundamental para o cliente. As competências mais valiosas são aquelas que abrem as portas para uma grande variedade de possíveis mercados.

A busca incessante da Sony pela miniaturização permitiu à empresa o acesso à ampla gama de produtos de áudio pessoal. A Hewlett-Packard desenvolveu a competência em medição, computação e comunicações. A 3M desenvolveu competências específicas em adesivos, substratos e materiais avançados. Na Federal Express, o benefício é a entrega rápida. A Motorola oferece os benefícios da comunicação sem fio.

A competição pela liderança em competências normalmente antecede a competição pela liderança de produtos.

6.2 As necessidades verificadas em cada unidade de negócio ou grupo de funções

Acreditamos que a busca pela competência essencial deve ser acompanhada pelo investimento naquelas que são a base interna dos processos empresariais.

É importante definir um número ótimo com o qual se quer trabalhar (no nosso caso definimos 15 competências), o que permitiu a unificação de linguagem e facilitou a identificação de perfis nas empresas-clientes.

A seguir, o elenco de competências adotadas em nosso modelo:

1. Capacidade empreendedora
- Facilidade para identificar novas oportunidades de ação, propor e implementar soluções para os problemas e necessidades que se apresentem de forma assertiva, inovadora e adequada.

2. Capacidade de trabalhar sob pressão
- Capacidade para selecionar alternativas de forma perspicaz e implementar soluções tempestivas diante de problemas identificados, considerando suas prováveis conseqüências.

3. Comunicação
- Capacidade de ouvir, processar e compreender o contexto da mensagem, expressar-se de diversas formas e argumentar com coerência usando o feedback de forma adequada, facilitando a interação entre as partes.

4. Criatividade
- Capacidade para conceber soluções inovadoras viáveis e adequadas para as situações apresentadas.

5. Cultura da qualidade
- Postura orientada para a busca contínua da satisfação das necessidades e superação das expectativas dos clientes internos e externos.

6. Dinamismo, iniciativa
- Capacidade para atuar de forma proativa e arrojada diante de situações diversas.

7. Flexibilidade
- Habilidade para adaptar-se oportunamente às diferentes exigências do meio, sendo capaz de rever sua postura perante argumentações convincentes.

8. Liderança
- Capacidade para catalisar os esforços grupais de forma a atingir ou a superar os objetivos organizacionais, estabelecendo um clima motivador, formando parcerias e estimulando o desenvolvimento da equipe.

9. Motivação: energia para o trabalho
- Capacidade de demonstrar interesse pelas atividades que vai executar, tomando iniciativas e mantendo atitude de disponibilidade. Apresentar postura de aceitação e tônus muscular que indica energia para o trabalho.

10. Negociação
- Capacidade de expressar e de ouvir o outro, buscando o equilíbrio de soluções satisfatórias nas propostas apresentadas pelas partes quando há conflitos de interesse. Observa o sistema de trocas que envolve o contexto.

11. Organização
- Capacidade de organizar as ações de acordo com o planejado, de forma a facilitar a execução.

12. Planejamento
- Capacidade para planejar o trabalho, atingindo resultados por meio do estabelecimento de prioridades, metas tangíveis, mensuráveis e dentro de critérios de desempenho válidos.

13. Relacionamento interpessoal
- Habilidade para interagir com as pessoas de forma empática, inclusive diante de situações conflitantes, demonstrando atitudes positivas, comportamentos maduros e não combativos.

14. Tomada de decisão
- Capacidade para selecionar alternativas de forma sistematizada e perspicaz, obtendo e implementando soluções adequadas diante de problemas identificados, considerando limites e riscos.

15. Visão sistêmica
- Capacidade para perceber a integração e interdependência das partes que compõem o todo, visualizando tendências e possíveis ações capazes de influenciar o futuro.

O rol de competências é flexível, permitindo exclusões e inclusões, dependendo da cultura do mercado em que a empresa está inserida.

6.3 Competências por setores

O quadro a seguir indica o resultado do mapeamento de competências e os perfis apontados pelas empresas-clientes da MRG, após verificar mais de 4.500 perfis.

Competências identificadas por setores (1997 a 2000)

Empresa pública	Prestação de serviços	Indústria
• Capacidade empreendedora. • Capacidade de trabalhar sob pressão. • Comunicação. • Criatividade. • Flexibilidade. • Liderança. • Motivação. • Negociação. • Planejamento. • Visão sistêmica.	• Capacidade empreendedora. • Capacidade de trabalhar sob pressão. • Comunicação. • Criatividade. • Dinamismo. • Liderança. • Motivação. • Negociação. • Planejamento. • Visão sistêmica.	• Capacidade empreendedora. • Capacidade de trabalhar sob pressão. • Comunicação. • Criatividade. • Cultura da qualidade. • Flexibilidade. • Liderança. • Negociação. • Relacionamento interpessoal. • Tomada de decisão. • Visão sistêmica.
Comércio varejista	**Comércio atacadista**	**Empresa de telefonia**
• Capacidade empreendedora. • Capacidade de trabalhar sob pressão. • Comunicação. • Criatividade. • Cultura e qualidade. • Flexibilidade. • Liderança. • Negociação. • Organização. • Planejamento. • Relacionamento interpessoal. • Tomada de decisão. • Visão sistêmica.	• Capacidade empreendedora. • Criatividade. • Cultura da qualidade. • Liderança. • Negociação. • Organização. • Planejamento. • Relacionamento interpessoal. • Visão sistêmica.	• Capacidade de trabalhar sob pressão. • Comunicação. • Criatividade. • Cultura da qualidade. • Flexibilidade. • Liderança. • Motivação. • Negociação. • Planejamento. • Relacionamento interpessoal. • Tomada de decisão. • Visão sistêmica.

(continua)

(continuação)

Instituição financeira	Autarquia	
• Criatividade. • Dinamismo. • Flexibilidade. • Comunicação. • Liderança. • Motivação. • Negociação. • Relacionamento interpessoal. • Tomada de decisão. • Visão sistêmica.	• Capacidade empreendedora. • Capacidade de trabalhar sob pressão. • Comunicação. • Criatividade. • Cultura da qualidade. • Flexibilidade. • Liderança. • Negociação. • Planejamento. • Relacionamento interpessoal. • Tomada de decisão. • Visão sistêmica.	

Competências	Indicações por setor	Porcentual
• Capacidade empreendedora.	6	75
• Capacidade de trabalhar sob pressão.	6	75
• Comunicação.	7	87,5
• Criatividade.	8	100
• Cultura da qualidade.	5	62,5
• Dinamismo, iniciativa.	1	12,5
• Flexibilidade.	6	75
• Liderança.	8	100
• Motivação.	4	50
• Negociação.	8	100
• Organização.	1	12
• Planejamento.	4	50
• Relacionamento interpessoal.	6	75

(continua)

(continuação)

• Tomada de decisão.	5	62,5
• Visão sistêmica.	8	100

Curiosidades

A maioria das empresas com as quais trabalhamos acredita no valor da competência criatividade, porém, ainda não possuem um programa de inovação e criatividade institucionalizado.

Algumas organizações ainda estão na fase de decidir-se pela implantação de seus programas de sucessão de líderes, embora a competência liderança tenha sido apontada por todas as empresas em seus perfis.

Importante

As competências que obtiveram maior peso (consideradas as mais importantes para o negócio) foram relacionamento interpessoal e comunicação, seguidas de liderança e negociação.

As prioridades de investimento variam de empresa para empresa, em função de suas necessidades e de seu estágio de evolução.

A consulta à base de dados do banco de identificação de talentos permite fundamentar as decisões e optar por projetos que ampliem o domínio de competências.

6.4 Exemplo de utilização da base de dados do BIT – Banco de identificação de talentos

Que colaboradores serão alvo de desenvolvimento permanente para compor o quadro de sucessores da empresa X?

Essa é uma das indagações que afligem a maioria dos gestores de pessoas. Assim, consultando a base BIT, o gestor obtém informações que, quando bem analisadas, sinalizam decisões.

A tela a seguir mostra o desempenho individual de cada colaborador e permite visualizar o resultado. Usamos como referência as cores dos sinais de trânsito, indicando competências que precisam ser cuidadas (em amarelo), competências dentro do perfil desejado (em verde) e aquelas que instigam uma parada para reflexão e investimento, pois se encontram abaixo do perfil (em vermelho).

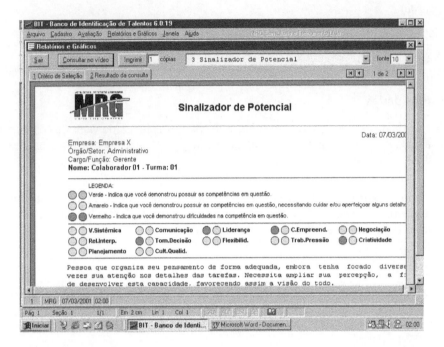

A tela a seguir apresenta um dos gráficos comparativos e permite verificar o *gap* de desempenho individual comparando a média da unidade de negócios e a esperada pela empresa. Dependendo do resultado obtido pode-se optar por investir no desenvolvimento das competências consideradas fundamentais para o negócio e que apresentam resultado inferior ao esperado.

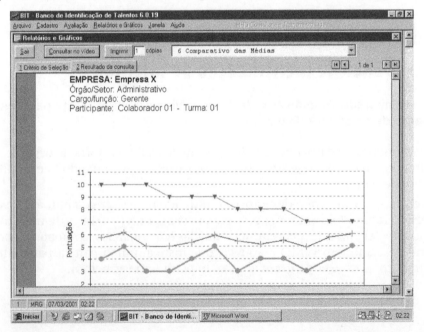

Esta terceira tela dá uma visão global do desempenho individual em cada competência do perfil.

Ampliando o domínio de competências

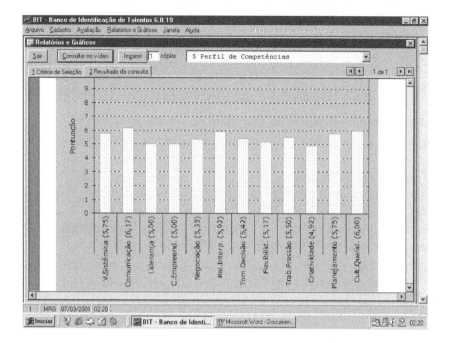

A tela a seguir apresenta um gráfico geral de performances por unidade de negócio.

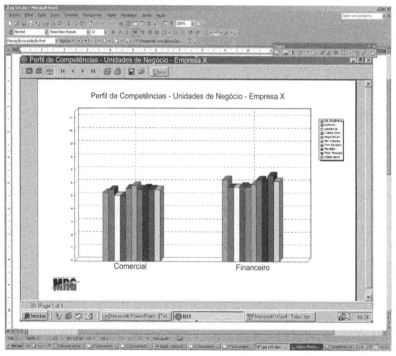

Além das listagens e gráficos, uma boa base de dados permite emitir relatórios gerais e específicos, auxiliando no estudo da situação e na definição de diversos programas que ampliam o domínio de competências.

Se, por exemplo, a prioridade do negócio é reforçar a atuação das lideranças e as médias de perfis estão defasadas, torna-se necessário direcionar os investimentos e as ações para programas de capacitação na referida competência.

6.5 As possibilidades de desenvolvimento pessoal

Potencializando competências por meio da árvore pessoal

Nosso modelo de gestão de pessoas tem como base a filosofia da cooperação mútua.

Podemos exemplificar tal fato afirmando que a responsabilidade pelo desenvolvimento profissional está dividida em partes proporcionais entre empresa e colaboradores.

Neste capítulo vamos enfatizar as ferramentas de autodesenvolvimento e fornecer alguns caminhos para aqueles que estão iniciando sua jornada.

Independentemente das ofertas de cursos, seminários e oportunidades de desenvolvimento oferecidas pela organização em que se trabalha, o esforço individual potencializa o domínio de novas competências. Diante disso, a árvore das competências é uma ferramenta que possibilita o direcionamento para a definição dos planos de autodesenvolvimento.

Empresários, executivos, gerentes e profissionais em posição em qualquer unidade de negócio poderão se valer da árvore para mapear seu campo de domínio de competências e planejar metas a médio prazo.

6.6 Como usar a árvore das competências?

Para traçar uma árvore é necessário enfatizar cada um dos componentes da competência, a saber:

6.6.1 As atitudes

Um dos indicadores de impacto e que dá distinção aos profissionais de vanguarda é o conjunto de atitudes agregadas à sua ação cotidiana. Quanto mais adequadas ao contexto, maior seu nível de influência diante dos liderados.

As atitudes do gerente determinam o nível de confiança entre as pessoas, o clima de trabalho, o grau de comprometimento com objetivos e metas organizacionais e, conseqüentemente, com os resultados maximizados.

Hoje, mais do que nunca, as empresas vêm reforçando a idéia de mudanças comportamentais em seu *staff*.

Tomamos como exemplo a função gerencial para listar algumas atitudes, reflexo dos valores e crenças pessoais, que fazem a diferença em sua ação:

- Sensibilidade interpessoal (qualidade nos contatos com pares, clientes e fornecedores internos e externos).
- Energia e iniciativa para resolver problemas.
- Disponibilidade para ouvir.
- Disponibilidade para receber feedback (de pares, liderados e líderes).
- Interesse e curiosidade.

- Tenacidade, persistência.
- Flexibilidade, adaptabilidade: demonstração de atitude aberta e receptiva a inovações.
- Postura positiva que demonstre dinamismo.
- Integridade e bom senso no trato com as pessoas.
- Compartilhamento do sucesso com a equipe de trabalho, com reconhecimento público das contribuições.
- Senso de honestidade e ética nos negócios.
- Compromisso com resultados.
- Senso de orientação para metas.
- Automotivação e autocontrole.
- Busca permanente de desenvolvimento.

6.6.2 O conhecimento

Cada posto de trabalho exige conhecimentos específicos e essenciais.

Os processos de decisão, planejamento e organização, bem como de comunicação, controle de resultados, negociação e administração de conflitos, entre outros, são afetados pelo nível de conhecimentos básicos, ou seja, por aqueles conhecimentos que fazem parte das exigências específicas para o desempenho das funções.

O domínio de procedimentos, conceitos, fatos e informações relevantes interfere diretamente na qualidade desses processos.

O conhecimento é um indicador de competências que ajuda a lidar com o paradoxo da fortaleza e da flexibilidade. Quanto mais conhecimento colocamos em nossa bagagem, mais nos tornamos fortes e nos permitimos ser flexíveis para enfrentar as mudanças e rupturas que surgem em microintervalos de tempo.

Quem de nós pensou há quinze anos que um profissional competente precisaria dominar mais um ou dois idiomas para sobreviver em seu posto? São as exigências dos novos tempos!

McCauley (1989) já havia sugerido o aprender depressa como uma das 16 competências referenciais de liderança.

Hoje, quem acompanha os movimentos do mercado atua com um pé no presente e outro no futuro, construindo seu mapa de metas. O tempo não pára... Agir como um sensor, antenar-se, procurar ver além das fronteiras e muros, perceber em seu contexto as novas demandas do mercado e buscar fontes de pesquisa são comportamentos que tornam a caminhada pessoal mais divertida e rica.

"Quem sabe faz a hora, não espera acontecer!"

6.6.3 As habilidades

Usar o conhecimento de forma adequada é o que chamamos de habilidade. Algumas pessoas acumulam um baú de informações teóricas e têm dificuldade de abri-lo para uso. Com o tempo, o baú é esquecido e ninguém se beneficiou de seu conteúdo.

As habilidades precisam ser demonstradas na prática. O gerente-líder, além de ser bom, precisa demonstrar que é bom por meio de ações. De nada adianta colecionar cursos, leituras e informações em geral se estes não são úteis e não trazem benefício algum para a coletividade na qual o profissional está inserido.

6.7 A árvore das competências passo a passo: dicas

- Pergunte-se e pergunte aos outros: que atitudes são exigidas em sua atual função?
- Faça o rol de atitudes desejáveis.
- Crie uma forma de auto-avaliação e peça feedback aos pares.
- Antene-se: que conhecimentos você domina e quais deve agregar? Aja e corra atrás do tempo! Lembre-se: para subir a montanha, temos de começar pela base. Vale o primeiro passo.
- Pergunte-se o que você sabe fazer bem em seu trabalho e faça sua avaliação de habilidades.
- Procure saber com seus pares, liderados e líderes como eles o enxergam.
- Compare os resultados, levando em consideração que aquilo que você sabe, mas os outros não sabem que você sabe, merece um tratamento de marketing.
- Faça seu rol de metas, definindo as habilidades que você quer desenvolver ou demonstrar nos próximos meses.
- Defina uma forma de avaliar seus progressos.
- Peça feedback sobre seu desempenho.

6.8 Desenvolvendo redes de domínio

Uma das constantes solicitações dos clientes de nossa empresa de consultoria, a MRG, diz respeito ao assessoramento pessoal nas ações de autodesenvolvimento.

Constata-se que grande número de profissionais sabe o que deve fazer e do que precisa para ampliar sua rede de domínios, porém, nem imagina por onde começar.

Para suprir essa lacuna, temos trabalhado com textos de ação, os quais chamamos de dieta pessoal de crescimento. Dos textos usados, a série arquétipos* é a mais acolhida.

Assim, para aqueles que precisam de uma dieta de crescimento pessoal com base na reeducação, aqui está nossa contribuição.

Optamos por focar a função de liderança nesses textos por acreditar que cada ser humano é líder em algum papel existencial, independentemente do cargo ou da posição que ocupa em seu trabalho. Uma dona de casa, por exemplo, lidera todo um conjunto de processos bastante semelhantes aos encontrados em qualquer negócio.

Convidamo-os, então, a entrar no mundo dos arquétipos e viajar com cada um deles.

---

* *Arquétipos*: modelos; padrões primordiais que habitam a consciência humana individual e coletivamente para personalizar certas premissas, crenças e padrões de comportamentos.

Segundo Jung, os arquétipos são estruturas básicas do inconsciente coletivo, potencialidades diversas de expressão e realização pessoal que configuram uma herança psicológica geral da qual são depositários todos os seres humanos.

6.8.1 O caminho do viajante

Cheguem até a borda, ele disse.
Eles responderam: Temos medo!
Cheguem até a borda, ele repetiu.
Eles chegaram.
Ele os empurrou... e eles voaram.

Voar, para muitos de nós, significa superar limites, ir além do horizonte, enfrentar o desconhecido, ir em busca do sonho.

Parece uma tarefa fácil e ao alcance de todos. E deveria ser, se não estivéssemos sob a égide de mandatos e padrões que, na maioria das vezes, nos paralisam diante dos desafios.

Os modelos de gestão, ainda em fase de realinhamento, conservam paradigmas que, em vez de estimular as pessoas à aventura e ao risco, fazem com que tenham medo do novo.

O caminho do viajante tem como função básica estimular os líderes em potencial a ajudar suas equipes a alçar novos vôos, empurrar as pessoas quando elas estiverem prontas para voar, descobrir a mágica da liderança.

Para que saiba o momento certo, o líder precisa passar pelo caminho do viajante e aprender, ele próprio, a conviver com o medo e o domínio, com o risco e a confiança, a certeza e a incerteza, com o alvo e o caminho.

Graziela Aldana, autora do livro *Travessia criativa*, apresenta os principais componentes da metáfora da viagem, na qual cada pessoa assume a travessia como um caminho interno de auto-renovação e desenvolvimento.

As estratégias do viajante	
Características	Competências de liderança
O olhar do viajante: o viajante tem o coração aberto ao desconhecido, supera medos, preconceitos e incertezas. Desfruta a viagem, valorizando o caminho. Está aberto a novos pontos de vista e se mistura nas formas de vida, culturas e maneiras distintas que encontra pelo caminho, tornando a viagem mais agradável e desafiante.	• Autoconfiança. • Interesse pelo novo. • Crença nas possibilidades de alcançar resultados por meio das pessoas. • Flexibilidade para lidar com as diferenças individuais. • Entusiasmo com projetos em andamento.

(continua)

(continuação)

A postura do viajante: o turista delega sua viagem a uma agência e segue a programação feita por outros. Ele tem sua própria meta, é um verdadeiro explorador, deixa-se seduzir pelo encanto do inesperado. Engana-se, refaz sua rota. Leva pouca bagagem. Cresce com a caminhada. Faz do estranho o conhecido. Assume a vida como uma aventura que vale a pena ser vivida sem nunca perder o entusiasmo, a capacidade de aprender e surpreender-se. O viajante está sempre disposto a enfrentar tudo: o programado e o inesperado. Caso caia ou se machuque, em vez de parar e reclamar, levanta-se e procura a cura para seguir viagem, sem buscar culpados. *O perfil do viajante*: explora o mundo externo e também o interno, trabalhando na construção permanente de sua identidade. Cultiva a paixão pelo conhecimento, tem espírito pioneiro e abraça causas pelas quais vale a pena lutar. Escuta seus sentimentos, enfrenta seus temores, identifica suas necessidades e descobre seus sonhos e dons.	• Capacidade para enfrentar as dificuldades com coragem, persistência e energia. • Exploração e identificação de oportunidades onde os outros enxergam caos. • Reconhecimento dos erros e facilidade para refazer planos sempre que necessário. • Capacidade para aprender com sua equipe. • Habilidade para correr riscos calculados. • Senso de exploração. • Constante busca do autoconhecimento como fonte de fortalecimento da autoestima. • Identidade forte. • Sensibilidade para identificar suas próprias necessidades, sonhos e medos. • Consciência de que é o responsável pela própria vida, por sua liderança pessoal.

O caminho do viajante: etapas

Quando adotamos a estratégia do viajante, passamos pelas seguintes etapas:

- *Postura de estabilidade*: caracterizada pela aceitação da rotina e pela ausência de espírito explorador.
- *Sinal de alerta*: causado por algum acontecimento que nos tira da zona de conforto. Por exemplo, uma perda ou uma mudança inesperada na vida pessoal ou profissional agindo como elemento alavancador para a ação.
- *Encontro com as sombras e os dragões*: diante do desconhecido, emergem os temores. Medos oriundos da perda de estabilidade aparecem nesta etapa, como sombras e dragões, tentando paralisar nossa ação.
- *Encontro com aliados*: na travessia do viajante sempre há aliados. Estes se manifestam por meio de pessoas, do resgate de crenças, de personagens do mundo mítico ou do encontro com o lado espiritual.
- *Despertar da consciência*: nesta etapa, começamos a descobrir uma nova consciência acerca das nossas reais possibilidades, da missão e dos desafios que teremos de enfrentar. É o momento do 'clique', do acordar para novas possibilidades. A luz no fim do túnel.
- *Celebração*: ao assumir a travessia como uma aventura de descobrimento, o viajante finalmente vê-se livre dos dragões, encontra seu herói interior e alça seus próprios vôos.

Construindo o caminho do viajante

Para superar as dificuldades do caminho, o desafio é escrever uma carta a um amigo distante (real ou imaginário) contando como foram seus últimos anos e como você espera que sejam os próximos.

A idéia é deixar voar a imaginação, usando as perguntas a seguir como guia. A descrição da carta conterá a realidade vivida e as imagens visualizadas do futuro.

- Que mudanças enfrentei em minha vida nos últimos anos?
- Que mudanças gostaria de promover em minha vida nos próximos anos?
- Que fatores internos poderão dificultar essas mudanças: medos, crenças, preconceito, autocrítica exagerada?
- Que fatores externos relacionados à família, aos amigos ou ao trabalho poderão bloquear as mudanças desejadas?
- Que aspectos da minha vida se tornaram rotina e já não são um desafio?
- Quais os últimos riscos que assumi em minha vida e o que aprendi com eles?
- Que mudanças importantes pretendo realizar em minha vida profissional?
- Com que aliados posso contar?
- A que conclusões posso chegar, após refletir sobre as questões anteriores: preciso mudar aspectos da vida pessoal ou profissional?
- Qual meu prazo para efetivar as mudanças necessárias e como vou comemorar as vitórias?

> Aquele que já conhece o caminho estimula as outras pessoas a seguir viagem.

6.8.2 O caminho do guerreiro

Para converter-se num sábio é necessário transitar pelo caminho do guerreiro.

Um guerreiro não é alguém que vai à guerra matar pessoas, e sim aquele que demonstra integridade em todas as sua ações e um controle sobre sua própria pessoa.

Um guerreiro vive cada momento de sua vida sem orientar-se pela complacência ou pelo lamento, sem ganhar ou perder, está sempre alerta e lúcido a tudo que o rodeia. Age com abandono de si mesmo de maneira impecável.

A impecabilidade do guerreiro evoca uma atitude interior, uma luz que se aproxima notavelmente da humildade e a aceitação de viver imerso na eternidade, transformando cada circunstância vital num desafio vivo e sincero. Ninguém nasce guerreiro. O caminho continua até o final de nossas vidas.

Carlos Castañeda

Ao tomar contato com esse texto de Castañeda, imediatamente surgiu em minha mente a figura do líder, considerado a pessoa-chave no processo organizacional.

Já presenciei depoimentos de alguns gerentes que, com dificuldades para assumir seu papel de liderança, afirmaram não saber por onde começar sua trajetória de desenvolvimento.

Minha resposta sempre é mesma: "Você já começou. O ser humano só muda quando percebe a necessidade e demonstra querer ser melhor do que é hoje".

Uma das condições para o gerente se tornar líder é desenvolver e ampliar cada vez mais sua competência de relacionamento. Um líder só será líder se olhar para trás e enxergar seguidores. Ninguém lidera sozinho.

Administrar coisas é fácil. Liderar é o grande desafio!

Tudo se inicia pela própria pessoa.

Somos por natureza imperfeitos. Entretanto, estamos em constante evolução.

Carregamos em nossa bagagem toda uma história de vida, construída por meio de valores, crenças, preconceitos, experiências e aprendizados, que precisam ser renovados.

Imaginem um viajante que por toda a sua vida carrega um baú sem trocar seu conteúdo. Provavelmente, ao final de determinado tempo, estará carregando objetos obsoletos ou que já não são mais essenciais. Alguns poderão até pesar e dificultar sua trajetória.

A atitude mais adequada do viajante seria retirar esses objetos e renová-los, trocando-os por outros mais importantes.

Da mesma forma que o viajante, de tempos em tempos precisamos parar e avaliar o que estamos carregando — realinhar nossa 'bagagem'.

Assim, seguem algumas dicas para iniciar o caminho do guerreiro.

As estratégias do guerreiro

O comportamento guerreiro pode se manifestar de forma intolerante ou construtiva. Esta última conduz à sabedoria e referenda as ações de liderança.

Como age o guerreiro?

As estratégias do guerreiro

Características	Competências de liderança
• Fomenta o espírito de luta para atingir resultados significativos.	• Capacidade de automotivação, de energizar pessoas obtendo adesão e resultados por parte dos liderados, sensibilizando-os para lutar por um projeto coletivo.
• Age como os guerreiros épicos, colocando limites e preparando-se para proteger seu reino das ameaças externas.	• Habilidade estratégica, percepção de oportunidades e ameaças por meio do monitoramento das variáveis de mercado.
• Arma-se de coragem, lealdade, integridade, disciplina e perseverança na busca de seus sonhos.	• Capacidade empreendedora, iniciativa e construção de times de alto desempenho.

(continua)

(continuação)

• Consegue alianças e parcerias por meio de um comportamento ético, pautado pela sensibilidade no trato e na convivência com as pessoas à sua volta.	• Formação e fidelização de uma rede de relacionamentos.
• Alia os interesses coletivos aos interesses pessoais.	• Visão sistêmica aliada a uma missão pessoal.
• Trata com justiça seus soldados.	• Reconhecimento de potenciais e do talento dos colaboradores e pares.
• Canaliza sua energia e agressividade com coerência e habilidade para objetivos construtivos.	• Flexibilidade e assertividade nas ações.
• Toma decisões orientando-se pelo coração e pela razão.	• Equilíbrio e bom senso.

Construindo o escudo do guerreiro

O caminho do guerreiro é sinalizado pelo autoconhecimento.

As placas indicativas trazem perguntas que merecem uma parada reflexiva:
- Qual é minha história?
- Quais são meus dons?
- O que me dá alegria?
- Quem são meus aliados?
- Que realizações pessoais me marcaram de forma positiva?
- O que é valor para mim?
- Como está meu emocional hoje?

Essas e outras perguntas, quando respondidas, facilitam a leitura do nosso mapa pessoal e orientam as escolhas das melhores estradas.

O escudo do guerreiro é a arma usada para enfrentar caminhos perigosos, transpor obstáculos e evitar abismos.

Deixo para cada leitor o desafio de construir seu próprio escudo do guerreiro:
- O centro do escudo é o local de maior proteção. Ali deve ser registrado tudo o que não queremos e não vamos deixar entrar em nossa vida.
- Nas bordas, a defesa estará mais flexibilizada e é onde registramos o que vamos deixar entrar em nossa vida, de vez em quando.
- Fora do campo do escudo baixamos a defesa e deixamos circular e entrar aquilo que queremos, o que é valor.

Preencha os campos internos e externos. Guarde seu escudo perto de si e, de vez em quando, confira se está usando-o de acordo com suas escolhas.

6.8.3 Caminho do bom humor (vencendo a síndrome do domingo)

O trabalho é a manifestação visível do amor.

E se você não consegue trabalhar com amor, mas apenas com desprazer, é melhor deixar seu trabalho, sentar-se à porta do templo e sugar a alma das pessoas que trabalham com alegria.

Kahlil Gibran

Domingo à noite. Os pensamentos voltados para problemas do trabalho cotidiano. Perda de sono durante boa parte da noite. Amanhecer cinzento na segunda-feira. Perda do humor.

Inúmeros profissionais sofrem da 'síndrome do domingo' e transformam a vida de colaboradores e colegas de trabalho num verdadeiro martírio logo no primeiro dia da semana. É comum ouvir queixas de gerentes que mal olham para as pessoas quando chegam aos seus postos e, regularmente, respondem com atitudes agressivas quando são procurados para resolver alguma questão. Há casos em que as crises de mau humor estendem-se por toda a semana, promovendo um clima desfavorável à produtividade e às boas relações interpessoais.

> O mau humor contamina. Comportamento gera comportamento.

Sempre me vem à cabeça a reação das pessoas diante de um colega bem-humorado e de outro mal-humorado. Este último consegue baixar o moral dos que se aproximam dele e o reflexo no ambiente é sentido até pelos que estão por ali de passagem. Aqueles que demonstram estar de bem com a vida têm o poder de energizar suas equipes, fazendo-as enxergar possibilidades de realização pessoal.

A fisiologia do bom humor é traduzida por gestos naturais, olhos brilhantes, emoção na voz, postura de atenção ao contexto. É preciso achar o caminho da alegria no ambiente de trabalho. Afinal, é trabalhando que passamos a maior parte de nossas vidas.

As estratégias para o bom humor

Características	Competências de liderança
• Comportamento por vezes irreverente e livre, abrindo sendas para o questionamento de limites e o rompimento de algumas regras. Compreensão de que a vida é uma tragicomédia e que grande parte de nossa sabedoria é assumi-la com alegria, sem perder a vitalidade. • Habilidade para jogar com palavras de forma a minimizar climas tensos. • Facilidade para brincar, agir de forma lúdica, rir das dificuldades e contagiar as pessoas, alegrando o ambiente.	• Habilidade para estabelecer um clima de espontaneidade e alegria, cedendo espaços para questionamentos, renovação de idéias e melhoria nos processos empresariais. A irreverência é importante para questionar o que existe e deixar para trás o que não serve mais. • Uso do humor para rir dos próprios erros e dificuldades. Quando isso acontece, as pessoas ao redor se sentem à vontade para ousar e inovar, sem medo de críticas.

O bom humor, quando bem canalizado, estimula a inovação e o surgimento do arquétipo 'bufão': personagem que se veste de forma chamativa, coloca um chapéu de várias pontas e diz ao rei tudo que os outros súditos não têm coragem de falar, melhorando a performance de liderança no reino.

O 'bufão' evita que o rei passe a vida reverenciando as tradições, as normas, as políticas, os procedimentos, a autoridade etc. sem mudar o que não serve ou não funciona mais.

Construindo o caminho do bom humor

Acreditamos que o contexto competitivo em que estão inseridas nossas empresas, ameaçando inclusive a manutenção de diversos postos de trabalho, levam alguns líderes a agir de forma austera, fechada e mal-humorada.

Existem alguns desafios pessoais que, se praticados regularmente, contribuem sobremaneira para o resgate da alegria de viver. Alguns deles são expostos a seguir:

- Leia a coleção "Maluquinho", do Ziraldo (*Menino Maluquinho, Professora Maluquinha* etc.), e concentre sua atenção na forma de ver a vida dos personagens. Eles nos dão algumas lições e nos fazem resgatar e rever valores pessoais.
- Pergunte-se: Como você enxerga as outras pessoas? Tem confiança nos colegas e colaboradores? Valoriza o que vêm realizando? Acredita que estão dedicando o melhor que têm para oferecer? Enxerga suas potencialidades e talentos? Admira e reconhece suas capacidades? No caso de respostas negativas, está na hora de rever suas crenças e valores e descobrir o que está levando-o a enxergar somente o lado cinzento do ser humano.
- Tente sorrir e enxergar o lado cômico das pequenas falhas cometidas no dia-a-dia por você e pelos colaboradores.
- Observe e colecione slogans que exortam o bom humor.
- Aproxime-se de pessoas que apresentam bom humor e deixe-se contagiar pelo clima de alegria que elas transmitem.
- Procure atividades que o façam alegrar-se. Acostume-se a ser feliz!

Finalmente, é importante lembrar que o ser humano é responsável pelas escolhas que faz e que cada um de nós precisa investir na construção da própria felicidade.

> Eu fico com a pureza da resposta das crianças: é a vida, é bonita, e é bonita!
> [...]
> Viver e não ter a vergonha de ser feliz.
> Cantar e... cantar e... cantar a eterna beleza de ser aprendiz.
> [...]
> Eu sei que a vida devia ser bem melhor. E será.
> Mas isso não impede que eu repita: é bonita, é bonita, e é bonita!
>
> *(Gonzaguinha)*

6.8.4 Caminho do mago

Como aquele que abre e anima o espetáculo, não será o mago, na verdade, senão um ilusionista que se burla de nós? Ou será que ele esconde uma profunda sabedoria e o conhecimento dos segredos essenciais?

Geralmente ele designa o consulente e pode indicar a vontade, a habilidade e a iniciativa pessoais.

Jean Cheevalier e Alain Cheerbrant

Lidar e conviver com a diversidade de contextos, nos quais processos, produtos, serviços e pessoas se misturam no emaranhado de situações do cotidiano, exige um agir baseado na sabedoria — quase um ato de magia.

Para a maioria dos seres humanos, a palavra sábio está associada às pessoas que se destacaram e marcaram suas vidas.

Em recente enquete, perguntou-se a um grupo de participantes de um seminário sobre comportamentos de liderança quais pessoas eles consideravam sábias. Algumas respostas, se não surpreendentes, foram no mínimo curiosas:

> — Meu pai, minha mãe, meu avô, minha avó, meu professor de matemática da época de ginásio, Pierre Weil, Jesus Cristo e Ghandi, entre outros.

Ao justificar suas escolhas, convergiram para alguns pontos: as lembranças recaíram sobre pessoas que se destacaram pelo amor indiscriminado que demonstravam pelo próximo, pelo forte poder de usar a empatia e pelo investimento pessoal em transformar a realidade para melhor.

Na seqüência das discussões, ao analisarem a figura do mago como ponto de analogias, os participantes da pesquisa concluíram que seus componentes poderiam ser de grande valia na liderança de pessoas, servindo como um referencial de ações para a melhoria de suas performances.

As estratégias do mago	
Características	Competências de liderança
• Poder baseado na sua capacidade de fluir com os acontecimentos e não se deixar descontrolar por eventos externos. • Capacidade de enxergar o que está além do óbvio, contatar a essência das pessoas e das situações. • Sabedoria para lidar com situações conflitantes, encontrando maneiras de referir-se a elas, nomeando fatos, apresentando dados, promovendo reflexões, sensibilizando para as conseqüências, respeitando e reafirmando suas posições. • Uso da intuição como ferramenta básica, quando se vê diante de impasses. • Capacidade para descobrir as oportunidades por trás dos problemas.	• Tranqüilidade para atuar em momentos caóticos sem perder o foco, mantendo o controle emocional. • Forte tendência de ouvir as pessoas, bem como de entrar em seu mundo interior, compreendê-las e descobrir sua essência. • Domínio da arte de administrar conflitos. • Valorização, nas situações de indecisão, do conhecimento externo tanto quanto das impressões internas – intuição aguçada. • Sagacidade na descoberta de possibilidades em situações em que os outros só enxergam problemas.

Construindo o caminho do mago

Àqueles que decidirem percorrer o caminho do mago, deixo uma ferramenta de auto-reflexão que permite identificar o estágio em que se encontram.

> A pessoa não sabe que não sabe e desconhece suas dificuldades — estágio da incompetência inconsciente.
>
> Hora em que surge um 'clique' interno, tornando claro para alguém a sua ignorância: "Agora eu sei que não sei!" — estágio da incompetência consciente.
>
> Resultado do aprendizado, o que leva ao reconhecimento das próprias capacidades e talentos: "Agora eu sei que sei!" — estágio da competência consciente.
>
> Momento do sábio, no qual as pessoas não sabem que sabem, mas o aprendizado já ficou armazenado — competência inconsciente.

Estamos com carência de sábios.

Rose Marie Muraro, em recente entrevista, afirmou que o último século cedeu poucos espaços para o surgimento de líderes realmente transformadores (no sentido pleno da existência humana) e que, se não tomássemos as rédeas, passaríamos em brancas nuvens por este século.

No momento em que nossas lideranças se conscientizarem do seu real papel, reconhecerem o atual estágio de desenvolvimento na trajetória do sábio e percorrerem o caminho até a competência consciente, teremos, a nosso favor, um exército de profissionais com alta consciência crítica — o que provavelmente contribuirá para as transformações que tanto desejam os brasileiros.

Hora do mago! Tempo da sabedoria!

6.8.5 Caminho do destrutor

As expressões mais poderosas que uma pessoa pode usar são o 'SIM' e o 'NÃO'. O efeito delas pode levantar fronteiras ou eliminá-las. Todo aquele que acredita poder fazer, leva um 'sim' encerrado em alguma parte, geralmente pronunciado por familiares ou mestres em seu passado. Todo aquele que não crê poder fazer, leva um 'não' escondido, proveniente das mesmas fontes.

Deepak Chopra

O apego a velhas estruturas de pensamento e a antigos paradigmas é uma das mais fortes barreiras à mudança e está diretamente ligado à palavra 'não'.

O receio do insucesso, da crítica, do novo faz-nos alimentar o senhor das negações.

Estamos diante de um contexto no qual empresas e profissionais que se apegam a paradigmas obsoletos e não renovam suas práticas têm menores chances de sobrevivência.

Provavelmente, gerentes com visão restrita, acreditando que não necessitam acompanhar as transformações que se sucedem a cada dia em um mercado cada vez mais globalizado, têm contribuído para o grande número de falências e concordatas — fato amplamente divulgado pela mídia — nos últimos anos. Cresce a cada dia o número de organizações que morrem antes de seu segundo ano de vida.

As mudanças se mostram urgentes no campo das atitudes em relação aos processos de trabalho e aos modelos de gestão. Na era da competitividade, faz-se necessário destruir e reconstruir paradigmas e estratégias, atuar com agilidade, antecipar-se às demandas e acreditar que o que é sucesso hoje pode não funcionar amanhã.

Conhecer o caminho do destrutor e suas competências correspondentes poderá ser de grande auxílio aos gerentes e líderes que, por motivos variados, ainda cultuam a manutenção em detrimento da transformação.

O rompimento de padrões obsoletos permite-nos enxergar o lado positivo da renovação.

As estratégias do destrutor

Características	Competências de liderança
• Em épocas de mudanças aceleradas, é preciso destruir o que não é mais necessário e deixar entrar o novo. • O destrutor ajuda-nos a rever posturas de anulação do que queremos em função do que o outro quer de nós. • Precisamos da energia do destrutor para eliminar, com coragem, tudo aquilo que não é autêntico ou verdadeiro: um medo muito antigo, por exemplo. • Para usar a energia do destrutor, precisamos enfrentar nossos medos, constatando suas origens. • O destrutor ajuda a nos desprendermos de máscaras, crenças e padrões que nos mantêm presos ao mundo das limitações.	• Correr riscos calculados, enfrentando as crises com coragem e ação estratégica. • Agir de forma autêntica, com base em valores construtivos. • Superar o medo de errar, do novo, da crítica, do 'não'. • Aprender a conviver no caos com harmonia interna. • Fazer das derrotas um estímulo para novas tentativas, evitando cometer os mesmos erros. Ser persistente. • Desenvolver a capacidade de desapego. • Compartilhar conhecimentos e idéias. • Atuar de forma flexível e habituar-se a conviver com paradoxos (liderar e ser liderado, ensinar e aprender, perder e ganhar).

O destrutor é uma figura importante no processo de liderança transformadora. É difícil de ser acionado e surge, geralmente, quando as pessoas se deparam com perdas importantes: de poder, de amizades ou de entes queridos, bem como de status e de bens materiais. Normalmente, as pessoas que sofrem grandes perdas mudam por completo sua maneira de ver o mundo e, conseqüentemente, seu modo de ser e agir.

As situações que nos tiram de nossa zona de conforto chamam o destrutor, que vira a pirâmide da estabilidade de cabeça para baixo, fazendo com que o equilíbrio anterior seja abalado, impelindo-nos à ação. É a alavanca que nos move em direção ao desapego e à ruptura com o que nos paralisa.

Mas não é necessário esperar perder algo para percorrer o caminho do destrutor: seu início pode ser acionado por meio de pequenos hábitos e de atividades simples, que ajudam a reforçar a capacidade de ousar e renovar.

Construindo o caminho do destrutor
- Entre em contato com seus medos.
- Identifique-os e descubra suas origens.
- Deixe que cada um deles conte sua história.
- Detecte de que tipo são:
  - *Medo primordial (originado no nascimento)*: trata-se do medo do desconhecido, da mudança, da liberdade. Traduz-se pelo receio de não poder satisfazer as necessidades básicas de afeto, identidade. Criado por meio de manipulações do adulto com a criança: "Se você fizer isto, ganha aquilo".
  - *Medo do caos, da transgressão, de perder a estabilidade*: leva à paralisia, à permanência na zona de conforto.

- Descubra os medos que mais o afetam e como eles estão interferindo em sua vida.
- O que você vem deixando para amanhã e já poderia ter feito, em função de algum medo?
- Que conseqüências essa atitude traz para seu crescimento pessoal e profissional?
- De quem são as vozes que o impedem de mudar e que superam sua capacidade de renovação? A que 'nãos' elas estão ligadas: medo da crítica, de não ser admirado e amado, de ser rejeitado, de perder o prestígio?
- Revise seu 'disco rígido'. Delete algumas crenças e deixe espaços para colocar novas informações, de forma consciente.
- Cultue o desapego, iniciando com pequenas incursões:
  - Jogue fora ou dê a alguém mais necessitado objetos materiais de que não precisa mais.
  - Prepare uma palestra para sua equipe de trabalho, passando dicas que só você domina.
  - Defina algumas atividades das quais quer se desapegar e delegue, demonstrando confiança nas pessoas que trabalham com você.
  - Permita-se inovar alguma coisa em sua vida, por menor que seja: cortar o cabelo, mudar o visual de suas roupas, viajar para um lugar desconhecido, tentar um novo restaurante no final de semana, passar por caminhos diferentes quando se dirigir ao trabalho.

É importante estar atento para o lado negativo do destrutor, que, em excesso, abre as portas para atitudes autodestrutivas, rancores e ressentimentos.

> Devemos ter a coragem de mudar o que pode ser mudado, a tolerância para aceitar o que não pode ser mudado, e a sabedoria para distinguir as duas situações.

6.8.6 Caminho do mentor

Estamos no tempo do líder mentor, daquele que prepara seus colaboradores para assumir novas responsabilidades, cuida de seu desenvolvimento, acompanha seus progressos e torna-os senhores de seus destinos.

A prática do *mentoring* não é novidade e vem se repetindo ao longo da história. Na Antigüidade, discípulos disputavam a atenção dos mestres e os nobres, de famílias mais abastadas, contratavam mentores para cuidar do aprendizado e educação de seus filhos.

De uns tempos para cá, a figura do mentor deixou o âmbito familiar e vem sendo valorizada no ambiente organizacional.

É importante ressaltar que o mentoramento é uma das práticas que sempre existiu, uma vez que empresários e gerentes focam seu agir na preparação de seus sucessores.

As responsabilidades do mentor implicam investir no domínio de competências de seus mentorados. Demonstrar confiança, delegar e qualificar os valores dos outros exige grande dose de humildade e ausência de sentimentos de inveja e de competição.

As estratégias do mentor	
Características	Competências de liderança
• Parte positiva e sã que equilibra nossa capacidade de ajudar e receber ajuda, de maneira consciente, dando liberdade aos outros. • Faz ver que a vida é um intercâmbio: dar, receber e pedir. • O benfeitor ajuda a administrar o nosso crítico, mediando quando há o perigo de uma guerra civil interior. • O benfeitor está disposto ao sacrifício consciente quando elege quem ajudar, sem cair na tentação de manipular ou de converter-se na figura do mártir. • Permite escutar nossas próprias necessidades (físicas, afetivas e sociais). • Ajuda-nos a acessar nossa criança interior. • Mobiliza os recursos internos e externos que nos orientam para a luz quando estamos à sombra de um arquétipo. • Permite-nos confiar no outro, delegar, trabalhar de forma coletiva. • Como o artista, o benfeitor nos ajuda a transformar em realidade nossa missão vital.	• Capacidade de lidar com o paradoxo, de liderar e ser liderado, de ajudar e ser ajudado, de pedir e oferecer ajuda. • Crença de que as organizações funcionam como um sistema de trocas no qual, a cada contribuição, segue-se um ganho para todas as partes. • Empenho e disponibilidade para descobrir potenciais, orientando e favorecendo o desenvolvimento de outras pessoas, mas sem usar manipulação ou exigir algo em troca. • Permanente busca do autoconhecimento como fonte de fortalecimento da auto-estima. • Uso da delegação como forma de demonstrar confiança nos liderados.

Construindo o caminho do mentor

- Primeiro passo: responder à pergunta "Quero realmente dividir o sucesso com outras pessoas?".
- Segundo passo: traçar um perfil que contenha os indicadores de desempenho daqueles que serão mentorados.
- Terceiro passo: escolhidas as pessoas (nunca mais que três), tal intenção deve ser comunicada.

Por exemplo, se um colaborador apresenta potencial para liderança mas não domina os conhecimentos e habilidades necessários para exercer a função, o mentor poderá apontar seus pontos de excelência e orientá-lo de acordo com seu plano de desenvolvimento individual — PDI.

Em conjunto, mentor e mentorados devem estabelecer objetivos e metas comuns, determinar caminhos, definir responsabilidades, prever recursos, marcar prazos e orçar custos.

Um bom PDI responde às seguintes perguntas:
- O quê?
- Como?
- Quando?
- Quem?
- Quando?
- Por quê?

> O empenho das partes certamente trará para líderes e liderados os resultados positivos que todos desejam.

6.8.7 O caminho do artista

A mais requintada forma de arte são os negócios. É uma forma criativa, e pode ser cada vez mais. Nos negócios, as ferramentas com que trabalhamos são dinâmicas: capital, pessoas, marketing e idéias. Todas com vida própria. Logo, trabalhar com estas variáveis e reorganizá-las de maneiras novas e diferentes torna-se um processo muito criativo!

Wayne Van Dyck

Às vezes lidamos com situações e problemas com os quais as soluções não são possíveis. O desânimo vem à tona e chegamos à conclusão de que não vale a pena investir neste ou naquele projeto.

Nessas horas, não conseguimos enxergar a saída diante da adversidade. Vivenciamos o medo de correr riscos. Substituímos a ação pela intenção. A autoconfiança vai a zero.

Quando tal fato acontece, em vez de cultuar o pessimismo, é chegada a hora de apelar para nosso 'artista'.

O artista é o arquétipo que nos faz entrar em contato com a nossa missão pessoal. É ele que nos permite descobrir os projetos que nos entusiasmam, levando-nos a entregar o melhor que temos e desfrutar tanto o processo quanto o resultado do que fazemos.

O artista nos faz entrar em contato com as facetas da nossa criatividade.

Quando o astral cai, é bom lembrar que há um artista habitando nosso interior, prestes a se manifestar e disposto a despertar o sentimento de mais-valia. Precisamos acreditar que somos capazes de construir, realizar, de deixar nossa marca.

É certo que existem muitos bloqueios à criatividade, retardando a ação do artista e tornando a arte dos negócios uma teia complicada, com aparência de caos. Porém, somos responsáveis pela remoção dos obstáculos que encontramos em nosso caminho.

As estratégias do artista

Características	Competências de liderança
• Está atento e procura enxergar as sombras, os matizes, os detalhes e contrastes.	• Visão sistêmica e sensibilidade para lidar com os diferentes aspectos do papel de liderança.
• Estabelece contato intenso com seu mundo interno, seu próprio banco de dados, suas experiências, intuições, recordações, idéias e sentimentos; quando em contato com o mundo externo, estabelece um diálogo criativo entre sujeito e realidade.	• Autoconhecimento: reconhecimento das competências que possui e daquelas que necessita desenvolver.
	• Uso da intuição como elemento para tomada de decisões.
	• Disciplina, tenacidade e compromisso com resultados.
• Acredita nas intuições e na conversão dos sonhos em realidade.	• Desapego ao que deu certo no passado e curiosidade em relação a novas idéias.
• Adota atitude experimental: está disposto a correr riscos.	• Facilidade para conceber, apresentar e viabilizar soluções inovadoras.
• Mantém permanente compromisso de busca e tem a capacidade de mover-se de um terreno seguro para um desconhecido.	• Persistência ao colocar as idéias em ação.
• Cultua a arte do desprendimento (como Picasso que, uma vez tendo dominado um estilo, permitia-se experimentar e explorar novas possibilidades expressivas, em vez de acomodar-se com o sucesso conquistado).	• Disponibilidade para ouvir e agregar valor ao trabalho, estimulando as idéias dos outros.
	• Estabilidade emocional e bom humor.
	• Pensamento divergente e convergente (habilidade para focar e desfocar idéias).
• Capacidade de imaginar, pensar o impensado, dar vida ao inexistente, transformar idéias em realidade.	• Uso da imaginação para resolver problemas.
• Compromisso com a realização.	• Adoção de estratégias diferenciadas para situações específicas.
• Sentimento de realização.	

Construindo o caminho do artista

Criar, inovar, construir, deixar marcas e legados aos colaboradores e sucessores exige ação, disciplina, dedicação, coragem, ousadia e perseverança.

A cada fracasso, o artista se prepara mais, sempre visualizando seu retorno ao palco em busca do sucesso.

A criatividade disponibiliza algumas estratégias simples que encurtam o caminho. Eis algumas delas:

- *Uso da pausa criativa (estratégia criada por Edward de Bono, um dos maiores especialistas em pensamento criativo da atualidade)*: consiste em adotar o hábito de fazer uma pausa de tempos em tempos, interromper o fluxo dos pensamentos e se perguntar: Existe outra alternativa? Posso fazer isso de outra maneira? O que posso fazer com isso? A pausa acontece quando a pessoa está conversando com outra, lendo alguma coisa ou vendo TV. A pausa criativa contribui para as mudanças de direção do pensamento. É a maneira mais simples de dar o primeiro passo.
- *Coisas minimamente incomuns (Theresa Amabile)*: "o que fazemos é criativo se for novo, diferente e útil. Portanto, se durante um passeio de carro, uma caminhada ou uma reunião de negócios você fizer qualquer coisa minimamente incomum que seja 'apropriada, útil, correta e valiosa', estará sendo criativo".
- *Fazer o que gosta*: quando estamos apaixonados, superamos o medo e passamos por cima dos julgamentos internos negativos. É um pouco piegas afirmar que podemos nos apaixonar todos os dias pelo nosso trabalho. Mas um fato é verdadeiro: aqueles que amam seu trabalho têm o olhar brilhante, transbordam energia e se destacam mais que os outros. Você gosta do que faz? Se não, é possível reverter a situação e direcionar sua ação para fora da empresa, para as coisas que gosta de fazer?
- *Descobrir um dom*: uma das grandes fontes de energia do ser humano é descobrir-se hábil em alguma atividade. Que tal experimentar pintar uma tela, esculpir um pedaço de madeira transformando-o em algo que tenha significado para você, cantar uma música quando estiver com amigos, aprender a tocar um instrumento e divertir-se com seu som, escrever um texto sobre seus pensamentos cotidianos e mostrá-lo a alguém em quem confia?

Na maioria das vezes, quando nosso artista interior se esconde, o simples fato de descobrir o prazer de viver poderá acordá-lo.

Trabalhe em algo — qualquer coisa, com a confiança simples (até tola) de que o trabalho que esta à sua frente faz parte de sua resposta.

6.8.8 O caminho do crítico

Uma das funções mais exercidas na vida de qualquer ser humano é a crítica. Cultivamos o hábito de apontar erros, enxergar falhas, descobrir defeitos.

Observando o gesto correspondente à crítica (um dedo apontado para a frente e três em nossa direção), é importante notar que ele nos orienta para a autocrítica.

O hábito de usar a autocrítica como instrumento de desenvolvimento e crescimento pessoal é algo que pode ser desenvolvido em sua forma construtiva e que acarreta o aperfeiçoamento da habilidade de dar e receber feedback, além de outros benefícios.

Vamos desvendar o perfil do crítico com o intuito de detectar o seu lado construtivo e apontar algumas mensagens internas que, em sua forma destrutiva, cerceiam nossas ações e impedem-nos de ir adiante.

Fomos nutridos por críticas desde pequenos: quando fugíamos das normas e padrões dos mais velhos, quando nos arriscávamos a propor algo diferente do usual, quando nos comportávamos de forma inovadora, enfim... quando ousávamos fugir da ordem estabelecida.

É, portanto, justificável a presença do juiz implacável, à espreita, que entra em ação logo que ousamos pensar em mudanças.

O crítico interno, que se comporta de forma destrutiva, vem geralmente acompanhado de crenças pessoais ligadas à menos-valia: "Não vou conseguir isto ou aquilo, não tenho capacidade para tal empreendimento, os outros fazem melhor do que eu, não tenho habilidade".

A crítica, embora seja um dos elementos bem nutridos em nossa sociedade, nem sempre é usada de forma assertiva.

Aquele que conseguir transformar seu crítico interno num aliado certamente terá uma eterna fonte de suporte, estímulo, apoio e alerta às suas ações.

As estratégias do crítico

Características	Competências de liderança
• Age como um assessor interno: por meio de críticas construtivas protege, estimula, apóia e alerta.	• Uso da autocrítica como elemento de apoio nas ações de liderança.
• Impulsiona a tomada de decisão quando estamos confusos ou paralisados.	• Capacidade de retomar projetos e idéias paralisados por indecisões de qualquer ordem.
• Faz-nos superar o medo, crescer e avançar.	• Capacidade de superar o medo do novo, da mudança.
• Ajuda-nos a confiar em nós mesmos, evitando buscar fora de nós as fontes de autoridade.	• Reconhecimento do próprio valor, assegurando a auto-estima e a autoconfiança.
• O verdadeiro crítico é flexível e objetivo: analisa os diversos pontos de vista antes de emitir sua opinião; enxerga os fatos como um processo e pratica a difícil arte do respeito (não como um cúmplice, mas como alguém com sensibilidade para julgar).	• Flexibilidade para analisar situações sob diversos pontos de vista, em vez de assumir decisões de forma precipitada.
	• Habilidade para propor idéias, projetos e soluções para os problemas do cotidiano.
• Propõe mais do que impõe.	
• Ajuda-nos a aprender com os erros e com os acertos.	• Capacidade de aprender com os próprios erros e crescer com os acertos.

Superar o lado sombrio do crítico requer uma revisão de nossas crenças, concepções e padrões de comportamento. Na maioria das vezes, não só magoamos as pessoas com nossas críticas, como também freamos o avanço institucional e social do meio em que vivemos.

Construindo o caminho do crítico interno

Como reverter a ação crítica de modo a obter vantagens?

Em primeiro lugar, responda a algumas perguntas básicas:
- Que mensagens meu crítico interno envia mais regularmente e que me deixam inseguro(a) ou que me fazem duvidar de minhas capacidades e dons?
- Que projetos venho adiando em função de autocrítica excessiva?
- Quais as conseqüências da procrastinação para minha vida pessoal e profissional?

A partir das respostas, faz-se necessário verificar as crenças que estão por trás das mensagens:
- Sou menos capacitado que os outros?
- Tenho menos possibilidades?
- O que me faz pensar assim?

O trabalho de reciclagem interna é muito importante no caminho do crítico. Precisamos identificar e modificar uma série de mensagens que se repetem automaticamente acerca de nossas capacidades e características — e que provavelmente não condizem com a realidade.

> Negocie com seu crítico interno quando perceber que ele está impedindo-o de agir. Evite deixá-lo influenciar de forma negativa.

6.8.9 O caminho do inocente

As crianças, quando se dispõem a brincar, apresentam uma coerência impressionante. Elas se respeitam, dizem o que pensam, montam seu próprio código de ética e praticam o feedback aberto. O envolvimento de cada uma com o brinquedo faz com que o compromisso com o lúdico seja o lema de todos. Divertem-se ao perseguir suas metas, envolvem-se de tal maneira que se esquecem do tempo. Já notaram como é difícil um adulto obter a atenção de crianças quando brincam?

Será possível aprender com as crianças?

Adotar atitudes coerentes e espontâneas na função de liderança é um trunfo que favorece o sucesso da gestão e estimula a adesão dos liderados aos projetos e metas propostos.

Há alguns meses, por meio do relato de um profissional, pude perceber que a falta de coerência pode prejudicar, e muito, o desempenho de uma organização.

Por não receber feedback durante oito anos, essa pessoa acreditava estar dentro do perfil desejado pela empresa e que seu desempenho era bom. Só foi tomar conhecimento de suas dificuldades por intermédio de nossa consultoria que, num projeto de identificação de talentos, apontou-lhe seus pontos fortes e os aspectos que mereciam uma revisão. O profissional externou aos nossos consultores sua indignação, queixando-se do tempo que perdeu por não perceber suas carências, pois poderia ter investido em seu desenvolvimento.

Se estamos na era dos talentos, não seria coerente que os líderes acompanhassem o desempenho de suas equipes, orientassem e estimulassem seu desenvolvimento?

Constatamos que, muitas vezes, é mais fácil administrar coisas do que gerenciar pessoas. Tal fato nos leva a refletir sobre as missões institucionais, os credos propagados, os valores divulgados e a coerência das ações gerenciais diante desses discursos.

Sabe-se que nem sempre o que está no papel é o que se pratica verdadeiramente.

Muitas vezes fala-se em gerência participativa e sequer se abrem espaços para idéias e sugestões das equipes de colaboradores.

Em outros casos, menciona-se que a maior riqueza que possuímos são as pessoas e adotam-se políticas que atendem somente aos interesses da organização, em detrimento das necessidades dos seres humanos.

Há situações extremas em que o posicionamento da liderança é de tal forma incoerente que passa a ser motivo de críticas no seu grupo.

As estratégias do inocente

Um dos arquétipo de Jung traz à tona a inocência da criança, com um 'quê' de lealdade e espontaneidade, que vem reforçar a tese de que líderes coerentes têm mais facilidade em obter a adesão dos liderados.

As estratégias do inocente	
Características	Competências de liderança
• Mantém a fé e a esperança diante da adversidade. • Demonstra autoconfiança e otimismo. • Age com transparência. • Age de acordo com suas crenças e convicções. • Apresenta capacidade para romantizar o mundo, ver o lado amável que os outros não vêem. • Tem esperança mesmo quando as coisas não estão boas. • Carrega pontos de referência que fazem perceber o mundo como um lugar seguro. • Faz o que fala, de forma respeitosa e natural. • Apresenta capacidade de brincar com seriedade.	• Acredita em mudanças e que pode colaborar na construção de uma realidade melhor. • Postura de otimismo. • Capacidade para correr riscos calculados. • Facilidade para energizar pessoas. • Transparência e coerência nas relações interpessoais. • Atitude de reverência em relação às pessoas, à vida. • Admiração e qualificação do que é realizado pela sua equipe e colegas de trabalho. • Espontaneidade nas relações. • Capacidade de brincar e usar a espontaneidade nas ações do cotidiano.

Construindo o caminho do inocente

Como alinhar o desejo à ação? Aqui vão algumas dicas:

- Constante revisão das crenças pessoais. É a partir delas que formamos nossos valores e nos comportamos dessa ou daquela maneira.
- Identificação das fontes de crenças: muitas delas vêm de uma educação preconceituosa, impedindo-nos de flexibilizar o pensamento.
- Avaliação dos valores de saída a partir das crenças pessoais: até que ponto estão alavancando ou impedindo meu crescimento como pessoa e como profissional?
- Compreensão e conscientização de que as mudanças são necessárias e implicam adaptação permanente.
- Análise do estado motivacional interno: quanto estou satisfeito com minha vida atual? O que desejo melhorar? Que mudanças preciso efetivar para obter o que quero?
- Espelhamento na criança interior que faz da vida um eterno aprender.

> Podemos nos reinventar e nos inspirar nas crianças, que vivem um dia após o outro, em toda a sua plenitude.

Capítulo 7

AVALIAÇÃO E GESTÃO DO DESEMPENHO

A ação de avaliar leva o ser humano a enfrentar um paradoxo entre a eterna busca pela evolução e, conseqüentemente, pela necessidade de mudar o que pode e deve ser mudado, e a dificuldade de aceitar críticas e navegar com tranqüilidade em meio às mudanças. Permanência e transformação.

7.1 Avaliar desempenhos: qual a melhor estratégia?

7.1.1 Avaliação tradicional: uma análise geral

No ambiente empresarial, a situação não é diferente, e uma das práticas mais dolorosas e difíceis de realizar é a avaliação de desempenhos.

Houve um tempo em que a tarefa de avaliar era realizada sigilosamente, de responsabilidade exclusiva das chefias.

Lembro-me bem da ansiedade e do clima de insegurança que reinavam na empresa em que trabalhei durante muitos anos quando ia se aproximando o final do ano, época em que chegavam os formulários de avaliação de desempenho (todos em envelope carimbado com a palavra 'confidencial').

Naquela época já se questionava a validade de tal instrumento, pois seu resultado ficava guardado a sete chaves e o interessado só tomava conhecimento da avaliação quando era — ou não — promovido, uma vez que todo o processo era vinculado à remuneração. A estratégia utilizada era completamente unilateral e o empregado não tinha acesso nem mesmo aos indicadores de desempenho constantes do formulário.

Além da forma autoritária como a avaliação era conduzida, existia também certa parcialidade. Por deter todo o poder sobre a vida funcional do empregado, as chefias, nem sempre bem preparadas para avaliar, incorriam em injustiças.

Outro fator negativo do modelo tradicional era a regularidade com que as avaliações eram realizadas: somente uma vez por ano.

Então, eu me pergunto:

- Será que alguém tem uma memória tão fenomenal a ponto de se lembrar de toda a trajetória de um empregado ao longo de um ano?
- Será que, mesmo com uma boa memória, o avaliador consegue estar em mais de um lugar ao mesmo tempo? Tal pergunta deve-se ao fato de que, no modelo anterior, um gerente nunca avaliava somente uma pessoa, mas toda a equipe. Mas como acompanhar e verificar acertos, falhas e progressos?

Questiono qual o objetivo daquele sistema de avaliação de desempenho: que resultados a empresa obtinha? Que vantagens havia para os colaboradores?

Nos últimos anos, o processo vem sofrendo uma série de mudanças, sempre sinalizando para a abertura e a descentralização.

A auto-avaliação já é levada em consideração; as chefias já discutem sua percepção com o empregado no momento da avaliação; o empregado participa da decisão final que, geralmente, é passível de consenso entre as partes; e, principalmente, há uma forte tendência de verificar contribuições, metas, resultados e competências, em vez de se fixar nas características pessoais.

Hoje, a avaliação de desempenho está inserida em um contexto de desenvolvimento e ampliação do domínio de competências.

7.1.2 Avaliação 360 graus: a alternativa de democratização na gestão do desempenho

Em sua evolução, a avaliação de desempenho foi passando por momentos de abertura até chegar ao modelo de redes, também conhecido como avaliação 360 graus, objeto de estudo deste capítulo.

Acompanhando a filosofia da administração participativa, a avaliação em rede começa a ocupar espaço nas empresas brasileiras. Esse tipo de avaliação vem apresentando resultados no desempenho das equipes e obtendo a adesão tanto dos empregados quanto dos gestores e dos dirigentes das organizações.

A sistemática prevê o recebimento de diversos feedbacks daqueles que fazem parte da cadeia produtiva interna e externa: clientes e fornecedores.

De posse do resultado, o avaliado parte para a correção e o reajuste em sua performance, de forma a atender às expectativas da organização.

A avaliação em rede vem sendo adotada entre empresas nos Estados Unidos e na Europa, por propiciar ao quadro profissional a oportunidade de dar e receber feedback. As redes de seus pares, superiores, clientes e fornecedores ampliam as possibilidades de aumentar a eficácia pessoal nos processos empresariais e em sua qualidade de vida no trabalho.

A avaliação em rede tem como princípios básicos:

Princípios	
1. Informação	Cada colaborador deve possuir informações detalhadas sobre o processo, seus objetivos, os indicadores de desempenho a serem avaliados, as competências desejáveis e a sistemática da formação das redes.
2. Confidencialidade	A confidencialidade dos dados é fundamental para a credibilidade do processo. Em alguns casos, somente o colaborador e o gerente têm acesso ao resultado da avaliação. Em outros, a área de recursos humanos também é incluída no processo e atua como facilitadora das ações de desenvolvimento.
3. Clareza	Os instrumentos de avaliação devem descrever minuciosamente cada competência ou indicador de desempenho desejados, bem como os diversos graus de desempenho.
4. Validade	Uma forma de validar os dados da avaliação em rede é estabelecer um número de avaliadores que represente a cadeira cliente-fornecedor (interno ou externo) e um porcentual mínimo de retornos de formulários de avaliação. Oitenta por cento são um porcentual bom.
5. Rapidez de resposta	Os instrumentos devem ser claros, objetivos, descrever comportamentos em vários níveis (do excelente ao insatisfatório) e ser de fácil preenchimento.
6. Confiabilidade de dados	O uso de critérios estatísticos para estudar e eliminar as avaliações que fugirem dos padrões regulares garante a confiabilidade do resultado.
7. Democracia	Na primeira fase do processo, as redes devem ser formadas pelos colaboradores de uma mesma área e, em seguida, pelos colaboradores situados em todas as áreas da empresa, em qualquer nível ou função. Em um terceiro momento, as redes devem ser formadas pelos clientes e fornecedores externos que participam delas.
8. Credibilidade	Para que haja credibilidade no sistema, deve-se estabelecer um porcentual mínimo de nível de satisfação do cliente.

7.2 As vantagens da avaliação 360 graus

O modelo 360 graus é abrangente, democrático e eficaz, apresentando algumas vantagens sobre os modelos anteriores:

Para o avaliado

- As entrevistas de retorno proporcionam ao avaliado momentos de reflexão e conscientização de suas dificuldades.
- Por se tratar de um processo participativo e democrático, o resultado é visto pelo avaliado como objetivo e orientador, uma vez que demonstra sua imagem perante um grupo de pessoas e não só perante seu chefe.
- Se bem desenhada, a avaliação em rede resulta em um mapa pessoal de orientação no qual o avaliado poderá traçar seu plano de desenvolvimento de competências, definindo metas e objetivos.
- A abrangência da avaliação em rede possibilita ao avaliado descobrir potenciais que não percebia em si mesmo e ampliar seu domínio de competências.
- Da mesma forma, terá a clara percepção das suas falhas ou pontos fracos e poderá administrá-los no seu dia-a-dia de trabalho.

Para a empresa

- A avaliação em rede contribui de forma extraordinária para a retenção de talentos, pois abre possibilidades de crescimento e desenvolvimento de pessoal, aliando o discurso da valorização à prática regular.
- O processo auxilia na formação de uma cultura de aprendizado constante, uma vez que é dinâmico e permanente.
- Os resultados revertem-se em maximização da motivação, geração de um clima estimulante de trabalho e aumento da produtividade.

7.3 Os cuidados na implantação do projeto

A avaliação 360 graus, assim como qualquer projeto inovador, merece alguns cuidados em sua implantação.

Tendo sua administração na área de recursos humanos (gestão de pessoas, talentos ou outra denominação usual), uma das primeiras decisões, imprescindível para a filosofia do projeto, é abertura à participação. Da elaboração do instrumento à formação de redes, cada área deve ter seu espaço garantido para opinar, contribuir, criticar e enriquecer o resultado final.

A título de sugestão, vamos relacionar alguns passos que, se seguidos, evitam atropelos durante o processo.

Sete passos para a implantação da avaliação em rede

- Antes de implantar o processo, a empresa oferece oportunidades de desenvolvimento aos empregados. Sugere-se um espaço de pelo menos seis meses entre a formação do banco de talentos, que também é um processo avaliativo, e a avaliação em rede. Nesse espaço de tempo acontecem a capacitação e as ações de desenvolvimento, aconselhamento e acompanhamento.

- Na elaboração dos instrumentos de avaliação constam as competências definidas no perfil e outros indicadores de desempenho que só são passíveis de mensuração no cotidiano empresarial. Atendimento a prazos, ética no trabalho e comprometimento com resultados são, por exemplo, indicadores de difícil avaliação na fase do banco de talentos, pois dependem da observação direta na função e da convivência diária.

- A sensibilização de toda a empresa para essa nova fase é condição essencial para a aceitação e o envolvimento de todos no projeto. As estratégias variam de palestras a reuniões de trabalho.

- A realização de um projeto-piloto auxilia no realinhamento da ferramenta e no enriquecimento de seu conteúdo. É recomendável institucionalizar o processo somente após a realização de algumas redes de teste.

- A entrevista de retorno é fator de credibilidade e de estímulo à motivação dos colaboradores. Preparar e garantir um número de profissionais para conduzir essa fase é papel da área de recursos humanos.

- Uma base de dados informatizada permite o acompanhamento e o controle do processo durante a implantação e depois, durante as entrevistas de retorno.

- Após a sistematização e institucionalização do projeto, as redes funcionam naturalmente, com o apoio e o gerenciamento da área de recursos humanos.

Importante: se a empresa possuir tecnologia de Intranet, sugere-se incluir o processo na rede.

7.4 Como funciona a avaliação em rede (feedback 360 graus)

O processo de avaliação em rede é conseqüência natural do modelo de competências.

Após definir perfis, verificar performances em potencial e oferecer ações de desenvolvimento, é chegada a hora de completar o ciclo de crescimento profissional e fornecer retorno ao empregado, comparando seu desempenho real com o desempenho desejado.

7.4.1 Visualização das fases

- Definição das competências do negócio e dos perfis desejados.
- Verificação da performance e formação do banco de talentos.
- Ações de desenvolvimento e alinhamento de competências.
- Avaliação do desempenho em rede e gestão das competências.

7.5 Considerações sobre a formação de redes

- As redes são definidas em função da relação que o avaliador tem com o avaliado: cliente, fornecedor ou par.
- As redes podem ser formadas com um mínimo de cinco pessoas e o máximo de dez.
- A chefia direta participa de todas as redes.
- Os avaliadores de outras áreas da empresa são definidos levando-se em consideração a relação de trabalho que têm com o avaliado — cliente ou fornecedor de serviços.
- O mesmo critério é usado para a escolha dos clientes e fornecedores externos.
- Os pares são escolhidos aleatoriamente.
- As redes podem ser formadas sempre que um projeto significativo para o negócio for concluído.
- A formação de redes deve ser decidida pela área interessada e os profissionais de recursos humanos fornecem suporte técnico e assessoram no que for preciso.
- Em nenhuma hipótese as redes devem ser centralizadas na área de recursos humanos.

7.6 Elaboração dos instrumentos

Os instrumentos de avaliação em rede levam em consideração:
- O desempenho desejado a partir dos perfis de competências já definidos.
- O desempenho real de cada colaborador.
- As descrições de cada item, apontando desempenhos em cada posição da curva normal: abaixo da média inferior, na média inferior, na média pura, na média superior e acima da média.
- As descrições podem variar de quantidade, sendo o mínimo de cinco descrições.
- Com base no método de escolha, o avaliador posiciona cada pessoa de acordo com os graus de desempenho apontados em cada competência.

No caso da avaliação em rede, os indicadores são definidos para todos os empregados da empresa, e o que diferencia o resultado é a distribuição de pesos (a exemplo das competências do perfil BIT — banco de identificação de talentos).

Por exemplo, pode-se definir a competência liderança como fundamental para garantir a vantagem competitiva da empresa.

Tal competência é incluída no sistema de avaliação em rede e, para cada grupo de funções, os pesos são diferenciados. Cabe aqui, inclusive, o peso zero.

Logo, um gerente alocado em função estratégica e um empregado posicionado na primeira escala hierárquica da pirâmide organizacional são avaliados na mesma competência, mas com níveis de exigência e descrições de desempenho diferenciados.

Tal procedimento permite que a empresa tenha um retrato dos seus líderes em potencial.

A elaboração do instrumento exige análise e prática na descrição de competências, pois um comportamento descrito de forma generalizada dificulta a avaliação.

A descrição mais específica, que detalha diversos graus de desempenho, certamente facilita a tarefa do avaliador.

Vejamos um exemplo de indicador de desempenho descrito em seus graus:

Capacidade de apresentar resultados sob pressão

A. Quando, sob pressão, demonstra ansiedade excessiva. O descontrole emocional interfere de forma negativa no desempenho e nos resultados.

B. Ora apresenta controle emocional, ora descontrole, quando sob pressão. A instabilidade interfere no desempenho e no resultado de forma negativa.

C. Em grande parte das responsabilidades, mantém o controle emocional quando sob pressão. Nas vezes em que demonstra ansiedade, o desempenho e os resultados são prejudicados.

D. Consegue manter a tranqüilidade sob pressão; toma iniciativas, enfrenta desafios e gera bons resultados.

E. Ótimo desempenho quando sob pressão, obtendo resultados por meio da implementação de soluções aos problemas identificados.

F. Destaca-se pela facilidade com que obtém resultados sob pressão. Seleciona alternativas de forma perspicaz diante dos problemas, mantendo a tranqüilidade e garantindo os resultados.

7.6.1 Trabalhando os dados finais

O resultado de uma rede de avaliação de desempenho traz diversas informações que, se comparadas, poderão servir de orientação ao avaliado, a fim de melhorar sua performance.

O modelo desenvolvido pela MRG Consultoria e Treinamento Empresarial resulta em uma base de dados que permite diversas pesquisas, entre elas:

- Gráficos comparativos de performances.
- Listagens de colaboradores com desempenho abaixo do esperado.
- Listagem de colaboradores com desempenho desejado.
- Listagem de colaboradores com desempenho acima do esperado.
- Relatórios individuais de desempenho, entre outros.

7.6.2 Algumas telas

A tela 1 mostra a escala de classificação existente no sistema.

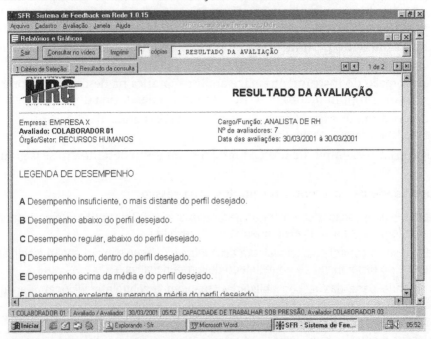

A tela 2 apresenta a forma como a avaliação é vista pelo avaliador. Por meio de uma senha pessoal, ele entra no sistema e preenche os dados solicitados para cada colaborador de sua rede.

Avaliação e gestão do desempenho

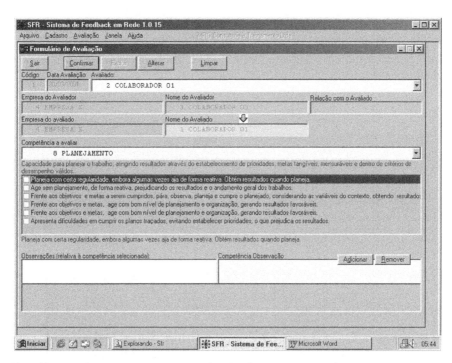

Além dessas telas, o gerente e o avaliado têm acesso a informações comparativas por intermédio de gráficos.

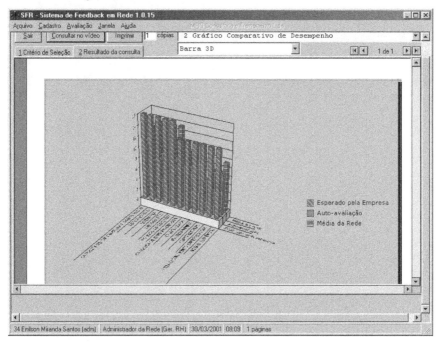

O gráfico anterior apresenta o resultado das médias esperadas pela empresa, de auto-avaliação e de rede.

Permite também ao avaliado se situar no contexto da empresa e orienta o gerente no monitoramento do desempenho.

Este gráfico de linhas aponta a média esperada pela empresa, a auto-avaliação e a rede.

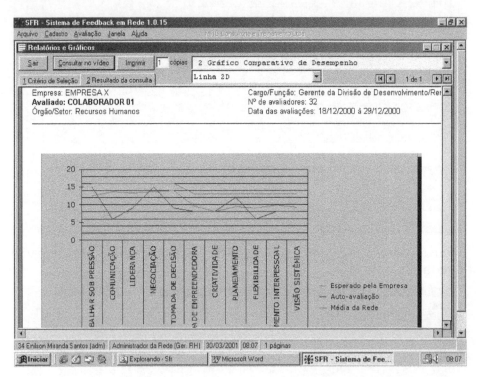

Capítulo 8

CASES: O MODELO NA PRÁTICA

Das empresas nas quais atuamos, quatro delas contribuíram com seus relatos.

A Robert Bosch apresenta seu modelo de forma abrangente, relatando a maneira como administra seu capital humano, incluindo os resultados alcançados.

Nossa atuação nessa empresa iniciou-se quando ela sentiu a necessidade de trabalhar o processo sucessório nos cargos gerenciais.

Usando a metodologia específica de definição de perfis de competências, partimos para a identificação de potenciais e talentos em dois projetos internos de preparação de sucessores na área gerencial.

O mesmo público vem passando por um programa de capacitação por competências, desenhado e executado por nossa equipe, com o objetivo de realinhar perfis e ampliar o domínio dessas competências. Uma boa parte dos participantes do banco de talentos já está atuando na área gerencial.

Já a TIM — Telecelular SUL enviou-nos o relato do seu banco de talentos interno.

Nessa empresa atuamos na definição das competências essenciais em etapas diferenciadas. Em um primeiro momento foram realizadas reuniões de mapeamento e definição de perfis com a diretoria, gerentes e supervisores de cada grupo de funções. Em seguida implantou-se o banco de talentos e forneceu-se a ferramenta de gestão do desempenho (avaliação 360 graus), que agregou ao seu escopo o plano de carreira e remuneração. Esse último trabalho foi realizado em parceria com a TIM e outra empresa de consultoria especializada em remuneração por competências.

O relato da ANTAQ – Agência Nacional de Transportes Aquaviários descreve, de forma resumida, a aplicação prática do modelo MRG de mapeamento de competências pela equipe interna da instituição, cujo trabalho resultou na definição das competências técnicas para sua grade de cargos.

A agência apresentou, na ocasião, necessidade de redesenhar seu modelo de gestão de pessoas, optando pela gestão por competências.

Nossa parceria incluiu o repasse da metodologia e a orientação na definição das competências de suporte. O trabalho foi realizado em um seminário no qual aplicamos ferramentas específicas para definir perfis. A equipe de Recursos Humanos teve o papel de dar continuidade ao processo.

Conforme descrito no case, o passo inicial foi a revisão da missão, do negócio, da visão de futuro e dos valores da instituição sob orientação da consultoria. A seguir, os trabalhos foram direcionados para o desenho do perfil de competências de suporte. Participaram do processo a equipe de profissionais da área de Recursos Humanos e representantes dos gestores de todas as unidades da ANTAQ, cuja contribuição foi decisiva para o alcance dos objetivos do projeto. Os dados coletados foram transformados em um relatório final que serviu de base para novas ações na linha de competências.

O case da Coelce – Companhia Energética do Ceará foi cedido pela instituição para publicação neste livro após uma visita técnica para conhecer seu projeto de competências.

O que me fez incluí-lo foi a similaridade com a proposta da MRG em sua essência e, principalmente, a estratégia adotada para a montagem e implementação das ações de desenvolvimento de competências, possíveis de serem realizadas por meio do mapa de competências.

Iniciado em 2004, os leitores poderão acompanhar o projeto em suas etapas, estratégias e fundamentos.

> Os relatos estão registrados na forma como foram recebidos pelas empresas em questão.

8.1 Case 1. Robert Bosch

Dados fornecidos por Carlos Alberto Maziero, coordenador de planejamento de carreira e desenvolvimento organizacional (Central, Campinas, SP); Antonio Marcos Vicentini, assessor profissional para o desenvolvimento de recursos humanos (Curitiba, PR); e Fábio Amaral Machado, analista de recursos humanos (Central, Campinas, SP).

Histórico da empresa

O início do Grupo Bosch se dá em Stuttgart, na Alemanha, em 1886, após o engenheiro Robert Bosch instalar na cidade uma pequena oficina de reparos elétricos e mecânicos. No ano seguinte, Robert Bosch desenvolve e inicia a produção do magneto de baixa voltagem, transformando a oficina em fábrica. Esse produto tornou-se um componente fundamental para o desenvolvimento do automóvel, impulsionando a empresa a se tornar uma das maiores fabricantes independentes de autopeças do mundo.

No início do século XX a Bosch já se transformara em grupo internacional, com fábricas fora da Alemanha. Além da fabricação, o desenvolvimento de novos produtos e a geração contínua de novas tecnologias tornaram-se pontos de destaque da marca e até hoje representam o principal diferencial competitivo da organização.

No Brasil, o projeto para a fabricação local de produtos Bosch começa em 1954, com a instalação de um escritório na praça da República, em São Paulo. Esse escritório serviu de base para a prospecção de áreas para a instalação da primeira fábrica brasileira. A cidade escolhida para a implantação foi Campinas (SP) e a fábrica começou a operar em 1958, abastecendo a incipiente mas potencialmente promissora indústria automobilística nacional.

Hoje, a Bosch mantém seis fábricas na região do Mercosul: uma em Aratu (Bahia), outra em Curitiba (Paraná), duas em Campinas e uma em São Paulo (SP), além da fábrica de Buenos Aires (Argentina).

Sistemas e componentes automotivos, ferramentas elétricas, máquinas, componentes e sistemas de automação industrial são os produtos fabricados pela Bosch no Brasil, que, além destes, ainda mantém atividades associadas com Siemens (eletrodomésticos), Ishida (máquinas de embalagens), Magnetti Marelli (faróis) e ZF (direção eletrônica).

A Bosch Mercosul oferece perto de dez mil empregos diretos e, além de abastecer o mercado regional, exporta para mais de 35 países das Américas, Ásia, África e Europa.

O modelo Bosch de retenção de talentos

A idéia de implantarmos o modelo de competências na Bosch surgiu em meados de 1998, quando percebemos a importância de identificar um perfil ideal de competências, bem como de mapear os *gaps* para o desenvolvimento dessas competências, utilizando um processo objetivo e confiável (*assessment center*) para verificação de performances individuais, potencializando sua integração às ferramentas já existentes na empresa, tais como: avaliação de desempenho (MAG), avaliação de potencial (MED), levantamento de necessidades de treinamento (LNT), entre outras.

O projeto tem o objetivo de constituir e desenvolver dois grupos estratégicos:

- *CDP — Círculo de desenvolvimento profissional:* profissionais estratégicos, que possam vir a ter um crescimento horizontal ou mesmo vertical, sem prazo definido, porém merecedores de um desenvolvimento especial, que venha ao encontro de suas expectativas de carreira.

- *Förderkreis (FK) — Círculo de potenciais:* profissionais com destacado potencial, identificados pela sucessão de cargos estratégicos que ocupam na estrutura organizacional e que receberão preparação específica para ocupar a posição planejada, de acordo com o prazo definido.

Para a estruturação do projeto foram considerados os seguintes aspectos:
- Cultura da empresa.
- Estrutura organizacional: níveis hierárquicos, perspectivas futuras da organização, cargos estratégicos e oportunidades de carreira.
- Perfil profissional desejado para atender à demanda futura da organização/negócio.
- Avaliação do perfil Bosch existente.

- Filosofia de base que prevê o processo de identificação e mapeamento de competências como mais uma fonte de referência para o desenvolvimento e aproveitamento de potenciais, em vez da eliminação de pessoas do processo.
- Escolha de uma metodologia de avaliação de potenciais que atendesse à organização e estivesse dentro de seus padrões de qualidade.

Esse projeto também foi o ponto de partida para a estruturação de um programa corporativo de retenção de talentos.

A implantação

Como ponto de partida do projeto iniciamos o trabalho de constituição dos dois grupos estratégicos acima citados: CDP e FK. Nessa etapa, a participação dos gestores foi fundamental, pois eles foram e sempre serão os responsáveis pela identificação dos profissionais estratégicos que formam os dois grupos.

Os critérios de identificação utilizados pelos gestores foram baseados na análise dos resultados da avaliação de desempenho (MAG), combinados com a avaliação de potencial (MED), ambos com aplicação anual.

O setor de recursos humanos de cada unidade fabril foi escolhido como facilitador desse processo, contando com a parceria de todas as áreas da empresa, por meio de seus gestores.

A partir disso o trabalho teve três etapas de desenvolvimento:

- O primeiro passo foi selecionar um grupo de pessoas-chave para iniciar as discussões sobre as competências importantes para o negócio da empresa. Esse grupo chegou a uma relação provisória de competências e cada uma delas teve seu conceito definido e desdobrado em 'conhecimentos', 'habilidades' e 'atitudes'.
- O segundo passo foi apresentar essa proposta ao nosso corpo gestor, que após análise e discussão ampla chegou a um consenso para o resultado final.
- O terceiro passo foi conseguir o comprometimento da diretoria com o programa por meio da apresentação formal do projeto. Nossa intenção foi obter a participação ativa no processo e no acompanhamento de resultados.

Perfil de competências Bosch

Definimos o mesmo perfil corporativo, pois os potenciais não são tratados como banco de talentos exclusivo da unidade fabril em que atuam, mas de toda a organização.

Esse perfil enfoca três tipos de competências:
- Estratégicas.
- Técnicas.
- De gestão.

Nosso investimento está fundamentado em doze competências, que constituem o foco de nossos programas de desenvolvimento. São elas:
- Capacidade empreendedora.
- Capacidade de trabalhar sob pressão.

- Comunicação.
- Criatividade.
- Cultura da qualidade.
- Flexibilidade.
- Liderança.
- Negociação.
- Planejamento.
- Relacionamento interpessoal.
- Tomada de decisão.
- Visão geral.

Desdobramento do projeto

Os funcionários identificados como potenciais, após serem envolvidos no processo pelos próprios gestores, são convidados a participar de uma reunião inaugural, na qual tomam conhecimento de todos os conceitos e atividades que compõem os programas (CDP e FK) de forma sistematizada e objetiva.

Cada profissional recebe informações claras sobre os motivos de sua inclusão no banco de talentos.

Em seguida, os funcionários potenciais participam de um *assessment center* de dois dias, em turmas com até doze participantes, evento no qual são envolvidos em atividades simuladas, jogos de empresa, dinâmicas de grupo etc.

O objetivo do *assessment center* é mapear os *gaps* de desenvolvimento individual e grupal, visando a realização de um planejamento de medidas de desenvolvimento para aperfeiçoamento dessas competências.

Faz parte do processo a entrevista devolutiva, realizada individualmente e que demonstra o estágio de desenvolvimento do funcionário em cada competência, resultando no comprometimento desse funcionário com seu autodesenvolvimento.

Vale ressaltar que esse processo não é eliminatório, pois visa apenas priorizar as competências passíveis de desenvolvimento, bem como as que estão dentro do desempenho esperado.

Depois dessa fase temos em mãos uma base de dados que serve de orientação para a elaboração dos planos de desenvolvimento individuais e grupais, visando ampliar as competências desejáveis.

Projeto de sucessão Bosch

A Bosch já possuía um processo de sucessão e preparação para novos cargos da estrutura organizacional.

Como melhoria contínua desse processo, avançamos na estratégia e na metodologia adotadas, passando a contar com a parceria da MRG Consultoria e Treinamento Empresarial.

O BIT — Banco de Identificação de Talentos possibilita a proatividade no desenvolvimento e na preparação dos funcionários para ocupar os cargos planejados.

Verificamos que depois da implantação do banco de talentos e das ações geradas pelo projeto, os colaboradores sentem-se mais preparados para assumir novos cargos ou funções.

Foco atual do banco de talentos

Desenvolver potenciais e suprir eventuais necessidades de promoções, remanejamentos e crescimento profissional, abordando também o crescimento horizontal.

Estamos usando a base de informações geradas pelo BIT para orientar o desenvolvimento do potencial (como bússola).

Nosso modelo atual de gestão por competências ainda não abrange a área de remuneração, porém, estamos em fase de planejamento para a implantação desse módulo.

Capacitação

A base BIT/MRG é consultada na definição dos planos e projetos de capacitação por competências. Assim, as pesquisas ajudam a definir:

- As competências a serem desenvolvidas (planos de desenvolvimento gerais).
- Planos de desenvolvimento individuais.
- Público-alvo para ações específicas.
- Outras ações relativas ao desenvolvimento pessoal e profissional dos funcionários.

Estamos investindo no desenvolvimento das competências dos colaboradores incluídos nos grupos CDP e FK, nos quais já realizamos alguns seminários:

- Comunicação e feedback.
- Liderança empreendedora.
- Capacidade empreendedora.
- Conscientização para o autodesenvolvimento.

Resultados do projeto como um todo

- Valorização individual dos funcionários, que passaram a perceber a preocupação e o investimento da empresa no seu desenvolvimento.
- O despertar para o autodesenvolvimento.
- Retenção de talentos internos, uma vez que os programas de sucessão focam os que estão atendendo ao perfil desejado ou que estão se destacando em determinadas competências.
- Formação de profissionais que atuam como massa crítica, questionando as práticas atuais na gestão de pessoas e sugerindo mudanças.
- Obtenção de desempenho e de resultados mais destacados.

8.2 Case 2. TIM – Telecelular SUL

Banco de Identificação de Talentos

Dados fornecidos por Marcia Jacomassi, gerente de desenvolvimento e treinamento e coordenadora do projeto relatado, e Richard Allan Vieira, gerente de recursos humanos.

Talentos e competências

Ao trabalhar competências, partimos do pressuposto de que a arquitetura do aprendizado é a ponte entre as competências previamente identificadas, o *gap* de performance constatado, o ambiente de trabalho existente e as necessidades de atualização e complementação dos conhecimentos necessários em ações de aprendizado.

Em nosso *case* vamos relatar de forma resumida como estamos utilizando a metodologia BIT/MRG para formar nosso banco de identificação de talentos.

O que é o BIT — Banco de Identificação de Talentos

É um projeto para identificar potenciais e talentos a partir dos perfis de competências comportamentais definidos pela empresa.

Finalidade do BIT

Mapear as competências comportamentais, identificando os resultados dos colaboradores cujas competências estão situadas abaixo das expectativas, no nível esperado ou acima das expectativas. Essas informações, agrupadas em uma base de dados informatizada, permitem a formação e o monitoramento de nossos talentos.

Como surgiu a necessidade da formação do banco de talentos na TIM

Por causa da concorrência internacional e da nova realidade mercadológica, despertamos para algumas competências necessárias à manutenção de nossa liderança e que seriam a base para o reconhecimento da TIM como referencial no mercado de telefonia móvel.

Com forte orientação para resultados, decidimos implementar o plano de desenvolvimento interno, voltado especialmente para descobrir novos talentos, desenvolver habilidades e oferecer suporte para que cada colaborador melhore suas competências e seu desempenho profissional.

Além de conhecermos as potencialidades do nosso quadro, também queríamos estimular nossos colaboradores a buscar o autodesenvolvimento e compartilhar com cada um essa responsabilidade.

O foco atual da empresa

Iniciamos o programa na área comercial em 1999, com os profissionais das áreas de negócios, vendas e *call center*.

Ao comprovarmos a efetividade desse programa e constatarmos que ele permite que a TIM avalie o potencial e os pontos a desenvolver de cada colaborador, orientando-os em suas ações de forma a suprir as necessidades pessoais e da empresa, estendemos o programa para toda a organização.

Nossa intenção é que, pelo autoconhecimento, todos estejam preparados para enfrentar de forma compartilhada a nova realidade do mercado.

Competências TIM

Foram escolhidas onze competências, seis delas com foco em pessoas:

- *Capacidade de trabalhar sob pressão:* capacidade de responder às demandas adotando alternativas de forma perspicaz e implementando soluções efetivas diante de problemas identificados, considerando suas prováveis conseqüências. Manutenção do equilíbrio emocional nas situações de tensão.

- *Comunicação:* capacidade de expressar-se de forma clara, precisa e objetiva, bem como habilidade para ouvir, processar e compreender o contexto da mensagem, argumentar com coerência usando o feedback de forma adequada, facilitando a interação entre as partes.
- *Flexibilidade:* habilidade para adaptar-se oportunamente às diferentes exigências do meio, sendo capaz de rever sua postura perante argumentações convincentes.
- *Liderança:* capacidade para catalisar os esforços grupais, de forma a atingir ou superar os objetivos organizacionais, estabelecendo um clima motivador, a formação de parcerias e o desenvolvimento de equipe. Facilidade para identificar novas oportunidades de ação e capacidade de tomar decisões, propor e implementar soluções a problemas e necessidades que se apresentam de forma assertiva, inovadora e adequada.
- *Negociação:* capacidade de se expressar e de ouvir o outro, buscando o equilíbrio de soluções satisfatórias nas propostas apresentadas pelas partes quando há conflitos de interesse. Observar o sistema de troca que envolve o contexto e atuar com base no 'ganha-ganha'.
- *Relacionamento interpessoal:* habilidade para interagir com as pessoas de forma empática, inclusive diante de situações conflitantes, demonstrando atitudes assertivas, comportamentos maduros e não combativos. Facilidade para obter a adesão da equipe nas propostas de empreendimento.

Cinco competências com foco em processos:
- *Capacidade empreendedora:* facilidade para identificar novas oportunidades de ação e capacidade de propor e implementar soluções a problemas e necessidades que se apresentam de forma assertiva, inovadora e adequada.
- *Criatividade:* capacidade para conceber soluções inovadoras viáveis e adequadas para as situações apresentadas.
- *Cultura da qualidade:* postura orientada para a busca contínua da satisfação das necessidades e superação das expectativas dos clientes internos e externos.
- *Planejamento:* capacidade de obter resultados por meio de métodos que contêm objetivos, metas, estratégias, medidas de desempenho e ferramentas para verificar performances.
- *Tomada de decisão:* capacidade para selecionar alternativas de forma sistematizada e perspicaz, obtendo e implementando soluções adequadas diante de problemas identificados, considerando limites e riscos.

O processo de identificação das competências

Programa desenvolvido em doze horas, com uma metodologia participativa, vivencial e lúdica que permite criar situações nas quais os participantes colocam em prática as competências necessárias ao perfil do cargo.

Os participantes recebem feedback em dois momentos:
- Após o término do seminário, o participante recebe feedback individual e é efetivado por meio de um instrumento sinalizador que indica sua performance em comparação com o perfil desejado. Nesse momento, o profissional

que está fornecendo o retorno registra as expectativas individuais e metas de autodesenvolvimento de cada pessoa.
- O participante também recebe os relatórios e orientações do ARH — Desenvolvimento e Treinamento sobre sua performance e os próximos passos para o PDI — Plano de Desenvolvimento Individual.

Utilização dos dados gerados pelo BIT

Os dados do BIT poderão ser utilizados para:
- Formação de equipes em projetos específicos.
- Planos de desenvolvimento e treinamento.
- Promoções e remanejamentos.
- Orientações aos colaboradores para o autodesenvolvimento.

A seqüência do BIT

Uma das metas do programa é identificar os novos talentos, ou seja, buscar dentro da empresa colaboradores que possam concorrer a uma promoção ou participar de algum projeto específico.

Banco de talentos × remuneração

O BIT é um instrumento que não interfere na remuneração dos colaboradores.

Estamos procurando reter nossos talentos, oferecendo oportunidades de participação nos desafios na empresa. Estimulamos a criatividade, a comunicação, o trabalho em equipe, o espírito de liderança, independentemente de promoção ou remuneração.

O sucesso da empresa e o sucesso profissional significam a mesma coisa para a TIM, e já estamos oferecendo programas específicos para nossos colaboradores optarem pelo desenvolvimento pessoal e profissional.

Responsabilidades pelas observações e registros no banco de dados para o mapeamento de competências dos colaboradores TIM

O processo de verificação de competências é realizado, em um primeiro momento, pela empresa terceirizada MRG Consultoria e Treinamento Empresarial.

A avaliação é realizada em seminário vivencial de doze horas, no qual os colaboradores participam de atividades variadas, tais como:
- Entrevista-pesquisa anterior ao seminário.
- Jogos e dinâmicas selecionados de acordo com o perfil exigido do grupo.
- Discussões orientadas para a observação do nível de entendimento individual sobre cada competência.
- Desafios individuais e em equipes que reproduzem de forma simulada os processos de trabalho.
- Autodiagnósticos.

Mediante metodologia específica, os consultores observam e registram os resultados no sistema BIT/MRG, que fornece diversos relatórios de saída, entre eles o sinalizador de potencial — utilizado para a entrevista de feedback individual.

No segundo momento, os participantes do processo têm toda a liberdade e são estimulados a procurar a equipe de RH — Desenvolvimento e Treinamento, em Curitiba, para sanar suas dúvidas e pedir aconselhamento.

Nossas premissas sobre retenção de talentos

O conhecimento está nas pessoas e é o capital humano que gera a riqueza, por isso é tão importante gerenciar o conhecimento existente dentro das organizações.

Talento profissional
- Possui competências desenvolvidas acima das expectativas.
- Desenvolve a melhor maneira de fazer o trabalho.
- Supera metas, agregando valor.

Talento gerencial
- Apresenta combinação elevada de habilidades técnicas e comportamentais.
- Desperta sentimentos de boa vontade, lealdade e entusiasmo nas pessoas.
- Supera metas, agregando valor.

8.3 Case 3. ANTAQ – Agência Nacional de Transportes Aquaviários

Relato enviado por Maria Izabel Chaves Marques, psicóloga com diversas especializações em gestão e gerente de recursos humanos da ANTAQ.

Dados sobre a ANTAQ

A ANTAQ — Agência Nacional de Transportes Aquaviários, criada pela Lei n. 10.233, de 5 de junho de 2001, é entidade integrante da administração federal indireta, submetida ao regime autárquico especial, com personalidade jurídica de direito público, independência administrativa, autonomia financeira e funcional, mandato fixo de seus dirigentes, vinculada ao Ministério dos Transportes, com sede e foro no Distrito Federal, podendo instalar unidades administrativas regionais.

Tem como finalidade regular, supervisionar e fiscalizar as atividades de prestação de serviços de transporte aquaviário e de exploração da infra-estrutura portuária e aquaviária, harmonizando os interesses do usuário com os das empresas prestadoras de serviço, preservando, assim, o interesse público.

Introdução

A tendência das organizações atualmente é a migração de um modelo de gestão voltado para estratégias, estruturas e pessoas para outro mais arrojado e compatível com um mundo que a cada dia vem dando mais valor ao ser humano, levando as instituições a adotar, cada vez mais, um modelo de gestão focado em pessoas, processos e resultados.

O modelo de gestão de pessoas por competências permite, a partir da análise das atribuições do cargo e do regimento interno, a definição das competências necessárias para a realização eficaz de tais atribuições.

Nesse contexto, as pessoas contribuem para a organização onde atuam com aquilo que aprenderam nas instituições de ensino, com suas experiências de vida (conhecimentos: o que a pessoa precisa saber para desempenhar uma tarefa), com o saber fazer as coisas (habilidades: o domínio de técnicas e a demonstração de um talento particular na prática) e que permitem atingir os objetivos estratégicos da organização. Porém, não adianta muito conhecer e saber como fazer se não se tem vontade e determinação de querer fazer as coisas, de ter atitudes (um talento natural da pessoa, que pode vir a ser aprimorado) que propiciem o atendimento das metas da instituição.

A vantagem de trabalhar com o modelo de gestão de pessoas por competência é que esse modelo permite direcionar o foco, concentrando energia no que é necessário executar para que a instituição alcance suas metas, encarando o trabalho não como um conjunto de tarefas associadas ao cargo, mas como o prolongamento direto da competência que o indivíduo mobiliza para atender às demandas profissionais, cada vez mais complexas.

O modelo de gestão de pessoas por competências permite elaborar políticas e práticas que possibilitam prospectar e identificar competências com a finalidade de:

- Desenvolver os conhecimentos, habilidades e atitudes necessários para a implementação das atividades de cada unidade organizacional da instituição.
- Auxiliar no levantamento de novas competências organizacionais e no desenvolvimento das existentes.
- Desenvolver as competências individuais para que as pessoas possam, de fato, executar seu trabalho e agregar valor a ele e à organização.

Contexto organizacional ANTAQ

Para definir as competências necessárias e requeridas do profissional ANTAQ a partir das atribuições do cargo e do regimento interno, é fundamental, preliminarmente, que todos os seus integrantes conheçam e disseminem na instituição qual o negócio, a visão de futuro, a missão institucional e os valores acordados, consensualmente, para a instituição e seu capital humano.

- *Negócio:* "Regulação e fiscalização da prestação de serviços portuários e de transportes aquaviários".
- *Visão de futuro:* "Ser reconhecida e respeitada pela sociedade como uma agência de excelência na fiscalização e regulação de serviços de transportes aquaviários e atividades portuárias, na defesa dos direitos dos usuários e garantidora de regras estáveis para o investidor".
- *Missão:* "Regular e fiscalizar, com eficiência e qualidade, os serviços de transportes aquaviários e portuários, visando a adequada remuneração dos investidores e a satisfação do usuário".
- *Valores:* "Conhecimento, cooperação, criatividade, harmonia, honestidade, integração, lealdade, relacionamento, responsabilidade e tolerância".

Mapeamento de competências comportamentais (de suporte)

O mapeamento das competências comportamentais das unidades organizacionais ou de negócios da ANTAQ foi realizado a partir da análise das atribuições definidas no regimento interno da agência e das atribuições definidas para os servidores ocupantes dos cargos criados para compor o quadro de pessoal efetivo.

Inicialmente foram identificadas dezesseis competências comportamentais/de suporte, conforme o quadro a seguir.

Competências comportamentais por unidade organizacional

As dezesseis competências comportamentais identificadas na agência estão distribuídas por unidade organizacional, como se segue:

Unidade organizacional	Competências comportamentais
1. Diretoria	2. Capacidade empreendedora 11. Planejamento 13. Tomada de decisão 15. Visão do negócio 16. Visão sistêmica
2. Gabinete do diretor	3. Capacidade negocial 4. Comunicação e interação 16. Visão sistêmica
3. Assessoria de comunicação social	1. Capacidade de trabalhar sob pressão 4. Comunicação e interação 5. Criatividade e inovação 12. Relacionamento interpessoal 15. Visão do negócio
4. Assessoria parlamentar	4. Comunicação e interação 12. Relacionamento interpessoal 15. Visão do negócio
5. Assessoria internacional	3. Capacidade negocial 5. Comunicação e interação 10. Orientação para resultados 15. Visão do negócio

(continua)

(continuação)

6. Secretaria geral	1. Capacidade de trabalhar sob pressão 9. Organização 12. Relacionamento interpessoal 14. Trabalho em equipe 15. Visão do negócio 16. Visão sistêmica
7. Procuradoria geral	3. Capacidade negocial 4. Comunicação e interação 15. Visão do negócio
8. Ouvidoria	4. Comunicação e interação 7. Iniciativa e dinamismo 12. Relacionamento interpessoal 15. Visão do negócio
9. Corregedoria	1. Capacidade de trabalhar sob pressão 4. Comunicação e interação 9. Organização
10. Auditoria	4. Comunicação e interação 9. Organização 10. Orientação para resultados 14. Trabalho em equipe
11. Superintendência de portos	1. Capacidade de trabalhar sob pressão 2. Capacidade empreendedora 6. Gerenciamento de talentos 10. Orientação para resultados 11. Planejamento 15. Visão do negócio 16. Visão sistêmica
12. Superintendência de navegação	1. Capacidade de trabalhar sob pressão 2. Capacidade empreendedora 6. Gerenciamento de talentos 10. Orientação para resultados 11. Planejamento 15. Visão do negócio 16. Visão sistêmica

(continua)

(continuação)

13. Superintendência de administração e finanças	1. Capacidade de trabalhar sob pressão 2. Comunicação e interação 6. Gerenciamento de talentos 10. Orientação para resultados 11. Planejamento 12. Relacionamento interpessoal 14. Trabalho em equipe 15. Visão do negócio 16. Visão sistêmica
14. Unidades regionais de administração	1. Capacidade de trabalhar sob pressão 2. Comunicação e interação 6. Gerenciamento de talentos 10. Orientação para resultados 12. Relacionamento interpessoal 14. Trabalho em equipe 15. Visão do negócio 16. Visão sistêmica

Definição operacional das competências comportamentais identificadas na ANTAQ

A definição operacional das competências funcionou como pano de fundo para a adoção dos diversos instrumentos do modelo, inclusive para a definição e descrição das competências técnicas.

Competência	Descrição
1. Capacidade de trabalhar sob pressão	Facilidade para identificar prioridades e garantir resultados, definindo as melhores ações mesmo em condições adversas, mantendo o equilíbrio pessoal e obedecendo ao binômio 'qualidade e prazo'.
Conhecimentos	**Habilidades**	**Atitudes**
Do próprio trabalho. Do negócio como um todo. Dos sistemas de gestão existentes na instituição. Do gerenciamento da rotina (gestão por resultados). Do gerenciamento por diretrizes (gestão por diretrizes). De metodologias de solução de problemas e tomada de decisão.	Para gerenciar e/ou executar projetos de natureza diferente simultaneamente, gerando resultados. Enfrentar cobranças e, mesmo sobre pressão, gerar resultados. Distinguir trabalhos essenciais (importantes para o negócio) de prioritários (urgentes/que devem ser resolvidos ou que afetam a equipe) ou acidentais (podem ser deixados para depois sem afetar a instituição e as pessoas). Atentar aos prazos estabelecidos, mantendo a qualidade. Gerar alternativa em prazos curtos.	Mantém equilíbrio emocional quando sob pressão. É tranqüilo(a) quando sob pressão. Reconhece o valor da organização do trabalho para facilitar a execução. Procura estabelecer prioridades. Demonstra autoconfiança. Demonstra confiança nos outros.

Competência	Descrição
2. Capacidade empreendedora	Facilidade para identificar novas oportunidades de ação e capacidade para propor e implementar soluções aos problemas e necessidades que se apresentam de forma assertiva e adequada ao contexto.
Conhecimentos	**Habilidades**	**Atitudes**
Das informações estratégicas da ANTAQ. Dos cenários e tendências de mercado. Do domínio do seu negócio/serviço.	Analisar problemas e tomada de decisões. Estabelecer objetivos e metas realistas e oportunas. Planejar e implementar planos. Implementar suas idéias, acompanhando as atividades e promovendo melhoria. Saber criar alternativas novas e eficazes de soluções aos problemas detectados. Obter resultados por meio da ação. Ser resiliente. Tomar decisões diante de impasses ou incertezas. Agir com autonomia e responder pelos riscos assumidos e resultados atingidos. Atuar com dinamismo e determinação.	Toma iniciativa, é proativo, busca informações. Demonstra possuir clareza de propósitos. Estabelece parcerias e negociações para obter resultados. Demonstra interesse, disponibilidade e comprometimento. Demonstra energia e entusiasmo. Não desanima quando algo dá errado (persistência). Interessa-se por novas soluções (flexibilidade). Demonstra gostar de vencer, alcançar metas e obter resultados (dinamismo). Demonstra ser persistente na implantação das soluções. Gosta de desafios.

Competência	Descrição	
3. Capacidade negocial	Capacidade de se expressar e de ouvir o outro, buscando o equilíbrio de soluções satisfatórias nas propostas apresentadas pelas partes.	
Conhecimentos	**Habilidades**	**Atitudes**
Das técnicas de negociação. Do serviço a negociar. Do mercado e concorrentes.	Preparar antecipadamente os planos de negociação. Demonstrar segurança e tranqüilidade. Perceber oportunidades de fechamento de transações. Obter, com postura de empatia, a melhor negociação para a empresa. Reagir com tranqüilidade, persuasão e argumentos combativos. Negociar com atenção concentrada. Ouvir os argumentos da outra parte com tranqüilidade e argumentar com propriedade.	Valoriza o planejamento e a organização de informações antes de iniciar a negociação. Demonstra flexibilidade. Interessa-se em conhecer estratégias e táticas. Valoriza resultados ganha-ganha. Inspira confiança. Ouve argumentos da outra parte com tranqüilidade e argumenta com propriedade. Demonstra interesse em criar estratégias e táticas antes da negociação.

Competência	Descrição
4. Comunicação e interação	Capacidade para interagir com as pessoas, apresentando facilidade para ouvir, processar e compreender a mensagem. Facilidade para transmitir e argumentar com coerência e clareza, promovendo feedback sempre que necessário.

Conhecimentos	Habilidades	Atitudes
Dos processos de comunicação. Das técnicas de expressão verbal. Dos meios de comunicação disponíveis na ANTAQ. Das tecnologias de informação utilizadas na ANTAQ. De técnicas de feedback. Da língua portuguesa. De dinâmica e comportamento das pessoas nos grupos. De autoconhecimento.	Apresentar a comunicação falada, escrita ou gráfica de forma organizada e correta. Comunicar-se por meio de argumentos, fatos e dados coerentes. Manter a equipe atualizada, informando fatos novos. Saber ouvir, dar e receber feedback de forma educada e cortês. Saber se comunicar, de forma que os outros entendam. Usar termos adequados ao contexto. Interpretar a comunicação com propriedade (entender). Não ser prolixo (subjetivo e cansativo). Contornar situações conflitantes com propriedade e flexibilidade.	Mantém-se atualizado(a). Adota postura de escuta e interesse no que os outros falam. Busca informações e pergunta quando tem dúvidas. Nas discussões, esclarece seus pontos de vista quando os outros necessitam. Demonstra otimismo e bom humor, mas sem exageros. Reage de forma natural a feedback que inclui críticas. Oferece feedback com propriedade, cortesia e respeito para com a outra parte (mesmo quando esse feedback inclui crítica). Mantém bom relacionamento com clientes/usuários, fornecedores e comunidade. Busca aproximação com as pessoas e é receptivo aos contatos. Mostra-se disponível para ajudar e cooperar com as equipes. Quando se dirige às pessoas, age com flexibilidade e obtém atenção.

Competência	Descrição
5. Criatividade e inovação	Capacidade para conceber soluções inovadoras, viáveis e adequadas para as situações apresentadas.
Conhecimentos	**Habilidades**	**Atitudes**
---	---	---
De técnicas de resolução de problemas. Das ferramentas da criatividade.	Capacidade para pensar divergente e convergente (focar e desfocar idéias). Usar a imaginação para resolver problemas. Fazer uso de analogias e/ou metáforas. Colocar idéias em ação. Estruturar idéias novas de forma que os outros entendam. Usar estratégias criativas para resolver problemas. Adotar métodos diferenciados para situações específicas. Propor novas formas de trabalho.	Busca formas diferentes de trabalho. Apresenta facilidade de gerar novas idéias. Tem disponibilidade para ouvir e aproveitar as idéias dos outros. Mantém atitude espontânea. Demonstra estabilidade emocional e bom humor. Propõe formas diferentes de trabalho.

Competência	Descrição
6. Gerenciamento de talentos	Capacidade para avaliar o colaborador, identificar necessidades de desenvolvimento e traçar planos de capacitação, responsabilizando-se pela formação e carreira de sua equipe.

Conhecimentos	Habilidades	Atitudes
Do perfil esperado de acordo com o cargo e função desempenhados. Ferramentas de treinamento e desenvolvimento da empresa. Plano de carreira institucional. Técnicas de avaliação e identificação de perfil.	Saber identificar o perfil dos colaboradores e proporcionar ações de desenvolvimento conforme as necessidades existentes. Esclarecer aos servidores e colaboradores quanto às exigências/perfil do cargo, bem como em relação aos resultados de desempenho esperados. Estimular as pessoas a atingir os resultados e orientar quando há desvios. Oferecer alternativas de treinamento. Estimular os colaboradores em relação ao autodesenvolvimento e melhoria das competências organizacionais. Acompanhar a execução dos trabalhos. Oferecer espaços à equipe para resolver problemas por meio de orientações e acompanhamento. Proporcionar desafios. Ensinar sempre que necessário. Fornecer informações sobre perspectivas profissionais.	Acredita que é possível uma pessoa desenvolver uma característica, por mais difícil que possa parecer. Incentiva e orienta o autodesenvolvimento. Reconhece-se como formador e desenvolvedor de pessoas. Demonstra interesse pelos servidores e colaboradores, orientando-os e esclarecendo suas dúvidas. Valoriza o ser humano. Instiga as pessoas a refletir sobre si mesmas. Prepara o grupo para assumir novos desafios. Tem bom senso e age com ética. Acredita no próprio potencial.

Competência	Descrição
7. Iniciativa e dinamismo	Capacidade de demonstrar envolvimento e comprometimento com o trabalho, bem como iniciativa para a ação.

Conhecimentos	Habilidades	Atitudes
De empreendedorismo. De teorias motivacionais.	Iniciar a ação. Colocar projetos em prática. Envolver as pessoas nas ações planejadas. Obter resultados pela ação. Manter a energia diante de trabalhos que exigem maior dedicação. Encarar novos desafios com motivação. Manter o clima de produtividade da equipe. Estimular e fazer com que as pessoas também se tornem dinâmicas.	Demonstra automotivação. Demonstra auto-estima. Domina o medo de errar. Demonstra bom humor. Apresenta disponibilidade para ajudar e participar. Demonstra interesse pelo novo. Demonstra mobilidade para mudar quando surge uma situação nova. Apresenta flexibilidade de idéias. Gosta de iniciar as ações.

Competência	Descrição	
8. Liderança	Capacidade de demonstrar envolvimento e comprometimento com o trabalho, bem como iniciativa para a ação.	
Conhecimentos	**Habilidades**	**Atitudes**
Das funções e papéis da liderança de vanguarda: apoiar, acompanhar, orientar, delegar, treinar etc. Dos estilos de liderança assertivos (positivos, que levam a resultados satisfatórios ou além do esperado) e não assertivos (que impedem o alcance de resultados). Do próprio trabalho (competências técnicas). Do negócio como um todo. Das principais funções do papel de liderança. Do perfil de competências esperado pela instituição. Das metas, diretrizes, estratégias e valores da instituição. Da dinâmica e comportamento das pessoas no grupo. Dos estilos pessoais de atuação em equipe e como maximizar resultados aproveitando os perfis. Dos princípios da inteligência emocional (lidar com medo, alegria, raiva, tristeza e amor). Do autoconhecimento.	Conseguir manter a equipe comprometida com resultados e metas. Criar um clima de entusiasmo e envolvimento. Estimular, aceitar e valorizar as opiniões e contribuições pertinentes da equipe. Agir com flexibilidade e abertura ao novo. Conseguir estimular as pessoas a efetivar as mudanças necessárias ao alcance de melhores resultados. Conseguir passar vibração e energia para a equipe. Adotar palavras de estímulo, reconhecendo os resultados. Obter a atenção e o respeito das pessoas. Acompanhar e participar do andamento dos trabalhos, colocando-se disponível caso haja necessidade. Avaliar e, se necessário, reorientar as ações, obtendo a colaboração das pessoas. Agir com foco nas atividades e projetos das equipes, na busca dos objetivos organizacionais.	Respeita as pessoas. Demonstra possuir valores construtivos, tais como: confiança, ética, honestidade, justiça, lealdade. Tem facilidade para convencer o grupo a seguir suas orientações. Demonstra satisfação com os resultados alcançados em grupo. Vibra e passa energia para o grupo. Preocupa-se com resultados e metas. Incentiva o desenvolvimento das pessoas. Usa da imparcialidade na tomada de decisão.

Competência	Descrição
9. Organização	Capacidade de organizar as ações de acordo com o planejado, de forma a facilitar a execução.
Conhecimentos	**Habilidades**	**Atitudes**
Básicos sobre organização pessoal e do trabalho. Básicos sobre ferramentas de uso diário.	Usar os recursos de acordo com prioridades estabelecidas. Cuidar do *layout* do ambiente. Apresentar resultados de forma clara, objetiva e sistematizada. Usar ferramentas de apoio para a organização do trabalho. Manter relatórios de resultados sempre à mão. Organizar as atividades.	Valoriza a organização pessoal. Reserva um tempo antes de iniciar o trabalho para organizar o local. Mantém o que necessita sempre à mão. Orienta e estimula os outros a se organizar. Divulga as vantagens da organização no alcance de resultados.

Competência	Descrição
10. Orientação para resultados	Capacidade de trabalhar sob a orientação de objetivos e metas, focando os resultados a alcançar.
Conhecimentos	**Habilidades**	**Atitudes**
Do negócio. Do mercado. Das ferramentas de gestão disponíveis na instituição. Dos processos de trabalho.	Atuar de acordo com os planos. Obter resultados. Manter padrão de qualidade em seu trabalho. Cumprir metas. Perseguir objetivos. Analisar contextos identificando indicadores favoráveis a resultados.	Valoriza resultados. Enxerga-se como dono do negócio. Apresenta posturas que indicam seu comprometimento com resultados. Mantém o foco nas metas e resultados.

Competência	Descrição
11. Planejamento	Capacidade para planejar e organizar as ações para o trabalho, buscando resultados por meio do estabelecimento de prioridades, metas tangíveis e mensuráveis, focando os resultados a serem atingidos.

Conhecimentos	Habilidades	Atitudes
Sobre planejamento tático e operacional. De técnicas de reunião. De softwares de suporte. De organização de agenda de trabalho.	Estabelecer objetivos e montar estratégias para colocar em ação. Definir metas com propriedade, que sejam mensuráveis, atingíveis e que contenham desafios. Monitorar os resultados por meio de gráficos, ferramentas, controles visuais etc. Definir padrões de desempenho. Identificar e corrigir desvios detectados no desenvolvimento de projetos/atividades. Atuar voltado para resultados e obtê-los dentro dos prazos estabelecidos. Delegar tarefas quando necessário. Avaliar o que é urgente e importante. Administrar o tempo.	Demonstra gosto pela organização do local de trabalho. Busca informações sobre recursos disponíveis. Valoriza plano e estratégias. Divulga para o grupo a importância dos planos. Separa o que é importante do que é urgente. Assume compromissos com as metas traçadas.

Competência	Descrição
12. Relacionamento interpessoal	Habilidade para interagir com as pessoas de forma empática, inclusive diante de situações conflitantes, demonstrando atitudes assertivas, comportamentos maduros e não combativos.

Conhecimentos	Habilidades	Atitudes
Da dinâmica e funcionamento dos grupos. Dos princípios da inteligência emocional.	Argumentar com propriedade e respeito aos outros. Conseguir a atenção e colaboração das pessoas de sua equipe. Ser agradável nos contatos e angariar a simpatia do grupo. Contornar situações conflitantes com propriedade e flexibilidade. Interagir com as pessoas de maneira espontânea, obtendo adesão às suas idéias. Dar **feedback** sempre que as pessoas se destacarem em algo. Estabelecer clima de confiança. Manter bom relacionamento. Conseguir a atenção e colaboração de sua equipe.	Mantém bom relacionamento com usuários e fornecedores. Demonstra comportamentos não combativos. É bem-humorado. Busca aproximação e contato com as pessoas. É receptivo(a) à aproximação das pessoas. Reage naturalmente aos contatos. Mostra-se disponível para ajudar e cooperar nos grupos. Reage de forma educada às provocações. Adota postura de escuta e interesse no que os outros falam nas discussões. Age com flexibilidade e obtém atenção quando se dirige às pessoas.

Competência	Descrição
13. Tomada de decisão	Capacidade de buscar e selecionar alternativas, identificando aquela que garanta o melhor resultado, cumprindo prazos definidos e considerando limites e riscos.

Conhecimentos	Habilidades	Atitudes
Do próprio trabalho (competências técnicas). Dos sistemas gerenciais que envolvem a decisão. Da organização como um todo. De metodologias de solução de problemas e tomada de decisão.	Tomar decisões relativamente rápidas e visando à melhoria contínua. Enfrentar situações arriscadas com assertividade e responsabilidade. Analisar o contexto da tomada de decisão, calculando os riscos. Tomar decisões orientadas para os clientes internos e externos. Conseguir argumentar e convencer as pessoas em relação à pertinência da decisão (capacidade de persuasão). Assumir posições quando há situações conflitantes. Adotar métodos para tomar decisões. Perceber quando o emocional está interferindo nas decisões.	Pensa, pondera e decide antes de agir. Considera o contexto que envolve a decisão (cenários, tendências, variáveis, indicadores etc.). Demonstra bom senso e segurança. Demonstra autoconfiança. Gosta de desafios e enfrenta riscos com tranqüilidade. Assume responsabilidade pelas decisões tomadas. Estimula o debate, evitando colocar-se como 'dono da verdade'. Demonstra não se deixar levar pelas emoções em situações de tensão. Demonstra possuir valores construtivos, tais como: ética, honestidade, justiça.

Competência	Descrição
14. Trabalho em equipe	Capacidade para desenvolver ações compartilhadas, catalisando esforços por meio da cooperação mútua.

Conhecimentos	Habilidades	Atitudes
Da dinâmica e estrutura de funcionamento dos grupos. Das técnicas de comunicação.	Interagir com os membros do grupo de forma espontânea. Obter a colaboração, a participação e o comprometimento do grupo na busca de resultados. Participar ativamente dos trabalhos e deixar espaço para a participação dos demais. Avaliar sua participação e também do restante do grupo, considerando os resultados esperados. Conseguir ouvir e se fazer entender. Manter a comunicação com clareza e objetividade. Descontrair o ambiente e preservar o humor mesmo diante de dificuldades. Integrar novos membros à equipe.	Disponibilidade para ajudar os outros. Respeita os pontos de vista das pessoas. Sabe expor seus pontos de vista sem desvalorizar o dos outros. Respeita as diferenças individuais. Coloca-se no lugar do outro e compreende eventuais dificuldades (empatia). Busca a colaboração/comprometimento do grupo em prol de objetivos comuns. Busca ouvir e se fazer entender. Valoriza a comunicação, demonstrando clareza e objetividade. Tem interesse pela coesão do grupo. É aberto às opiniões. Acredita no comprometimento/colaboração para o andamento dos trabalhos. Sabe ouvir. Tem transparência de atitudes (ética).

Competência	Descrição
15. Visão do negócio	Capacidade de conhecer o negócio, os ambientes interno e externo da instituição e suas interdependências, identificando oportunidades e ameaças de forma global e a longo prazo.

Conhecimentos	Habilidades	Atitudes
Do funcionamento e da estrutura do órgão. Inter-relação do próprio trabalho com a sua área e demais áreas da agência. Do negócio como um todo, da política, valores e diretrizes corporativas de curto, médio e longo prazos. Do mercado, estabelecendo relação com o ambiente organizacional.	Expressar opiniões coerentes e lógicas. Detalhar objetivamente o contexto, apontando fatos e dados. Discernir a relação de suas metas com as metas de outras áreas. Perceber e informar as conexões necessárias para o bom desenvolvimento dos trabalhos. Estabelecer parcerias internas e externas favoráveis ao alcance dos resultados. Negociar e concluir com base em dados, fatos e melhores processos. Reconhecer e resolver situações conflitantes ou projetos sobrepostos.	Identifica interfaces de trabalho. Valoriza os resultados coletivos. Procura conhecer todo o contexto da instituição e do mercado, estabelecendo relação com o ambiente organizacional. Respeita a opinião dos outros. Sabe liderar e ser liderado, falar e ouvir, ensinar e aprender.

Competência	Descrição	
16. Visão sistêmica	Capacidade para perceber a interação e interdependência das partes que compõem o todo, visualizando tendências e possíveis ações capazes de influenciar o futuro.	
Conhecimentos	**Habilidades**	**Atitudes**
Das informações do mercado. Da cultura e política da ANTAQ. Das amplas informações do próprio segmento do negócio. Dos processos de trabalho de sua unidade e a inter-relação com as demais.	Acompanhar mudanças e tendências de mercado. Analisar ações que agregam valor ao negócio. Analisar e selecionar informações, estabelecendo conexões necessárias ao desenvolvimento do trabalho. Compreender temas diversos. Estabelecer interfaces de negócio entre a sua área e os objetivos da instituição. Instigar as pessoas para novas reflexões sobre as oportunidades existentes. Perceber a inter-relação das partes. Perceber e analisar as situações, gerando informações estratégicas para o negócio antes de tomar decisões. Perceber sua posição na cadeia dos processos internos e as conseqüências das ações tomadas. Pesquisar e detectar novas oportunidades de negócio. Visualizar perspectivas para o negócio. Promover articulação entre sua Uorg e as demais em busca de parcerias.	Tem interesse e curiosidade pelos negócios, clientes e mercado. Orienta pessoas antecipadamente sobre os riscos e oportunidades no contexto global. Valoriza os macroresultados. Valoriza o todo e a interdependência das áreas. Busca informações. Orienta-se pela visão de longo prazo.

Mapeamento de competências técnicas por cargo

O mapeamento das competências técnicas foi elaborado a partir das atribuições dos cargos efetivos, das áreas do conhecimento e das atribuições regimentais das áreas em que deverá atuar o profissional.

São apresentados a seguir alguns exemplos, resultado do mapeamento de competências técnicas.

Cargo: Analista administrativo	
UNIDADE ORGANIZACIONAL DE EXERCÍCIO: Secretaria Geral, Corregedoria, Auditoria, Ouvidoria, Assessoria de Comunicação Social, Assessoria Parlamentar, Superintendência de Administração e Finanças, Unidades Regionais de Administração.	
ÁREA DO CONHECIMENTO: Ciências Humanas (Psicologia e Educação); Ciências Exatas (Ciência da Computação, Matemática, Probabilidade e Estatística); Ciências Sociais Aplicadas (Administração, Ciência da Informação, Comunicação, Direito, Economia); Lingüística (língua estrangeira moderna — inglês e/ou espanhol, língua portuguesa).	
Área de atuação	**Competência técnica**
	Conhecimento
Secretaria Geral	Da estrutura e do regimento interno da agência.
	Da gestão de processos e documentos.
	Do idioma inglês e/ou espanhol.
	Do idioma português (redação oficial, gramática, interpretação de textos).
	Do manual de redação oficial.
	Das normas e procedimentos de elaboração de atos oficiais.
	Do sistema de formatação e envio de atos oficiais para publicação no DOU.
	Do sistema de protocolo adotado pela agência.
	Dos *softwares* utilizados pela área.
	Das técnicas de arquivo.
	Das técnicas de biblioteconomia.

(continua)

(continuação)

	Habilidades
Secretaria Geral	Discernir matérias relacionadas com a área de atuação da ANTAQ. Efetuar a abertura, o registro, as juntadas, o recebimento, a expedição e o encerramento dos processos e documentos. Expedir convocações, notificações e comunicados. Formatar atos a serem publicados oficialmente. Organizar pautas e atas das reuniões e audiências públicas. Organizar e manter arquivo e acervo técnico. Orientar a editoração de documentos técnicos e a organização de arquivos correntes. Revisar textos quanto à sua ortografia, semântica, morfologia, sintaxe e pontuação.
	Atitudes
	Sigilo quanto aos assuntos e documentos, de modo a preservar a segurança das informações.

Os conhecimentos, habilidades e atitudes acima mencionados complementam as competências comportamentais identificadas na unidade organizacional (visão do negócio; trabalho em equipe; visão sistêmica; relacionamento interpessoal; capacidade de trabalhar sob pressão) e descritas nos quadros de competências de suporte.

Área de atuação	Competência técnica
	Conhecimento
Corregedoria	Da análise de processos. Do código de ética. Do direito administrativo. Do processo administrativo disciplinar. Do processo administrativo. Dos regimes jurídicos (CLT e RJU). Do idioma português (redação oficial, gramática, interpretação de textos).
	Habilidades/atitudes
	Ver competências comportamentais (de suporte).

Os conhecimentos acima mencionados complementam as competências comportamentais identificadas na unidade organizacional (capacidade de trabalhar sob pressão; comunicação, interação e organização) e descritas nos subitens anteriormente.

(continua)

(continuação)

Área de atuação	Competência técnica
	Conhecimento
Auditoria	Da análise de processos. Do código de ética. Da contabilidade pública. Do direito administrativo. Das finanças públicas. Do idioma português (redação oficial, gramática, interpretação de textos). Das licitações e contratos. Do orçamento público. Dos regimes jurídicos (CLT e RJU).
	Habilidades/atitudes
	Ver competências comportamentais (de suporte).

Os conhecimentos acima mencionados complementam as competências comportamentais identificadas na unidade organizacional (comunicação e interação, organização, orientação para resultados, trabalho em equipe) e descritas nos quadros de competências de suporte.

Área de atuação	Competência técnica
	Conhecimento
Ouvidoria	Da análise de processo. Da ética. Da psicologia social. Do idioma português (gramática, interpretação de textos, redação oficial). Do regimento interno da instituição. Dos regimes jurídicos (CLT e RJU).
	Habilidades/atitudes
	Ver competências comportamentais (de suporte).

Os conhecimentos acima mencionados complementam as competências comportamentais identificadas na unidade organizacional (comunicação e interação, relacionamento interpessoal, visão do negócio, iniciativa e dinamismo) e descritas nos quadros de competências de suporte.

(continua)

(continuação)

Área de atuação	Competência técnica
Assessoria de Comunicação Social	**Conhecimento**
	Dos canais de comunicação.
	Da comunicação visual.
	Dos idiomas português e inglês e/ou espanhol para participar de eventos, dar esclarecimentos, atender telefonemas e atividades correlatas.
	Da ética.
	De jornalismo e editoração.
	De manutenção de home page e intranet.
	De relações públicas.
	De softwares específicos para a área.
Assessoria de Comunicação Social	**Habilidades**
	Elaborar apresentações gráficas informativas e atraentes.
	Executar projetos de comunicação impressa e audiovisual.
	Registrar eventos.
	Planejar campanhas publicitárias, promocionais, institucionais e mercadológicas.
	Redigir textos com objetividade, combinando criatividade, lógica, argumentação, organização, desenvolvimento e espírito crítico, observadas as regras e normas gramaticais.
	Relacionar-se com órgãos de comunicação nos segmentos de imprensa, publicidade e relações públicas.
	Revisar textos, obedecendo às regras e normas gramaticais.
	Atitudes
	Administrar e organizar correspondências e documentos.
	Ética no trato com a informação.
	Saber ouvir, processar, compreender e argumentar.
	Selecionar e priorizar informações.
Os conhecimentos, habilidades e atitudes acima mencionados complementam as competências comportamentais identificadas na unidade organizacional (relacionamento interpessoal, comunicação e interação, criatividade e inovação, capacidade de trabalhar sob pressão, visão do negócio) e descritas nos quadros de competências de suporte.	

(continua)

(continuação)

Área de atuação	Competência técnica
	Conhecimento
Assessoria Parlamentar	Da administração pública. De ciências políticas. De ética. Do funcionamento do Congresso Nacional. Do idioma português (gramática, interpretação de textos, redação oficial). Da organização pública. Dos partidos políticos.
	Habilidades/atitudes
	Ver competências comportamentais (de suporte).
\multicolumn{2}{|l|}{Os conhecimentos acima mencionados complementam as competências comportamentais identificadas na unidade organizacional (relacionamento interpessoal, comunicação e interação, visão do negócio) e descritas nos quadros de competências de suporte.}

Fonte: MRG Consultoria e Treinamento Empresarial.

Referências bibliográficas (projeto ANTAQ)

A gestão por competências e a gestão de pessoas: um balanço preliminar de resultados de pesquisa no contexto brasileiro. Disponível em: <www.fgvsp.br/iberoamerican/Papers/0245_competencias%20-%20iberoamerican.pdf>.

ABRH-Nacional. *Manual de gestão de pessoas e equipes*: estratégias e tendências. São Paulo: Gente, Aparh, 2002. v. 1.

CAPES-MEC. *Tabela de áreas do conhecimento.* Disponível em: <www.capes.gov.br>.

CHIAVENATO, Idalberto. *Carreira e competência*: gerenciando o seu maior capital. São Paulo: Saraiva, 2002.

DUTRA, Joel Souza. *Gestão por competências*. 2. ed. São Paulo: Gente, 2001.

GRAMIGNA, Maria Rita. *Modelo de competência e gestão dos talentos*. São Paulo: Makron Books, 2002.

_____. *Líderes inovadores*: ferramentas de criatividade que fazem a diferença. São Paulo: Makron Books, 2004.

MARRAS, Jean Pierre. *Administração de recursos humanos*: do operacional ao estratégico. São Paulo: Futura, 2000.

MRG — Consultoria e Treinamento Empresarial. *Textos referenciais e quadros de competências*.

NISEMBAUM, Hugo. *A competência essencial*. São Paulo: Infinito, 2000.

REIS, Valéria dos. *A entrevista de seleção com foco em competências comportamentais*. São Paulo: Qualitymark, ABRH-Nacional, 2003.

TEIXEIRA, Élson A. *Criatividade*: ousadia & competência. São Paulo: Makron Books, 2002.

8.4 Case 4. Coelce – Companhia Energética do Ceará

Implantação do modelo de gestão de pessoas por competências
Responsável: Maria do Socorro Maia Nunes.

Apresentação da empresa

A Coelce — Companhia Energética do Ceará é uma sociedade anônima de capital aberto, concessionária de serviço público de energia elétrica e regulamentada pela Lei das Sociedades Anônimas, tendo suas atividades fiscalizadas e regulamentadas pela ANEEL — Agência Nacional de Energia Elétrica.

Com 1.319 empregados, a empresa é responsável pela distribuição de energia elétrica no estado do Ceará, atendendo a mais de 2,4 milhões de clientes distribuídos em 148.825 km², com abrangência nos 184 municípios cearenses.

Metodologia de implantação do modelo de gestão de pessoas baseado em competências

O modelo de gestão de pessoas baseado em competências teve sua fase de implantação na Companhia Energética do Ceará em 2004, quando a empresa formou equipes de trabalho para iniciar a operacionalização do processo. Composto por etapas sucessivas que contemplam a cultura, a missão, os valores e a visão da empresa, esse modelo é um poderoso instrumento de gestão, com a valorização das pessoas alinhadas aos objetivos estratégicos da organização.

A fase de sensibilização dos dirigentes consistiu no ponto de partida para o envolvimento das demais áreas e o futuro comprometimento de todos. Entre as várias formas de promover a sensibilização, destacamos a criação de grupos de discussão do modelo para adaptação à cultura organizacional, a realização de eventos abordando os objetivos, as responsabilidades e a divulgação de matérias sobre o tema nos veículos de comunicação interna.

O passo seguinte ocorreu com a definição dos perfis e das competências relevantes para a empresa em consonância com a estratégia da organização. Fundamentados no conceito de competência como conjunto de conhecimentos, habilidades e atitudes (CHA), essenciais para o bom desempenho das pessoas na organização, profissionais das diferentes áreas da empresa participaram de seminários ministrados por consultoria externa — Watson Wyatt — para mapeamento e definição dos perfis por competência.

Foram identificadas as principais atividades relacionadas a cada processo, assim como os conhecimentos, habilidades e atitudes necessários para definição das competências, ressaltando-se que elas são observadas na prática de trabalho, uma vez que são mutáveis e seu desenvolvimento depende do interesse de cada pessoa.

As informações foram obtidas por meio do envolvimento de 412 empregados de diversos níveis da organização, sendo a base para a construção das competências técnicas específicas, técnicas gerais e comportamentais que compõem, atualmente, os mapas de carreira da empresa. Dessa forma, cada empregado passou a ter uma referência para dirigir seus esforços no desenvolvimento pessoal e profissional.

A diretoria de organização e recursos humanos é responsável pela administração e alteração do sistema de gestão por competência, assegurando a aplicação do mapeamento e a implementação de ações que estimulem os empregados a desenvolver suas competências para a obtenção de um melhor desempenho, contribuindo para a maximização dos resultados da empresa e para o alcance dos objetivos estratégicos.

O sistema de gestão por competência favorece uma gestão integrada da área de recursos humanos. O modelo adota as competências como base para a seleção de novos empregados, o desenvolvimento profissional, as movimentações de pessoal, a gestão do conhecimento e a remuneração.

Mapa de carreira

O mapa de carreira é a 'espinha dorsal' de um sistema integrado de gestão de pessoas baseado em competências. Por meio dele são identificadas as competências requeridas para cada empregado em sua carreira, além das competências necessárias para o seu desenvolvimento profissional.

A possibilidade de identificar claramente os conhecimentos e habilidades, bem como as etapas do processo que precisam ser aprendidas e desenvolvidas com base no mapa de carreira, é aspecto relevante para o alcance do sucesso profissional.

Componentes do mapa de carreira

O mapa de carreira é composto por competências técnicas (gerais e específicas) e comportamentais, por níveis de proficiência e estágios de carreira. A elaboração dos mapas de carreira aconteceu de forma bastante participativa, por meio de *workshops* e entrevistas com profissionais de diferentes áreas. Foram definidos 79 mapas de carreira com a seguinte especificação:

- *Competências técnicas específicas:* dizem respeito à formação, à qualificação e aos conhecimentos necessários para a realização do trabalho nas áreas específicas, estando diretamente relacionadas aos processos e atividades que o empregado realiza em sua área. Na totalidade foram estabelecidas 72 competências técnicas específicas contemplando todos os processos da empresa.
- *Competências técnicas gerais:* conhecimentos e habilidades necessárias e importantes para os diversos setores da empresa.
- *Competências comportamentais:* referem-se às atitudes, posturas, habilidades e comportamentos importantes para a organização e se relacionam diretamente aos valores da empresa.

Foram especificadas onze competências técnicas gerais e onze competências comportamentais que estão presentes nos mapas de carreira, de acordo com as exigências dos cargos e dos processos de trabalho.

Cada competência apresenta quatro níveis de proficiência, que por sua vez representam a medida da competência, ou seja, o nível em que o profissional se encontra dentro de uma determinada competência.

- Existem quatro níveis de proficiência para cada competência.
- As descrições são observáveis no dia-a-dia.
- Têm progressão de um nível para outro.
- Maior complexidade nos níveis de proficiência mais altos.

As descrições das competências são observáveis nas atividades cotidianas; a progressão de um nível para outro é cumulativa; as demandas de maior complexidade estão mapeadas nos níveis de proficiência mais altos.

Exemplos de níveis de proficiência: competência técnica em comunicação
Primeiro nível de proficiência

Possui entendimento de termos técnicos básicos e é capaz de aplicá-los, de forma verbal, na transmissão informal de informações relacionadas à sua área de atuação.

Segundo nível de proficiência
Demonstra amplo entendimento de termos técnicos e é capaz de aplicá-los, de forma escrita, na elaboração de laudos técnicos, relatórios, e-mails e comunicados formais relacionados à sua área de atuação.

Terceiro nível de proficiência
Domina os termos técnicos de sua área de atuação. É capaz de aplicá-los de forma verbal ou escrita na preparação de relatórios e apresentações, bem como na condução de reuniões ou atendimento a clientes internos ou externos relacionados à sua área de atuação.

Quarto nível de proficiência
Possui sólidos conhecimentos sobre ferramentas e veículos de comunicação. É capaz de prestar assessoria técnica ao processo de transmissão de informações específicas das diversas áreas da empresa.

O estágio de carreira é a posição ocupada pela pessoa com base nos resultados obtidos por meio da avaliação das competências requeridas para cada mapa.

Exemplos de mapas da Coelce:
- 103 — Auditoria — Corporativa e Novos Negócios
- 233 — Comercial — Operações Comerciais — Faturamento
- 403 — Distribuição — Manutenção de Baixa e Média Tensão
- 504 — Financeira — Gestão Financeira
- 601 — Jurídico
- 701 — Planejamento, Controle e Gestão — Planejamento Estratégico
- 801 — Projetos Institucionais
- 901 — Regulação — Previsão de Mercado
- 1001 — Recursos Humanos — Desenvolvimento Organizacional
- 1101 — Suporte Administrativo
- 2000 — Gestores — Chefes de Departamento

Posicionamento dos profissionais no mapa de carreira
Foi necessário, primeiramente, identificar em qual mapa de carreira o empregado encontrava-se inserido, ou seja, o mapa diretamente relacionado ao seu processo de trabalho. Em seguida, buscou-se verificar quais as competências que cada um apresentava, bem como o nível de proficiência observado em cada competência, com base na avaliação por competências. A partir dessa avaliação foi definido o estágio de carreira em que cada um se encontra.

No mapeamento das competências considerou-se que o empregado, para ser classificado em um determinado estágio de carreira, teria de apresentar:
- 100 por cento das competências técnicas específicas.
- 80 por cento das competências técnicas gerais.
- 50 por cento das competências comportamentais.

É imprescindível que o empregado atinja esses porcentuais, considerando-se a relação entre o quantitativo de competências do seu mapa e o quantitativo já obtido nos níveis de proficiência em cada estágio de carreira.

▭ Estágios de carreira   ▭ Níveis de proficiência

Nesse exemplo, para o empregado passar ao estágio III, faz-se necessário atingir o nível de proficiência 3 na competência técnica específica. Nas competências técnicas gerais ele já alcançou o estágio III, e nas comportamentais, o estágio IV; no entanto, na régua geral do mapa de carreira, o empregado encontra-se no estágio II. Assim, é importante investir no desenvolvimento das competências que impedem sua evolução geral para o estágio III da carreira.

Para passar de um estágio para outro, é preciso desenvolver 100 por cento das competências técnicas específicas, 80 por cento das competências técnicas gerais e 50 por cento das comportamentais. São verificados os níveis de proficiência de cada competência em relação ao estágio de carreira. Faz-se uma relação do total de competências de cada bloco por aquelas já desenvolvidas. Completando-se os porcentuais estabelecidos para cada grupo de competências, o empregado buscará seu desenvolvimento para atingir o próximo estágio.

Processo de avaliação

A fase da avaliação por competências ocorreu por um período definido, divulgado pelos canais de comunicação interna.

A avaliação consistiu numa apreciação de cada pessoa em função das atividades que desempenha, bem como das metas e resultados alcançados. Essa avaliação por competências está relacionada à análise dos conhecimentos, habilidades e atitudes que contribuem para um resultado positivo nos processos de trabalho alinhados aos objetivos estratégicos.

Na Coelce, a primeira avaliação se realizou em 2005 e ocorrerá anualmente no mês de dezembro, contemplando as seguintes etapas:

- *Auto-avaliação*: cada empregado tem a oportunidade de avaliar suas competências técnicas específicas, técnicas gerais e comportamentais, a partir das práticas adotadas e da verificação destas conforme descrição em cada nível de proficiência para cada competência.

- *Avaliação do gestor*: sob a responsabilidade do superior imediato, que deve avaliar em quais níveis de proficiência se encontra o liderado em cada competência, tendo como base o que é observado no dia-a-dia e as descrições específicas de cada nível de proficiência.
- *Reunião entre empregado e gestor*: momento em que deverá ocorrer a troca de opiniões entre empregado e gestor sobre as avaliações realizadas.
- *Validação da avaliação*: o gestor, em conjunto com a direção da área, deve buscar o equilíbrio interno, isto é, a coerência entre as avaliações. Quando necessário, contará com o apoio da equipe de recursos humanos.
- *Reunião de feedback*: retorno ao empregado sobre o posicionamento final. O gestor deve fornecer orientação para o aprimoramento ou aquisição de novas competências, e o empregado deve apropriar-se das oportunidades para seu desenvolvimento profissional e obtenção dos resultados almejados pela empresa.

Vale salientar que o processo de avaliação não levará à promoção ou a aumentos salariais automáticos. Os casos em que tal necessidade é identificada serão analisados levando-se em consideração questões relacionadas ao mercado de trabalho, previsões de vaga no quadro funcional da área com aprovação da companhia, previsão de aumento da folha de pagamento da área (orçamento) e histórico profissional do avaliado.

Situação atual do modelo de gestão de pessoas baseado em competências na Coelce

Em 2005, a empresa definiu seu plano estratégico, denominado 'escalada Coelce', que compreende ações diretamente relacionadas ao negócio da companhia e elaboradas em consonância com os objetivos estratégicos traduzidos na missão e visão corporativas.

A 'escalada Coelce' é fundamentada no *balanced scorecard* (BSC), uma ferramenta que permite à empresa monitorar constantemente seu planejamento mediante uso do mapa estratégico.

Na Companhia Energética do Ceará, a estratégia empresarial favorece a continuidade do modelo de gestão de pessoas baseado em competências, pois a concretização de sua missão exige colaboradores capacitados e comprometidos para atender com qualidade e de forma satisfatória os clientes, propiciando aos investidores um retorno adequado e contribuindo para o desenvolvimento do Ceará.

'Fortalecer a capacitação dos colaboradores' é o objetivo estratégico no qual se encontra inserido o plano de desenvolvimento profissional, sistema formatado para que os empregados possam, a partir da análise do seu mapa de carreira, identificar as competências que precisam ser investidas no desenvolvimento.

O plano de desenvolvimento profissional é um guia de referência e orientação para os profissionais da Coelce, pois busca identificar a melhor forma de desenvolver pessoas e melhorar o desempenho por meio de programas e processos de aprendizado cujos agentes são:

Empregado é o principal agente
- Autodesenvolvimento e aperfeiçoamento contínuo.

Gestor é um orientador
- Criando oportunidades.
- Facilitando o processo de aprendizagem.

Departamento de Desenvolvimento de Pessoas

- Suporte de todo o processo.

Para a elaboração do plano de desenvolvimento profissional foi criado um sistema em que o empregado acessa diretamente seu mapa de carreira e prioriza as competências que necessita desenvolver.

Em 2006, o Departamento de Desenvolvimento de Pessoas realizou seminários com os empregados em todas as áreas da empresa, orientando sobre o preenchimento do plano de desenvolvimento profissional, no qual foram estruturadas as ações de capacitação de acordo com as carências apresentadas nos mapas de carreiras.

Para preencher o plano de desenvolvimento profissional o empregado deve selecionar três competências e as referidas ações que contribuem para sua evolução.

A seguir, apresentamos um modelo da tela que os empregados acessam para elaborar seu plano de desenvolvimento profissional.

---

1. Escolha as três competências que atualmente você precisa desenvolver

Em seguida, sugira as três ações que podem contribuir para o desenvolvimento dessas competências.

1. Competência	2. Competência	3. Competência

Ações

☐ Participar de seminários/palestras temáticas.

☐ Engajar-se em grupos de estudo.

☐ Participar de cursos específicos.

☐ Realizar leituras orientadas.

☐ Participar de reuniões.

☐ Visitar outras áreas da Coelce.

☐ Visitar outras empresas do grupo e/ou do mercado.

☐ Receber orientação profissional.

☐ Fazer parte de projetos ou times de trabalho.

☐ Participar dos programas corporativos.

Para cada competência devem ser selecionadas três ações que facilitarão o seu desenvolvimento:

- *Participar de seminários/palestras temáticas*: enfocando aspectos da competência a ser desenvolvida.

- *Engajar-se em grupos de estudo*: visa a participação em grupos formados por profissionais da mesma unidade ou de outras áreas da empresa.
- *Participar de cursos específicos*: com o objetivo de aprender conteúdos específicos em cursos presenciais, externos, a distância etc.
- *Realizar leituras orientadas*: com a finalidade de estudo do próprio empregado, para seu autodesenvolvimento, com base em leitura individual ou em grupo.
- *Participar de reuniões*: que visem ao aprimoramento de processos de trabalho.
- *Visitar outras áreas da Coelce*: orienta o conhecimento de outras áreas, facilitando a comunicação interna e a obtenção de resultados.
- *Visitar outras empresas do grupo e/ou do mercado*: objetiva a interação com outros profissionais envolvidos em processos semelhantes ou empresas que representem melhores indicadores no mercado.
- *Receber orientação profissional*: orientação e acompanhamento por outro profissional com domínio da atividade e da experiência profissional.
- *Fazer parte de projetos ou times de trabalho*: visa a aquisição de novos conhecimentos, bem como a integração e atuação em novas frentes de trabalho.
- *Participar de programas corporativos*: participação em atividades diversificadas, de forma dinâmica, com o objetivo de expandir as competências e diversificar os conhecimentos. Detalhamento de alguns programas no próximo item.

Os planos a curto, médio e longo prazos poderão ser explicitados, permitindo aos gestores e à equipe do Departamento de Desenvolvimento de Pessoas terem uma visão das expectativas dos empregados quanto ao futuro almejado.

2. Resuma aqui suas expectativas de desenvolvimento futuro
Curto prazo (1 ano)
Médio prazo (3 anos)
Mais de 3 anos

Em todo o processo de implantação, o Departamento de Desenvolvimento de Pessoas tornou claro que o sucesso desse sistema de gestão depende do comprometimento dos gestores, dos colaboradores e do suporte oferecido pela empresa, viabilizando ações de desenvolvimento em consonância com as necessidades apresentadas.

3. Apoios requeridos
Do gestor
Do Departamento de Gestão de Desenvolvimento de Pessoas
Da Coelce
4. Comentários

Conclusão Coelce

Ressaltamos que as competências são mutáveis e, à medida que muda a estratégia organizacional, mudam também as competências, numa permanente busca de ser competitivo num mercado dinâmico e globalizado. Caso ocorram alterações ou mudanças nos processos de trabalho, os mapas de carreira serão ajustados.

Sabemos que consolidar esse novo modelo é um grande desafio, no entanto, temos a certeza de que ele se mostra como uma alternativa de valorização do potencial humano num mundo de transformações profundas, onde as tecnologias ocupam espaços privilegiados, mas onde as competências humanas são o grande diferencial para que as organizações cumpram suas missões e assegurem sua perpetuação.

Capítulo 9

FERRAMENTAS E INSTRUMENTOS

9.1 Fase de mapeamento

Além de colher os dados gerais dos colaboradores por meio de uma entrevista-pesquisa, o consultor interno poderá adotar outras estratégias. São elas:

- Preparar roteiros para desenvolvimento de reuniões de mapeamento.
- Usar instrumentos disponíveis no mercado.

As reuniões de mapeamento de competências e de definição de perfis devem ser planejadas e acompanhadas de instrumentos de apoio.

O realinhamento conceitual se faz necessário.

Pode-se preparar uma apresentação com os principais itens da gestão por competências antes do mapeamento.

A seguir, são apresentados alguns modelos que poderão ser adaptados à real necessidade do leitor.

Roteiro de reunião: mapeamento de competências e definição de perfis

Quem participa?

Gerentes, pessoas-chave e consultor facilitador do processo.

Alguns itens importantes:

- As decisões devem ser tomadas por consenso.
- Caso haja impasse, a consultoria fará intervenções, clareando o modelo.
- A consultoria tem o papel de facilitadora do processo e não poderá dirigir as discussões ou concluir para o grupo.

- Deve-se evitar traçar perfis extremos: muito baixos ou muito altos.
- Recomenda-se focar sempre o conjunto de funções da área/unidade de trabalho, de forma que o nível de exigência esteja compatível com a realidade.

Os sete passos para a definição de perfis são:

- Em subgrupos de no máximo sete pessoas, usar a técnica de *brainstorming* para definir as competências essenciais. Para tanto, é necessário obedecer a algumas regras: todos devem contribuir; uma pessoa registra as idéias em *flip-chart*; não é permitido criticar; é permitido registrar idéias estranhas ou meio 'malucas'; o tempo para geração de idéias é de dez minutos.
- Seleção de, no máximo, dez competências essenciais, a partir da análise de necessidade para a unidade de negócio.
- Verificação dos conceitos: estão de acordo com o entendimento que as pessoas têm da competência?
- Desdobramento de cada competência, orientando-se pelos formulários que indicam, em linhas gerais, os conteúdos de cada uma delas: atitudes, habilidades e conhecimentos.
- Completar o desdobramento de acordo com a realidade da unidade de negócios ou do grupo de funções do perfil definido.
- Ponderar cada competência desdobrada usando os indicadores de zero a três.
- Preparar uma forma de apresentação para o restante dos subgrupos.

A definição das competências que vão compor o perfil empresarial é realizada após a apresentação de todos os subgrupos.

Formulário de orientação para o desdobramento de competências

Competências: conceitos e dados de observação
Grupo de funções ou área:
Competência e conceito:
Atitudes esperadas:
Habilidades:
Conhecimentos:
Peso:

9.2 Instrumento de apoio gerencial para orientação de carreira e desenvolvimento de competências

O quadro de competências a seguir é uma ferramenta que subsidia o trabalho do gerente no monitoramento das competências de sua equipe. Além disso, permite um acompanhamento individual e dá dicas de aconselhamento. O profissional ou gerente responsável por essa tarefa poderá usá-lo como guia.

Competências	Ações de melhoria
1. Relacionamento interpessoal	• Participar de algum grupo de autodesenvolvimento: biodança, bioenergética, tai chi chuan, terapias em grupo, terapia breve etc. • Participar de algum esporte em equipe (como hobby). • Planejar um fim de semana com amigos ou familiares. • Acostumar-se com a prática de dar e receber feedback como forma de autoconhecimento. **Leitura recomendada:** • Relações interpessoais no trabalho. • Livros que abordem a questão das relações humanas em geral. Lembre-se: a assertividade no relacionamento humano passa por duas variáveis: o autoconhecimento e a auto-estima. Só podemos nos relacionar bem com o outro quando nos conhecemos e gostamos do jeito que somos.
2. Comunicação	• Adotar o feedback como ferramenta de autodesenvolvimento. • Participar de um grupo fora da empresa, no qual você tenha de se comunicar regularmente. • Escrever para o 'boletim interno da empresa'. • Apresentar um projeto à sua equipe, preparando-se antecipadamente. • Acostumar-se a escrever e passar para outras pessoas suas anotações. • Participar ativamente das reuniões: perguntar, informar, responder. **Leitura recomendada:** • Todas que descrevam o processo de comunicação e tragam dicas de como melhorar a performance (pesquisar em livrarias ou editoras). • Livros que tragam técnicas para 'falar em público'. • Livros que ajudem a planejar palestras, apresentações etc.

(continua)

(continuação)

3. Liderança	• Sempre que surgir a oportunidade, ofereça-se para coordenar um projeto ou grupo. • Participe de um grupo informal de seu bairro (associação de pais e mestres, associação dos moradores etc.) e ocupe espaços de liderança. • Monte um time de futebol ou de outro esporte e encarregue-se de organizar os encontros. • Peça feedback sobre sua atuação como líder. • Observe a reação das pessoas à sua forma de liderar. **Leitura recomendada:** • Resumos de livros que vêm saindo na revista *Exame*. • Revista *Você S/A*. • Revistas especializadas em *management*. • Biografias de grandes líderes.
4. Capacidade empreendedora	• Imaginar, planejar e empreender pequenos projetos: um fim de semana diferente, um passeio com sua família, uma poupança direcionada para algo que quer fazer há muito tempo, um discurso num aniversário de família, uma pequena venda em família ou entre amigos, a organização de uma festa com todas as despesas divididas. "Para subir uma alta montanha, iniciamos pela base: passo a passo." **Leitura recomendada:** • Livros que tenham como conteúdo central o tema empreendedorismo. O Sebrae tem algumas publicações. • Existe um curso no Sebrae chamado Empretec, voltado para a formação de empreendedores.
5. Negociação	• Participar de pequenas negociações em seu círculo de amizades ou família, sempre mantendo a idéia de que o resultado deve ser do tipo ganha-ganha. • Participar de pequenas negociações em seu ambiente de trabalho, tal como a aprovação de uma idéia ou projeto. Lembre-se: a negociação é uma habilidade que pode ser aprendida, porém, depende de sua flexibilidade em ceder para atingir o ganha-ganha. **Leitura recomendada:** • Livros que tragam técnicas de persuasão. • Livros de vendas em geral. • Livros que tragam informações sobre estratégias de negociação.

(continua)

(continuação)

6. Cultura da qualidade	• Procurar saber quem são seus clientes internos e buscar feedback sobre seu desempenho e de sua equipe. • Identificar seus fornecedores (aqueles dos quais você depende para realizar melhor seu trabalho). • Estabelecer uma estratégia para melhorar a relação cliente-fornecedor interno. • Identificar seus clientes externos e procurar feedback sobre o que você e sua empresa podem melhorar no atendimento de suas necessidades. • Identificar seus fornecedores externos e estabelecer uma estratégia que abra espaço para feedback sobre seu nível de satisfação. • Procurar sempre melhorar o que já é considerado bom. • Estimular os componentes de sua equipe a trabalhar a favor da qualidade. Todo mundo só tem a ganhar. • Estabelecer padrões de melhoria para seu trabalho. • Fazer *benchmarking* (aprenda com quem se destaca pela qualidade de seu trabalho). • Implantar um miniprograma 5 'S' em seu espaço de trabalho. • Estimular sua equipe a participar com você. **Leitura recomendada:** • Livros sobre qualidade total (diversos autores no mercado). • Livros sobre 5 'S' (exemplo: *O ambiente da qualidade*, João Martins da Silva, Editora QFCO).
7. Tomada de decisão	• Assumir alguns projetos de pequeno porte em todas as suas fases, tomando o cuidado de decidir na hora certa. • Assumir algumas decisões que vinha prorrogando há tempos. • Avaliar o resultado das decisões tomadas e rever onde foram cometidos erros (aprender com eles). • Usar algum método de tomada de decisão: *brainstorming*, por exemplo, processo por meio do qual é possível relacionar possíveis resultados negativos e positivos da decisão. • Iniciar um trabalho interno que valorize as decisões tomadas, mesmo que seus resultados não tenham sido tão bons, afinal, é melhor decidir que manter o atual *status quo* (se este não for o ideal). **Leitura recomendada:** • Todas que abordem técnicas e forneçam informações sobre processo decisório.

(continua)

(continuação)

8. Flexibilidade	• Experimentar algumas pequenas mudanças: corte de cabelo, roupas, novo local para um móvel, mudança de trajeto do trabalho, planos diferentes para fins de semana etc. • Após experimentar a mudança, verificar como se sentiu e tentar descobrir de onde vem o incômodo (conveniência de permanecer onde está, medo da instabilidade, medo de errar etc.). • Relatar as pequenas mudanças que efetivou para amigos e familiares (ver reação). • Ouvir, ouvir, ouvir... evitando posições de julgamento. • Ao se deparar com uma situação que o incomoda, coloque-se no lugar da outra pessoa e tente reescrever o fato sob a visão do outro. • Arrisque mudar de opinião e verifique os resultados à sua volta (voltar atrás não é sinal de fraqueza). **Leitura recomendada:** • Livros que falem de inteligência emocional. • Livros de criatividade em geral.
9. Capacidade de trabalhar sob pressão	• Acostumar-se com o planejamento cotidiano: estabelecer metas, providenciar recursos, acompanhar o desenvolvimento das metas e permitir-se um presente quando as atingir. • Pedir ajuda a um colega quando estiver pressionado com muito trabalho. • Negociar (se for o caso) prazos mais elásticos para o cumprimento das metas (com argumentos convincentes, apresentando seu plano). • Aprender um tipo de meditação. • Tentar descobrir alguma atividade que diminua seu estresse (esporte ou qualquer outra). • Fazer mandalas uma vez por semana. • Pintar, desenhar, fazer um trabalho manual esporadicamente. • Adotar um hobby permanente (leitura, cinema, música etc.). **Leitura recomendada:** • Livros sobre organização pessoal e administração do tempo. • Livros sobre planejamento. • Livros que ensinem alguma forma de driblar o estresse.

(continua)

(continuação)

10. Criatividade	• Fazer reflexões sobre os motivos de você não estar se arriscando mais em sua vida pessoal e/ou profissional. • Listar as coisas que você tem vontade de fazer e não faz por medos diversos (de ser criticado, de errar, de perder algo, de ser visto como piegas etc.). • Procurar técnicas que façam você sair do padrão e ousar. **Leitura recomendada:** • *Mandalas*, Rudiger Dahlke (Pensamento). • *Criatividade nos negócios*, Michael Ray e Rochelle Myers (Record). • *Criatividade levada a sério*, Edward de Bono (Pioneira).
11. Planejamento	**Planejamento pessoal** • Usar sua agenda diariamente: escrever as tarefas do dia, marcar o que é urgente (aquilo de que você precisa se livrar) e o que é importante (atividades ligadas ao resultado do negócio). • Resolver logo ou delegar o que é urgente. • Dedicar um tempo ao que é importante. • Rever as metas ao final do dia. **Planejamento em equipe** • Acostumar-se a trabalhar para a obtenção de resultados e/ou metas. • Definir seu papel e dos componentes da equipe. • Estabelecer mecanismos de acompanhamento e controle de resultados. • Buscar e dar feedback sobre resultados. • Orientar-se sempre pelo plano estratégico ou pelas diretrizes da empresa. **Leitura recomendada:** • *O programa de eficiência pessoal*, Kerry Gleeson (Makron Books). • *Os sete hábitos das pessoas muito eficazes*, Stephen R. Covey (Best Seller). • Livros sobre administração do tempo, planejamento estratégico e técnicas de organização pessoal.

Capítulo 10

GLOSSÁRIO E SELEÇÃO DE TEXTOS

Este capítulo traz um glossário dos termos mais utilizados na área de gestão de pessoas e alguns artigos relacionados às competências essenciais, que servem de apoio aos projetos de autodesenvolvimento profissional. Assim, seu objetivo é alinhar conceitos, promover reflexões e instigar a ação.

Gestão por competências: Conjunto de ferramentas, instrumentos e processos metodológicos voltados para a gestão estratégica de pessoas. Esse modelo permite a definição e a identificação das competências da empresa e das pessoas.

Atitude (querer fazer): Comportamento pessoal perante as competências que domina (ou não domina). As atitudes podem ser assertivas ou não assertivas. Revelam valores, crenças e premissas.

Candidato de processo seletivo: Profissional recrutado para participar de um processo no qual concorre com outros profissionais, tendo em vista a ocupação de uma vaga de trabalho.

Competência: Qualidade de quem é capaz de apreciar e resolver certo assunto, fazer determinada coisa. Capacidade. Habilidade. Aptidão. Idoneidade.

Ter competência para assumir as funções e responsabilidades exigidas no trabalho significa apresentar atitudes, conhecimentos e habilidades compatíveis com o desempenho exigido, bem como capacidade para colocar em prática sua experiência sempre que for necessário.

Competências de suporte: Aquelas que, agregadas às competências técnicas, permitem que o profissional se diferencie dos restantes. Quando apontadas em meio ao rol de competências de uma empresa, trazem a possibilidade de diferenciá-la no mercado. Exemplos: cultura da qualidade, visão sistêmica, liderança etc.

Competências técnicas: Exigidas para que um profissional possa assumir suas responsabilidades no cargo ou função que exerce. Geralmente são relacionadas ao saber fazer (habilidades). Um exemplo: um gerente financeiro tem como exigência o domínio da competência gestão financeira.

Conhecimento (saber): Conjunto de experiências pessoais: informações, conhecimento técnico, conhecimento específico sobre a função, escolaridade, cursos, especializações etc.

Desdobramento de competências: Metodologia que permite identificar as habilidades, os conhecimentos e as atitudes relativas a cada competência profissional.

Feedback no processo seletivo: Retorno de informações a uma pessoa sobre como sua performance foi observada durante o processo, apontando seus pontos fortes e pontos a desenvolver. No momento do feedback, o detentor da vaga ou selecionador é responsável por informar se o candidato foi ou não selecionado para a vaga em questão.

Habilidade (saber fazer): Capacidade de colocar em prática o que aprendeu: conhecimentos, conceitos, dados, informações.

Identificar (identidade): Determinar a identidade.
Conjunto de caracteres próprios e exclusivos de uma pessoa.

Jogos de empresa: Metodologia utilizada para desenvolver ou identificar competências. Consiste de processos ou situações empresariais nas quais um grupo de participantes é desafiado a resolver problemas ou assumir desafios e responsabilidades no cenário simulado. Os jogadores montam seu modelo de tomada de decisão utilizando as competências que possuem. O jogo de empresa tem regras que determinam tempo de duração, pontuação, o que é permitido, o que é proibido, e formas de chegar ao final.

Observação: existem diversos tipos de jogos, entre eles os cooperativos, nos quais o resultado só é alcançado se houver ajuda mútua.

Mapeamento de competências: Metodologia que permite montar um mapa de competências com os perfis profissionais de cada grupo de funções ou cargos. O mapeamento pode conter competências de suporte e técnicas.

Perfil: Contorno do rosto de uma pessoa visto de lado. Representação gráfica de um objeto visto de lado.

Perfil da vaga: Informações referentes ao cargo ou função disponível: salário, benefícios, local de trabalho, horários, folgas, atribuições, responsabilidades, motivos da abertura da vaga, crenças e valores da empresa ou área.

Perfis profissionais: Conjunto de indicadores que retratam as exigências de determinados cargos ou funções. Incluem as competências a eles referentes.
Como o próprio nome indica, os perfis revelam somente um lado da pessoa.

Ponderação das competências: Quando a seleção é realizada por competências, estas podem apresentar níveis de exigência maiores ou menores. A forma de diferenciar cada competência é inserir pesos em cada uma.

Profissionalizar: Identificar e qualificar pessoas para assumir responsabilidades, funções, atividades e tarefas.

Seleção: Processo natural pelo qual os animais se tornam aptos a competir com outros indivíduos do mesmo sexo pelo acesso aos parceiros no período de reprodução.

Seleção de pessoal: Processo de identificação do profissional mais adequado para ocupar cargos ou funções vagos.

Seleção por competências: Processo que inclui a definição do perfil de competências como condição para ocupação de cargos ou funções vagos.

Técnicas vivenciais: Qualquer atividade em ambiente simulado na qual as pessoas são convidadas a participar de atividades práticas. Semelhantes aos jogos de empresa, diferenciam-se por não haver pontuação que determine vencedores e perdedores.

10.1 Quem é responsável pelo seu desenvolvimento?

"Ultimamente, não tenho participado de treinamento. Minha empresa está em época de redução de custos!"

"O número de cursos oferecidos por minha empresa vem diminuindo a cada dia!"

"A empresa exige desenvolvimento mas não oferece treinamento!"

"Solicitei autorização para participar de um congresso e a direção não aprovou."

Essas são algumas afirmações que tenho ouvido regularmente dos profissionais com os quais tenho contato. Indicam uma tendência irreversível: o desenvolvimento das pessoas, antes financiado pela empresa em todo o seu processo, passa a ser compartilhamento entre as partes.

No entanto, é necessário atentar para alguns pontos importantes dessa nova ordem.

Hoje, todas as ações de treinamento e desenvolvimento de pessoal estão atreladas aos objetivos organizacionais. Tais ações obedecem a diretrizes estratégicas e deixam claros os resultados a alcançar.

Essa mudança de paradigma implica uma nova postura pessoal diante do desenvolvimento profissional, pois exige investimento próprio na ampliação e no domínio de novas competências.

Uma das iniciativas apropriadas para o momento diz respeito à definição de indicadores de desempenho desejado.

Se, por um lado, exige-se do profissional o investimento em si mesmo, por outro, é de responsabilidade dos seus gerentes negociar e definir padrões de desempenho, divulgar os perfis de competências necessários para a obtenção de resultados e apontar indicadores que possam nortear os investimentos das pessoas.

10.1.1 Indicadores de desempenho

A diferença entre o desempenho esperado e o desempenho real é o ponto de partida para as decisões pessoais de autodesenvolvimento e para o desenvolvimento dos planos de treinamento empresarial.

A forma de verificação do *gap* é feita, geralmente, por meio de feedback, bem como de avaliações formais ou informais.

Para que o resultado da avaliação seja passível de realinhamento, é necessário estabelecer indicadores de desempenho para cada empreendimento ou projeto.

Alguns indicadores de desempenho

- Receita ou lucro.
- Satisfação do cliente.
- Cumprimento de prazos.
- Qualidade final do produto/serviço.
- Resultados esperados "versus" resultados obtidos.

Se um empreendimento tem como meta ampliar a receita, deve indicar porcentuais ou valores, por exemplo: "Por meio do novo sistema de abordagem ao cliente, a meta de cada vendedor é ampliar em 5 por cento o volume de vendas".

O indicador receita deixa claro qual o desempenho esperado em porcentuais.

Aqueles que ficarem aquém do esperado precisarão rever suas competências e identificar as que estão interferindo de forma restritiva em seu desempenho.

10.1.2 Perfis de competências

Um novo caminho se apresenta para as empresas no que se refere ao desempenho das pessoas: a definição e informação dos perfis de competência exigidos para as diversas unidades de negócio.

É importante compreender que, para cada grupo de funções, o nível de exigências relacionado às competências é variado. Para um gerente, por exemplo, a competência liderança é muito mais evidenciada que para o técnico.

Com a expansão do modelo participativo de gestão, é imprescindível a divulgação desses perfis para toda a organização.

A seguir, damos um exemplo.

Perfil de competências essenciais: função gerencial	
Competência	Peso*
Visão sistêmica.	3
Tomada de decisão.	3
Relacionamento interpessoal.	3
Liderança.	3
Negociação.	3
Planejamento.	3
Comunicação.	2
Capacidade empreendedora.	2
Criatividade.	1

* Indica o nível de exigência para o cargo.

Para melhor orientar o profissional em seu desenvolvimento, cada competência deve ser desdobrada em:

- Atitudes esperadas.
- Habilidades exigidas.
- Conhecimentos necessários.

A seguir, damos um exemplo do desdobramento de competências.

Competência liderança: capacidade de reunir pessoas em torno de projetos, metas, objetivos e processos de trabalho, obtendo resultados significativos, motivação do grupo e clima de trabalho favorável.

Atitudes esperadas	Habilidades exigidas	Conhecimentos básicos
• Empatia. • Motivação pessoal. • Iniciativa. • Respeito pelas diferenças individuais. • Disponibilidade para ensinar e manter a equipe informada. • Respeito pelas pessoas.	• Capacidade para energizar grupos. • Facilidade para identificar talentos. • Uso da delegação de forma assertiva. • Capacidade para orientar e treinar pessoas. • Facilidade para estabelecer parcerias.	• Autoconhecimento. • Práticas de gerenciamento e liderança. • Dinâmica dos grupos. • Modelos de liderança.

10.2 Liderando equipes de alto desempenho

Grupo é diferente de equipe. O grupo tem objetivos, por vezes divergentes, com base nos quais cada um se preocupa com seu próprio alvo. A equipe, ao contrário, trabalha por uma causa maior: um projeto coletivo.

A equipe reconhece as contribuições individuais e vibra com o resultado total.

Revendo algumas anotações sobre desenvolvimento, encontrei um texto de Lauro de Oliveira Lima que fornece várias pistas sobre a liderança e a participação em equipes.

Hoje, mais do que nunca, busca-se maximizar resultados por meio do trabalho sinérgico e voltado para resultados.

Com um histórico individualista, as pessoas por vezes se deparam com dificuldades pessoais, o que prejudica a interação. Resultado: a práxis difere do discurso participativo.

A máxima do "um mais um é sempre mais que dois" precisa ser internalizada e adotada nas empresas, de forma a ampliar sua competitividade.

Para os líderes que estão atuando sob um modelo de gestão participativo, deixo as dicas de Lauro. Com linguagem simples e direta, ele enumera uma série de comportamentos, habilidades e conhecimentos que poderão servir de guia nessa jornada, por vezes difícil e desgastante: a formação, o desenvolvimento e a gestão de equipes de trabalho.

No seu papel maior de mentor e educador, o líder poderá lançar mão de vários dos itens propostos a seguir, que chamei de *Doze mandamentos para participação em uma equipe*.

- "Todos são responsáveis pelo êxito do grupo. Não procure carregar o grupo nas costas. Estimule cada um a cooperar. Exija do grupo.
- Se você for tímido, não cuide de você. Cuide do outro tímido. Timidez é excesso de preocupação com você.
- O dominador desculpa-se da DOMINAÇÃO, alegando que ninguém quer assumir. O tímido desculpa-se da timidez, alegando que o DOMINADOR não o deixa participar. Como resolver o impasse?
- Imaturidade leva-nos a buscar alguém que dirija as atividades. A maturidade leva-nos a propor REGRAS DE COOPERAÇÃO para agir e [...] ANÁLISE CRÍTICA para superar conflitos.
- Reivindique seu lugar no grupo ocupando espaços. Use de autonomia e não espere ser convidado a participar.
- Você pode se comprometer FALANDO DEMAIS ou FALANDO DE MENOS.
- Participar é ser responsável. Ser responsável é desempenhar bem seu papel no grupo.
- Abra espaços para idéias novas. Modificar e deixar-se modificar enriquece pessoas e resultados.
- O homem tem objetivos. O animal é programado. Não ser programado é ser capaz de mudar.
- Ser maduro é ser crítico e criativo. Use e abuse!
- Aquele que não usa de empatia tem dificuldades de se adaptar ao grupo. Tente colocar-se no ponto de vista do outro.
- A consciência crítica é conquistada a partir do momento que estamos abertos a receber e dar feedback."

É importante destacar que esses doze mandamentos dão ênfase às atitudes pessoais.

Assim, precisamos estar atentos a esta nova ordem: conhecimento e habilidade técnica não garantem, sozinhos, o sucesso profissional.

A exigência do trabalho em equipe agrega a atitude como elemento-chave das relações de trabalho e dos resultados das equipes.

10.3 As emoções no ambiente de trabalho

Amor e ódio. Alegria e tristeza. Medo e coragem. Emoções e sentimentos que se misturam no dia-a-dia empresarial. Verdadeiro caldeirão de iguarias que, se bem entendidas e administradas, enriquecem os relacionamentos.

Agora, vamos falar de gerenciamento de pessoas e emoções, tema que está na ordem do dia.

O ser humano está em fase de transformação. Do paradigma cartesiano, aos poucos vamos nos pós-modernizando e fazendo o trajeto pendular entre a razão e a emoção.

Há sete anos escrevi um texto sobre mudanças com o título "Corações e mentes". Esse texto falava sobre a luta entre a razão e a emoção e sobre o esforço que nós, profissionais, vínhamos fazendo para nos tornar mais coerentes.

Revendo seu conteúdo, percebo alguns avanços no campo do comportamento humano e que o tema continua instigante.

Cada vez mais é exigida a presença da competência emocional, principalmente por parte daquele que está em posição de gerência.

Mais uma vez somos chamados a repensar atitudes e comportamentos a fim de melhorar a qualidade nos relacionamentos.

O ponto de partida poderá ser um estudo comparativo entre a fisiologia das emoções e os resultados organizacionais.

10.3.1 As cinco emoções básicas

O ser humano, em sua existência, manifesta cinco emoções básicas:

Medo

Raiva

Tristeza

Alegria

Amor

Presentes nos ambientes de trabalho, cada uma dessas emoções tem sua fisiologia e traz conseqüências para os resultados organizacionais. Vejamos, a seguir, um esquema a respeito do assunto.

Fisiologia	Conseqüências
1. *Medo*: sua presença altera os batimentos cardíacos, acelera a respiração, dilata as pupilas e reduz o fluxo de sangue nos órgãos periféricos, preparando o corpo para a fuga.	Pessoas com medo tendem a fugir de compromissos, evitam desafios e apresentam baixos resultados. O medo está relacionado com ameaças à sobrevivência. Simbolicamente, podemos citar algumas situações que causam tal emoção: • Demissões em massa, que trazem como conseqüência a ameaça constante para aqueles que ficam. • Estilos gerenciais autoritários. • Mudanças bruscas no modelo de gestão, sem a devida sensibilização e preparo dos colaboradores.

(continua)

(continuação)

2. *Raiva*: quando presente, gera tensão nos músculos, pupilas diminuídas, maior circulação de sangue nos órgãos periféricos, preparando o corpo para a defesa e o ataque.	Pessoas com raiva tendem a manifestar comportamentos agressivos e de revide. Um ambiente onde elas imperam é pouco produtivo. A reboque vêm a desconfiança, o ciúme, a inveja e outros sentimentos que interferem sobremaneira no trabalho colaborativo de equipe. Precisamos de times combativos e competitivos, porém unidos pela solidariedade. Os principais fatores que geram a raiva são: • Injustiças. • Posturas gerenciais agressivas e desqualificantes.
3. *Tristeza*: a postura de quem está triste é fechada e voltada para o próprio umbigo. O abatimento, os ombros caídos, a ausência de vitalidade e a ausência de brilho no olhar indicam tal emoção. Geralmente, esse sentimento surge quando alguém passa por uma ou diversas perdas.	Como pode alguém que está preocupado consigo mesmo gerar resultados? A tristeza induz à apatia, à falta de energia e à paralisação da ação. Ambientes muito introspectivos geralmente carregam essa emoção. As causas podem ser variadas: • Perda de status. • Redução do espaço de poder. • Perdas pessoais.
4. *Alegria*: quem está alegre apresenta um tônus vital elevado, energia, olhos brilhantes, movimento, riso fácil e disponibilidade para agir.	Ao encontrar pessoas felizes, percebemos no ar algo diferente: o clima de paixão pelo que se está produzindo. Logicamente, um time alegre, no qual a camaradagem se faz presente, tem maiores chances de gerar resultados e contagiar o ambiente com suas atitudes. O que faz as pessoas felizes: • Reconhecimento. • Atitudes éticas e coerentes. • Possibilidades de desenvolvimento e de crescimento profissional. • Desafios. • Modelos de gestão abertos. • Gerentes e líderes que são exemplo.

(continua)

(continuação)

| 5. *Amor*: alegria e amor caminham lado a lado. As duas emoções energizam o ser humano. O amor acalma, faz com que nosso organismo se harmonize, promovendo o bem-estar físico. | Onde o amor se faz presente percebe-se um 'quê' de sagrado. As pessoas se respeitam, se ajudam, preocupam-se com o semelhante, abrem seus corações e suas mentes para um saber compartilhado. A retenção de talentos é facilitada, a gestão do conhecimento corre de forma natural e, conseqüentemente, os resultados se maximizam.

O que leva um time a amar o que faz:
• Lealdade.
• Respeito.
• Trabalho significativo.
• Sistema de gestão aberto.
• Gerentes e líderes que amam o que fazem e são matrizes de identidade. |

Na mescla das emoções que fervilham no caldeirão empresarial, o tempero está nas mãos de cada colaborador, sob a batuta de seus líderes.

10.4 Comunicação interpessoal na empresa: o saber e o querer

A comunicação entre os seres humanos faz história através dos tempos. Haja Babel!

Digo gato, o outro entende sapato; tenho uma intenção e recebo uma reação inesperada e adversa. Sorrio e tenho como resposta expressões de desagrado. Pergunto sobre flores e recebo espinhos.

Ouvindo a música *A seta e o alvo* (Paulinho Moska e Nilo Romero), imediatamente sua letra me fez pensar nos desencontros entre as pessoas no ambiente empresarial e destacar algumas falas, inspiradas na letra, das quais vou tratar nesta seção e que influenciam sobremaneira a comunicação e os relacionamentos:

> ... enquanto alguns andam no labirinto, outros caminham em linha reta. Eles querem a festa e seus pares só pensam em atingir a meta. Há aqueles que lançam a alma no espaço e outros ficam com os pés na terra. Há os que querem saber a verdade e aqueles que se preocupam em não se machucar. Olhar o infinito ou colocar óculos escuros? Experimentar o futuro ou lamentar-se pelo que não se é? Correr riscos ou se satisfazer com metades? Liberdade ou portas fechadas?

Desde que iniciei minha atuação como facilitadora de grupos empresariais em eventos de treinamento e desenvolvimento (e lá se vão muitos anos!), o tema comunicação e relacionamento interpessoal tem sido vasculhado, tratado, desenvolvido e teorizado por diversos especialistas. As publicações são variadas e sua abrangência é infinita.

O processo, aparentemente simples, situa-se em meio a um paradoxo: os diversos meios de comunicação se expandem, principalmente por conta dos avanços tecnológicos, enquanto as pessoas se afastam cada vez mais, perdendo a oportunidade de encontrar um ponto comum — um alvo — que permita o realinhamento dos relacionamentos.

Como conseqüência, estamos diante de um ambiente altamente tecnológico, no qual os mais modernos recursos de comunicação estão cada vez mais acessíveis e eficientes, mas administrados e manuseados por pessoas que não se alinham, o que leva empresários e gerentes a uma atuação desintegrada, que afeta os resultados do negócio.

Quando ouço depoimentos de gerentes que se queixam do recebimento excessivo de e-mails sem importância, da dificuldade de reunir o *staff* para tratar de assuntos estratégicos e das omissões de informações importantes para o desenvolvimento de seu trabalho, percebo que a comunicação interpessoal está por trás desse cenário.

É para ela que nossos olhares devem se dirigir. Mas não podemos analisá-la somente sob a ótica do conhecimento ou da informação. Estes, podemos acessá-los livremente.

Ao tratar a comunicação interpessoal, precisamos compreendê-la como um processo que envolve duas palavras-chave: saber e querer.

> Olhar o infinito ou colocar óculos escuros? Experimentar o futuro ou lamentar-se pelo que não se é? Correr riscos ou se satisfazer com metades? Liberdade ou portas fechadas?

10.4.1 Saber

O saber é aqui caracterizado como aqueles procedimentos, fatos e conceitos apreendidos nas experiências vividas — as informações que recebemos e julgamos corretas no trato cotidiano com o outro.

Esses saberes por vezes tornam-se obsoletos quando não há uma atitude de constante curiosidade e vontade de aprender, compreender e buscar a comunicação assertiva. Lidar com gente é diferente de lidar com algo inanimado.

O ambiente empresarial é formado por pessoas únicas, com um universo particular e expectativas variadas, no qual todos interagem e, geralmente, apontam para alvos diferentes.

> ... Há os que querem saber a verdade e aqueles que se preocupam em não se machucar...
>
> ... outros querem festa e seus pares só pensam em atingir a meta...

O que um profissional deve saber para melhorar seu relacionamento interpessoal?
- Como funcionam os grupos em sua dinâmica.
- Quais as principais estratégias de comunicação interpessoal assertiva.
- Maneiras de decifrar os diversos códigos no seu ambiente, muitas vezes ocultos e revelados de forma subliminar.

10.4.2 Querer

O querer é o início de qualquer intenção de mudança. Se não houver vontade, por parte do indivíduo, de melhorar sua comunicação interpessoal, de nada adiantará ele possuir informações e conhecimentos específicos. O querer está relacionado aos momentos existenciais do profissional.

> ... Há aqueles que lançam a alma no espaço e outros ficam com os pés na terra. Há os que querem saber a verdade e aqueles que se preocupam em não se machucar...

Como resgatar o sonho, a vontade, o desejo de construir um ambiente qualitativo?

Talvez esse seja o ponto crucial nas relações humanas. Ninguém ensina o outro a querer.

A melhor maneira de lidar com a descrença pessoal e a ausência de motivação para uma comunicação aberta é programar espaços dentro da empresa para trabalhar as emoções. É por meio de programas atitudinais, realizados sob a forma de seminários, *workshops* ou encontros sistematizados, que as empresas vêm alcançando resultados nesse sentido. Por meio do resgate da auto-estima, o ser humano consegue enxergar as próprias possibilidades e tende a ver seus pares de forma mais positiva.

A conseqüência da mudança de atitude reflete-se no clima de trabalho, na produtividade, e amplia a vantagem competitiva da empresa que investiu no querer.

Hoje, os programas atitudinais são a base para a melhoria da comunicação interpessoal. Diversas são as empresas que mantêm essa modalidade de trabalho.

Destacamos o exemplo da Bosch, com seu programa de sucessores e desenvolvimento de competências, cujos módulos, além de valorizar conhecimentos e habilidades, enfatizam a mudança de atitude. Seu programa de capacitação foi aberto com um seminário sobre comunicação e feedback, e eu tive a oportunidade, como facilitadora, de constatar a importância desse tema como elemento alavancador de resultados.

10.4.3 A comunicação nos novos tempos

O saber e o querer fazem a dobradinha do sucesso.

O quadro a seguir traz um somatório do que está sendo trabalhado nas empresas em que atuamos, podendo servir de sinal para o investimento na comunicação interpessoal.

O saber	O querer
Blocos temáticos: • Métodos. • Técnicas. • Processos. • Ferramentas. Tipos de intervenção: • Treinamento específico. • Aprendizado no ambiente de trabalho. • Mentoramento. • Grupos de aprendizagem. • Aconselhamento. • Redes de feedback.	Blocos temáticos: • Comunicação interpessoal. • Fortalecimento da identidade. • Auto-estima. • Visão de mundo e visão sistêmica. • Realinhamento comportamental. • Integração. Tipos de intervenção: • Seminários vivenciais. • Autodiagnósticos com ferramentas específicas. • Aconselhamento. • Redes de feedback.

10.5 Estratégias PAF: dicas para construir equipes energizadas

Neste exato momento, alguns milhares de pessoas estão, certamente, praticando o PAF: PREPARAR, APONTAR... FOGO!

O PAF pode ser compreendido como feedback, comentários, observações, perguntas e orientações que dirigimos a outras pessoas (direta ou indiretamente).

Ele tem o poder avassalador de interferir no humor da equipe. Pode elevar o moral, fazendo com que as pessoas se sintam importantes e qualificadas, ou o contrário.

A preferência nacional pelo PAF de desqualificação é destrutiva e acarreta 'baixo astral' à formação de equipes, que se tornam pouco preocupadas com os resultados.

No entanto, o momento empresarial brasileiro sinaliza novas direções, aponta a necessidade de trabalhar os talentos e exige a aquisição de maneiras mais assertivas de convivência profissional. Equipes energizadas se comprometem e se envolvem em projetos e empreendimentos empresariais, tornando-os viáveis.

Agora é o momento de rever atitudes gerenciais.

Sem sombra de dúvida, é gratificante participar de equipes que possuem moral elevado, compostas por pessoas empreendedoras, criativas, entusiasmadas, colaboradoras, que gostam do que fazem, que vibram com seus sucessos e se apóiam em momentos de crise.

O gerente é o ponto de referência, o líder que influencia sobremaneira o movimento social e a dinâmica de seus colaboradores. Dependendo da forma como usa o PAF, terá adeptos ou algozes ao seu lado.

As palavras têm uma influência excepcional sobre o comportamento das pessoas, por isso merecem ser escolhidas cuidadosamente nas relações de trabalho.

Com quais tipos de PAF você se identifica? Veja as opções listadas no quadro a seguir.

Atitudes estimuladoras	Atitudes que geram resistência
• *PAF parceria*: Vamos resolver o problema juntos. • *PAF energia*: Vamos somar forças e vencer o desafio. • *PAF segurança*: Conte comigo. • *PAF crescimento*: Acredito em você. • *PAF incentivo*: Está fantástico. Parabéns! Vá em frente! • *PAF percepção*: Você precisa de ajuda? Estou à disposição. • *PAF confiança*: Faça do seu jeito. Você tem nosso aval. • *PAF orientação*: Que tal tentar dessa forma? Procure-me se precisar de ajuda. • *PAF aprovação*: Perfeito. Vamos em frente. • *PAF consistência*: Vamos tentar melhorar neste ponto e no item X.	• *PAF assassino*: (mata qualquer um de raiva) Está bom, mas... Vou analisar... Já tentamos e não deu certo. • *PAF promessa*: Amanhã te dou uma resposta. • *PAF dissimulado*: (de inveja) É... pode ser que dê certo, mas... • *PAF super-homem*: Para falar a verdade, eu já tinha pensado nisso. • *PAF trator*: Está tudo errado. De hoje em diante, tudo deve ser feito de outra forma. • *PAF Debbie e Loyd*: Não estou entendendo bem. Faça-me um relatório por escrito. • *PAF burocrático*: Por favor, formalize sua idéia por meio de um ofício e vamos estudá-la. • *PAF água fria*: Não sei... falta algum detalhe. Acho que não vai dar certo... • *PAF nostalgia*: Isso já foi feito antes. No meu tempo era feito assim. • *PAF parede*: Não vai funcionar. • *PAF arquivo*: Não dá para usar agora, vou guardar para mais tarde.

Culturalmente, fomos educados para a crítica e pouco treinados para enxergar qualidades no outro, porém, podemos começar a mudar atitudes e incorporar ao nosso cotidiano uma boa dose de humildade e sabedoria no trato com as pessoas.

Dicas para incorporar o hábito do PAF estimulador

Atitudes estimuladoras	Atitudes que geram resistência
Abertura da caderneta de créditos e débitos.	Compare o número diário de PAFs — construtivos e destrutivos — que você usa.
Mapa astral.	Faça o mapeamento das pessoas às quais você vai dedicar especial atenção por meio de PAFs construtivos.
Diário de bordo.	Crie o hábito de anotar em seu diário de bordo os comentários e observações sobre as reações das pessoas aos seus PAFs.
Efeito surpresa.	Surpreenda alguém, pelo menos uma vez por dia, com PAFs construtivos, e registre suas reações.
Reflexão diária.	Ao se deitar, faça uma revisão de seu dia e os reflexos em seu humor. Se conseguir dormir satisfeito, já começou a preparar, apontar... fogo! em direção ao sucesso de sua equipe.

Os resultados poderão ser surpreendentes!

10.6 Atitudes e linguagem

As palavras e as atitudes exercem um poder assustador na vida das pessoas. Podem ajudar a construir uma auto-imagem positiva ou destruir sonhos e desejos.

Um pouco do que somos e fazemos hoje deve-se aos estímulos que recebemos dos outros.

Os familiares exerceram influência em nossa infância; professores e mestres, na nossa educação formal; e na vida profissional, os gerentes e líderes com os quais convivemos.

Certa vez, participei de um encontro internacional de líderes em recursos humanos no qual a comunicação interpessoal foi um dos temas mais discutidos.

Nesta seção, pretendo abordar três componentes essenciais desse processo: *pessoas*, *realidade* e *linguagem*.

Pessoas são diferentes umas das outras e enxergam um mesmo fato de forma única. Há casos em que a atitude pessoal facilita a convivência e, em outras ocasiões, torna a interação um encargo pouco agradável. E é com essa realidade que os líderes precisam aprender a conviver.

Vejamos dois exemplos muito comuns no cotidiano empresarial:
- *Situação número um*: o relacionamento entre as partes está esgarçado. Os envolvidos percebem que há chances de superação e resgate da confiança. Exis-

te abertura e flexibilidade para ouvir e esclarecer possíveis mal-entendidos, o que torna o contato mais produtivo. O resultado quase sempre é o retorno da harmonia.

- *Situação número dois*: os problemas de interação são passíveis de resolução, porém uma das partes se mantém inflexível, recusa uma aproximação e mantém a posição de 'dona da verdade'. Neste caso, as relações permanecem sob um clima de ressentimento que fatalmente afetará o ambiente.

Duas posições existenciais destacam-se nas situações anteriormente colocadas: a primeira é marcada pela abertura, a última, pela inflexibilidade. Ambas ilustram as diferenças individuais e suas conseqüências para o clima organizacional.

Existe uma crença bastante arraigada nas empresas e que precisa ser repensada: as pessoas devem ser tratadas da mesma forma. Desconfio da veracidade dessa máxima.

A realidade de cada um é interpretada de acordo com sua experiência de vida. Um comentário lúdico e bem-humorado sobre o trabalho pode ser percebido por uma pessoa como um gracejo sem maiores conseqüências, enquanto para outra pode significar uma grave ofensa.

Daí a necessidade de o líder desenvolver cada vez mais sua habilidade em comunicação. Cuidados com a linguagem, a forma e o momento são imprescindíveis.

10.6.1 Os atos lingüísticos

Gerentes e líderes de equipes têm a seu dispor vários tipos de linguagem, uns mais eficientes, outros menos.

- *As afirmações* descrevem um fenômeno com neutralidade, sem juízo de valor. É a forma mais imparcial existente no processo de comunicação e a que menos afeta emocionalmente as pessoas.
- *As declarações* definem a realidade. No ambiente empresarial, quem declara é o presidente, o diretor ou o gerente. Eles possuem autoridade para tal. Declarações feitas por pessoas que não detêm o poder formal tornam-se inválidas. Faz parte do papel do declarante assumir a responsabilidade pelo que declarou e suportar as conseqüências das mudanças nas regras do jogo.
- *Os julgamentos* incluem opiniões pessoais influenciadas por valores e crenças. Além das conversas informais, os juízos se estendem no ambiente empresarial, entrelaçando-se nos outros tipos de linguagem. Sorrateiramente, como quem não quer nada, o juízo de valor vai influenciando o comportamento das pessoas, nem sempre de forma positiva.
- *As solicitações e ofertas* são usadas quando se pretende gerar compromissos por parte da equipe.
- *As promessas* configuram o futuro. A cada solicitação segue-se uma oferta, atrelada a resultados negociados.

Dicas de utilização dos diversos tipos de linguagem
As declarações, as solicitações e as promessas quase sempre vêm acompanhadas de juízos de valor, interferindo em sua finalidade.

Por representar a realidade unilateral, o julgamento dificulta as relações interpessoais e o atingimento do resultado desejado.

- Se o que se pretende é obter a adesão de colaboradores a um projeto específico, deve-se usar a *linguagem de solicitação*, evitando qualquer crítica ou referência a fracassos do passado. Apontar êxitos, indicar pontos fortes, desafiar para a ação, negociar metas, definir formas de acompanhamento de resultados e qualificar o potencial das pessoas são atitudes que certamente agirão como fonte de estímulo.
- Se o objetivo da comunicação é *declarar* mudanças, estas devem ser anunciadas pela autoridade em questão. Nem sempre as mudanças declaradas são aceitas de bom grado pelas equipes. Neste caso, o gerente é o responsável pelo repasse de informações que permitam a compreensão do contexto e pela sensibilização das pessoas.
- A linguagem *afirmativa*, por ser neutra, auxilia todas as outras.

O juízo de valor faz mais estragos nas relações interpessoais quando é direcionado às pessoas.

Frases como "Você não está se esforçando", "Você precisa estar atento" ou "Nós nunca planejamos nesta empresa" minam a motivação da equipe.

Meu desafio para os leitores é usar as palavras de forma construtiva e imparcial, eliminando os juízos de valor.

As palavras são tão poderosas que podem mudar a realidade de uma pessoa.

10.7 Os dez hábitos do profissional criativo

Nos diversos seminários e palestras que tenho ministrado sobre o tema criatividade e inovação profissional, sempre faço uma sondagem com os ouvintes por meio da seguinte pergunta: quem se julga uma pessoa criativa?

O porcentual de respostas afirmativas é, geralmente, muito baixo.

Há um mito em torno da criatividade que nos leva a enxergar como criativos somente aqueles grandes gênios que se destacaram ou se imortalizaram nas artes e nas ciências.

Na realidade, a criatividade manifesta-se em três diferentes níveis:

- *Criatividade genial*: as grandes invenções que modificam e melhoram a qualidade de vida de um grande número de pessoas, em qualquer área da atividade humana, estão no âmbito da genialidade. Geralmente os gênios conquistam o reconhecimento público ao longo dos tempos.
- *Criatividade autêntica*: demonstrada por meio da criação de novos produtos ou serviços ou pela agregação de inovações e melhorias aos sistemas que já existem. O computador, o telefone celular, o fax e a Internet, por exemplo, são criações autênticas que melhoraram o sistema de comunicação entre as pessoas. Um gerente que incrementa suas vendas por meio de uma nova promoção ou de uma estratégia de atendimento diferenciada está colocando em prática a criatividade. Nossas empresas têm um contingente significativo de pessoas autênticas, com capacidade para usar seu conhecimento e suas

habilidades na geração e implantação de novas idéias. É preciso, então, criar o ambiente adequado para que seus talentos venham à tona.

- *Criatividade cotidiana*: quando solucionamos de maneira diferente da usual os pequenos problemas do dia-a-dia.

10.7.1 Agregando hábitos

Acreditar e investir no próprio potencial e no talento dos colaboradores, colocar novas idéias em ação e ser o primeiro a oferecer produtos e serviços diferenciados são as novas exigências de mercado.

Hoje, a criatividade e a inovação profissional fazem a diferença.

Aqueles que têm a responsabilidade de gerenciar e liderar pessoas certamente terão maiores chances de obter sucesso em seus empreendimentos se agregarem à sua vida os dez hábitos do profissional criativo, a saber:

- *Curiosidade*: cultivar o hábito de ler, viajar, estabelecer redes de contatos, utilizar as tecnologias disponíveis para pesquisa.
- *Ousadia*: correr riscos calculados, inovar, sair do padrão, fazer acontecer, superar o medo de errar e aprender com os erros (próprios e dos outros).
- *Questionamento*: capacidade para substituir a pergunta 'Por quê?' pela indagação 'Por que não?'.
- *Inconformismo*: atitude constante de busca; certeza de que algo mais vai acontecer e de que nada é definitivo.
- *Visão de futuro*: habilidade para descortinar cenários e perceber tendências. Ser o arquiteto de seu próprio destino.
- *Persistência*: capacidade de superar fracassos e começar de novo.
- *Flexibilidade*: habilidade para exercer papéis aparentemente opostos: liderar e ser liderado, ensinar e aprender com o outro. Estar em constante processo de mudança.
- *Imaginação*: sonhar com o futuro, formar imagens mentais, perseguir os sonhos transformando-os em metas.
- *Ludicidade*: cultivar o bom humor, brincar e se divertir com as idéias.
- *Visão sistêmica*: facilidade para ver e compreender os fenômenos como um todo, porém, percebendo detalhes e partes.

10.8 Parceria como fator de sucesso

Ao trabalhar com um grupo de empresários e consultores, um dos temas discutidos amplamente durante as conversas informais foi a 'parceria'. Alguns a defendiam de forma veemente, outros mostravam-se contrários por diversos motivos.

Tal experiência levou-me a escrever sobre o tema, com o intuito de fornecer algumas dicas e discorrer sobre as principais competências profissionais que envolvem o processo.

Em um mercado cada vez mais competitivo, as alianças estratégicas vêm se tornando comuns na práxis empresarial. Até mesmo os gigantes, os quais pensávamos ser soberanos e auto-suficientes, já vêm adotando a estratégia fortalecedora da parceria.

A prática da parceria vem ocorrendo, basicamente, de duas formas:

- *No ambiente interno da empresa*: representada pelo esforço comum entre pessoas e/ou unidades de negócio, visando a realização de uma ação integrada e o partilhamento de responsabilidades nos resultados obtidos. As parcerias na empresa, quando bem-sucedidas, trazem ganhos comuns.
- *Entre empresas*: efetivadas quando uma ou mais empresas se unem, disponibilizando suas competências para a realização de um empreendimento comum. Neste caso, não estamos nos referindo às fusões, mas à união de esforços e ao estabelecimento de estratégias comuns, com o objetivo de ganhos recíprocos.

Sempre que se decide pela parceria, necessariamente a negociação se faz presente. É por meio dela que as partes delimitam seu campo de atuação, definem as responsabilidades e trabalham na exposição de idéias, propósitos ou interesses, visando a obtenção do melhor resultado possível para ambas as partes.

Uma parceria de sucesso é aquela em que todos saem satisfeitos com seu resultado.

Habilidades envolvidas na negociação de parcerias
- Transmitir e manter a confiança.
- Atuar em sinergia com o parceiro.
- Estabelecer uma boa comunicação: ouvir com atenção, processar o que foi ouvido, procurar o entendimento e repassar idéias com clareza.
- Estar disposto a ceder — flexibilidade.
- Preparar-se para administrar conflitos.
- Agir com empatia.
- Manter um bom relacionamento.

É necessário, ainda, conhecer o contexto em que se situa o futuro parceiro, suas necessidades, expectativas e potencial.

10.8.1 Dicas para negociar parcerias

A   Mapeamento da situação: antes de contatar o futuro parceiro, é necessário perguntar-se:
- Que metas vou propor?
- Quais os meus objetivos?
- O futuro parceiro se interessará pelo que vou propor?
- O que posso conceder?
- Qual meu limite mínimo, de forma que o resultado seja ganha-ganha?

- Como chegar até a pessoa/grupo?
- Já estabeleci contatos anteriores com os futuros parceiros?
- Qual foi o resultado?
- Em que posso melhorar meu contato?
- E se houver negativa? Como reverter a situação?

B   Estabelecendo o contato: passos
- Exposição do objetivo.
- Apresentação da idéia e das condições de parceria.
- Indicação dos benefícios e problemas resolvidos no estabelecimento da parceria (para ambas as partes).
- Exposição dos possíveis resultados positivos.
- Uso de quadros, dados, gráficos ou qualquer registro escrito (isso ajuda a visualizar os resultados).
- Argumentação com indicação de outras parcerias de sucesso.

C   Lidando com barreiras: o que fazer e o que evitar
- Fuja das acusações, críticas e julgamentos precipitados.
- Ouça as razões do outro e veja se pode acrescentar fatos concretos ou informações que o façam reverter sua posição.
- Se houver uma resposta indecifrável (mutismo, semblante de dúvida), levante algumas dúvidas: "Você não perguntou. Quero, porém, esclarecer que...".

D   Fique de olho nos sinais corporais e em outros que indiquem aceitação
- Balançar a cabeça.
- Sorriso.
- Gestos positivos.
- Olhar de aprovação.

E   Fechando a parceria: deve-se estabelecer:
- Definição de responsabilidades por meio da assinatura de contrato ou similar.
- Informação sobre a data de verificação de resultados.

10.9 Bloqueadores da criatividade

O tema criatividade é fascinante e abrangente.

Hoje, mais do que nunca, profissionais de diversas áreas são avaliados em suas performances, avaliações estas que levam em consideração sua capacidade de criar e inovar.

Tenho recebido vários e-mails de leitores perguntando sobre os motivos que levam as pessoas a se julgarem pouco criativas.

Resolvi transcrever algumas informações colhidas nos estudos realizados por Margarita de Sánchez, uma das mestras em pensamento lógico-criativo.

Margarita afirma que o desenvolvimento da criatividade e da inventiva se vê muitas vezes afetado pela presença de barreiras ou bloqueios mentais. Tais bloqueios impedem a livre geração de idéias e o uso adequado das informações disponíveis.

A limitação da percepção faz com que a visão da realidade seja parcial. Eis alguns limitadores da criatividade:

1. **Polarização:** adoção de posições extremas, provocada geralmente por falhas na percepção. A pessoa:
   - Considera somente uma parte da informação que recebe.
   - Sustenta seus conceitos com argumentos que mostram uma visão incompleta da realidade.
2. **Rigidez:** inflexibilidade para mudar enfoques e pontos de vista. A pessoa:
   - Tende a utilizar padrões em cadeia e pensamento linear.
   - Tem dificuldade para incorporar novas informações e enriquecer seus pontos de vista com os de outras pessoas, e não aceita argumentos diferentes dos seus.
3. **Egocentrismo:** visão de túnel, centrada em si mesma. A pessoa:
   - Enxerga os fatos pensando na forma como eles a afetam.
   - Não consegue analisar situações de maneira imparcial.
4. **Parcialidade:** percepção somente de parte de uma situação, geralmente causada por insuficiência de percepção. A pessoa:
   - Analisa somente partes de uma situação.
   - Não tenta obter uma visão geral dos fatos.
5. **Visão otimizada da realidade:** observação de elementos soltos, sem integrá-los a uma totalidade nem relacioná-los entre si. A pessoa:
   - Percebe e observa elementos soltos.
   - Forma juízos, argumentos, descrições etc. sem significação pertinente em relação ao contexto.
6. **Opiniões sem respaldo:** emissão de conclusões apressadas, sem ter antes obtido as informações necessárias. A pessoa:
   - Opina sem ter a informação completa.
   - Argumenta sem bases conceituais e sem justificativas apropriadas.
   - Não usa o pensamento para explorar possibilidades.
   - Emite opiniões geralmente baseadas em preconceitos, crenças pessoais, emoções, idéias fixas etc.
7. **Fixação em determinado tempo:** observação somente de certos períodos de tempo. A pessoa:
   - Vive do passado.
   - Pensa só no tempo presente ou no futuro.
   - Só observa curtos períodos de tempo.
   - Tem dificuldade para perceber a relação entre passado, presente e futuro.
8. **Distorções de valores:** dificuldade para perceber e lidar com variáveis de contextos. A pessoa:
   - Exagera os dados ao descrever fatos e situações.
   - Formula generalizações apressadas, sem bases reais e objetivas.

- Gera argumentos aparentemente lógicos para sustentar ou defender seus pontos de vista.
9. **Pensamentos contrários:** adoção de posições contrárias que dificultam a comunicação eficaz e a busca de consenso. A pessoa:
- Enfatiza suas posições em detrimento de uma exploração mútua dos fatos.
- Empenha-se em demonstrar seus pontos de vista sem perceber posições comuns que facilitam o intercâmbio produtivo de idéias.
10. **Arrogância e presunção:** postura de superioridade e auto-suficiência. A pessoa:
- Assume posturas falsas e imaginárias que acredita serem verdadeiras.
- Possui crenças e preconceitos que distorcem a realidade.
- Muitas vezes atua de forma pola rizada, sem respeitar os argumentos das outras partes.
11. **Soberba:** superestima e desqualificação da capacidade dos outros. A pessoa:
- Assume condutas explosivas, geralmente ofensivas aos seus semelhantes.
- Vê os erros dos outros e não percebe os seus.
- Estabelece diferenças hierárquicas para destacar sua superioridade.
12. **Insegurança:** estado de desequilíbrio pessoal caracterizado por falta de confiança em si mesmo para responder às exigências e contingências do meio no qual se desenvolve. A pessoa:
- Acredita que não é capaz de enfrentar e resolver os problemas.
- Sente medo do novo.
- Mostra-se ansiosa em relação ao desconhecido.
- Imagina resultados negativos ocasionados por desempenhos inadequados.
- Busca constantemente apoio em outras pessoas — dependência.
13. **Baixo autoconceito:** sentimento de menos valia. A pessoa:
- Pensa que não é capaz.
- Tende a exagerar suas limitações.
- Se sente inferior.
- Se auto-sugestiona e, de fato, impõe limites para si.
14. **Implicações do ego:** necessidade de acertar sempre. A pessoa:
- Usa seus pensamentos para apoiar seu ego e para manter-se sempre certa.
- Tem dificuldade para aceitar idéias úteis e positivas.
- Tem dificuldade para admitir erros.
- Filtra as informações que recebe de acordo com seus interesses.
15. **Fingimento:** adoção de posições falsas perante os demais, as quais não correspondem à realidade. A pessoa:
- Demonstra o que não sente.
- Adota posturas incoerentes.

Os quinze limitadores apontados por Margarita e mencionados anteriormente são muito comuns no ambiente empresarial e precisam ser trabalhados para fazer fluir a cultura da inovação, exigida nos novos tempos.

10.10 Criatividade e inovação nas empresas cenários

A criatividade é um tema que faz parte do contexto atual das organizações. Aquelas que pretendem substituir o paradigma da sobrevivência pelo da expansão precisam se reinventar.

Turbulências de toda ordem, mudanças inusitadas de cenários e novas práticas de mercado surpreendem os menos atentos.

Quando clientes se posicionam e exigem produtos e serviços de custo baixo e alta qualidade, por exemplo, as empresas criativas aproveitam a dica do mercado e alavancam novas práticas e estratégias. Se um mesmo produto ou serviço, de qualidade e preço similares, é negociado por empresas concorrentes, que diferencial devem apresentar para garantir seu espaço no mercado? É fundamental que empresários, administradores e líderes abordem essa questão como um problema que deve ser resolvido sob a ótica da criatividade.

Estamos vivendo um momento em que as tecnologias de vanguarda facilitam e permitem a expansão do processo criativo. A cada dia torna-se mais curta a distância entre fato e informação. Temos meios de saber o que acontece em qualquer parte do planeta com uma agilidade ímpar. O conhecimento está ao alcance de todos. O mundo ficou pequeno!

Conhecimento sem uso é um patrimônio pessoal. Podemos colocá-lo ao alcance de todos com o auxílio da criatividade. Ela agrega valor a esse patrimônio.

A matéria-prima gerada pela tecnologia — fatos, informações, dados — só é útil quando acompanhada de *insights*. Ao estabelecermos conexões entre os dados e chegarmos à *eureka* (achado, descoberta), as ações criativas tornam-se mais viáveis.

10.10.1 Por que algumas organizações estão focadas na sobrevivência e outras se destacam, crescem e se mantêm no pódio, como vencedoras?

Três pontos básicos diferenciam as organizações de sucesso das primeiras. Seus modelos de gestão levam em consideração três fatores:
- Utilização criativa do conhecimento gerado pelos avanços na tecnologia da informação.
- Investimento no capital humano, buscando o ponto de equilíbrio entre capacidade de produção, geração de resultados e necessidades individuais.
- Busca de oportunidades para expansão e crescimento.

Na base de sustentação desses três pilares está a criatividade.

10.10.2 O que é criatividade?

É o processo por meio do qual as idéias são geradas, desenvolvidas e transformadas em valor (John Kao). A criatividade implica descobrir maneiras novas e efetivas de lidar com o mundo, resolver problemas e ampliar o círculo de influências.

Atrelada à criatividade está a inovação, que surge sempre que algo é criado para melhorar um sistema.

Até bem pouco tempo, a criatividade era vista pelas empresas como algo intangível, destinado a poucos gurus. Algo reservado a artistas, pessoas incomuns e gênios.

Pesquisas e estudos desenvolvidos nessa área sinalizam para a retomada da criatividade como disciplina que pode ser desenvolvida e aprendida, possibilitando a todos os profissionais o acesso à sua prática.

Assim, posso afirmar que:

- A criatividade é tangível: é possível mensurar os efeitos da criatividade e inovação nos lucros da organização.
- A criatividade é um processo que deve ser administrado e gerenciado.
- As empresas têm maiores chances de renovar suas práticas e processos quando se apóiam na criatividade.

10.10.3 Os onze passos para uma auditoria da criatividade

Considerando a criatividade um sistema, é imprescindível que o líder, ao avaliar o potencial criativo de sua empresa, considere os seguintes indicadores de desempenho:

1. *Capital ativo*: existência de equipamentos que permitam o uso da tecnologia disponível, bem como o mapeamento do potencial da força de trabalho e de espaços com arquitetura que permita e facilite a criação.
2. *Receita gerada por produtos ou serviços novos*: inventário de inovações que geraram lucro nos últimos tempos.
3. *Investimento em mudança de cultura*: intervenções que alavancaram mudanças na cultura interna da empresa.
4. *Sistema de crédito às idéias geradas*: existência de mecanismos que reconheçam autoria de idéias, indiquem os apoios recebidos e o processo de implementação.
5. *Mapeamento de resultados:* fontes de informação acerca dos avanços da empresa com relação a inovações.
6. *Histórico das mudanças*: registro de fatos que identifiquem a fonte de estímulo às inovações — desafios internos, resposta aos concorrentes, emergências, projetos específicos.
7. *Possibilidade de isolar variáveis do sistema:* iniciativas geradoras de resultados favoráveis exigem o isolamento das variáveis que determinaram o sucesso do empreendimento. Exemplos: a implantação de elementos tecnológicos (sistemas de rede) pode favorecer iniciativas criativas e agilizar sua implantação, uma vez que as informações correm mais rapidamente entre as pessoas envolvidas, o que facilita o processo decisório. A inclusão de novos elementos de arquitetura em espaços destinados a criar provavelmente vai estimular as pessoas a se envolverem no processo.
8. *Mecanismos de acompanhamento:* registro e administração das forças restritivas e propulsoras da ação criativa, definição dos pontos de verificação, identificação das áreas de atrito e avaliação das práticas adotadas. Em caso de inadequação, é necessário o estudo de novas formas de administrar o sistema.

9. *Atenção ao fator humano:* mudanças e criatividade são geradas por pessoas. Ciúmes e entusiasmo podem estar caminhando lado a lado. É necessário estar com os sensores ligados para administrar conflitos e adotar a negociação ganha-ganha como tática.
10. *Vantagens com a concorrência:* o concorrente mais criativo pode ser a fonte inspiradora para novos desafios. Atualmente, o *benchmarking* é praticado pelas empresas de sucesso. Faz parte do processo criativo definir formas de estímulo que agucem a curiosidade em toda a empresa para os avanços de seu setor. Cada colaborador pode ser um agente da inovação. Para tanto, precisa do apoio institucional. Esse suporte pode variar de uma simples reunião informativa até o encaminhamento de pessoas para feiras e congressos, acesso a pesquisas na Internet, parcerias e formação de redes de contato. É bom lembrar que pessoas motivadas superam seus próprios limites!
11. *Banco de talentos:* a maioria das organizações desconhece sua fonte de riqueza — os talentos individuais. Um sistema efetivo de manutenção da criatividade inclui o mapeamento individual de potenciais. Tal iniciativa favorece a formação de grupos-tarefa, rodízios, redes de criatividade, e funciona como base de dados para as decisões gerenciais. Além do mapeamento, um bom programa de incentivo à criatividade e ao autodesenvolvimento é fundamental para manter o clima estimulante.

10.10.4 Gerenciando a criatividade

A idéia de instituir um sistema auto-sustentável de criatividade pressupõe um gerenciamento em todas as fases de sua implantação.

Sabendo-se que os atuais modelos organizacionais abarcam paradoxos que, a princípio, poderão impedir o florescimento da cultura criativa, o papel da gerência é fundamental. Ao mesmo tempo que estamos com um pé no futuro, temos arraigadas diversas crenças que vão ao encontro da criatividade. Eis alguns exemplos:

- O momento exige liberdade de criação e, ao mesmo tempo, disciplina.
- É necessário inovar para sobreviver e, simultaneamente, manter a personalidade empresarial — marca que caracteriza cada organização.
- A atração pelo desconhecido é alavancada pela onda da globalização e caminha lado a lado com a necessidade de um 'porto seguro' — estabilidade × insegurança.
- A necessidade de estabelecer padrões de desempenho se choca com a urgência da experimentação do novo.

Em toda tensão paradoxal há um ponto de harmonia — a função do gerente da criatividade é detectar esse ponto. As ações com resultados de sucesso são possíveis quando todo o tecido social das organizações está engajado numa mesma causa.

Ao iniciar o processo, o gerente da criatividade poderá esbarrar em resistências naturais às mudanças propostas. Para superá-las, é importante obter o apoio de pessoas posicionadas nos níveis hierárquicos mais altos, apresentar planos específicos que definam o número de mudanças concretas que se quer alcançar em determinado prazo e só depois buscar a adesão do restante dos colaboradores. Com a formação de um exército de aliados, os obstáculos serão transpostos com mais facilidade.

Para gerenciar o processo é fundamental que o responsável tenha seu próprio *kit alavancador da criatividade*, o que já garante um bom começo:
- Espaço próprio que seja seguro, informal, confortável, estimulante, livre de distrações, agradável e criativo.
- Computador pessoal de ponta ligado ao sistema de rede da empresa e conexão com a Internet.
- Biblioteca com publicações na área.
- Assinatura de revistas ou periódicos específicos.

10.10.5 Ativando a criatividade pessoal: algumas dicas

Um gerente da criatividade tem o dever de trabalhar seu próprio desenvolvimento. Alguns hábitos podem ser cultivados:
- Sempre que surgir um problema, usar uma ferramenta específica da criatividade que permita o estudo de mais de uma solução (*brainstorming*, *mind-map*, analogia não usual, visualização criativa, abordagem fantástica, técnica do 'e... se' etc.).
- Ativar a imaginação, procurando visualizar o futuro ampliado. Usar recursos simbólicos para representar o que foi projetado: desenho, símbolos, montagens.
- Cultivar a auto-estima, a autoconfiança, o otimismo e o bom humor — rir dos próprios erros faz com que novas tentativas sejam experimentadas.
- Agitar a rotina, mudando alguns rituais. Fazer coisas diferentes.
- Estabelecer conversações estratégicas em horários e locais inusitados, tais como: restaurante, lanchonete, corredores da empresa, estacionamento. Aproveitar todas as oportunidades para estabelecer contatos informais.
- Conquistar novos espaços fora da empresa, comparecendo a reuniões, lançamentos de livros, palestras, exposições de arte, teatro, cinema. Diversão e trabalho também caminham juntos.
- Traçar pequenas metas de leitura: duas páginas de um livro por dia, por exemplo. Ler com criatividade, riscando, rabiscando, colorindo, fazendo perguntas, discordando, concordando, anotando sua opinião sobre o conteúdo, acrescentando suas idéias, enfim, ler interagindo com o autor.
- Usar metáforas que transformam o intangível e o abstrato em imagens. Por exemplo, se quer agilidade de respostas e pretende ver sua empresa no pódio, indique suas expectativas usando a linguagem criativa na afirmação: "Pretendemos percorrer dois quilômetros em um minuto".

10.10.6 O esforço criativo

Um programa de criatividade empresarial exige um esforço global que sustente o processo. As ações devem estar direcionadas para quatro blocos:
- *Pessoas*: oferecer oportunidades que estimulem os atos de pensar, inovar e inventar, seguir em frente, superar obstáculos sem desanimar, ser original, antecipar o futuro, prevenir-se — ser proativo em vez de reativo.
- *Equipes*: formar equipes criativas que investiguem e inovem apoiadas por líderes criativos que agreguem pessoas por meio de suas idéias fortes e motivadoras.

- *Empresa como um todo*: preparar líderes empreendedores que saibam administrar a rotina e sair da passividade, promover a educação para a mudança de paradigmas (fazer-fazer), treinar e desenvolver pessoas para usar o pensamento inventivo e divergente, adotar modelos de gestão abertos e flexíveis.
- *Tecnologias da informação*: promover a extensão do aprendizado a toda a organização usando recursos tecnológicos disponíveis, de forma a curar as mazelas intelectuais. Transformar a criatividade em uma 'filosofia de vida'.

> *A criatividade está ao alcance de todos — ela é a chave do sucesso empresarial.*
>
> *Deixo meu desafio aos leitores: que tal iniciar uma revolução pacífica em sua empresa? Afinal, o céu não é mais o limite!*

10.11 Gerenciando conflitos

Um líder obtém maiores resultados quando adquire habilidade para lidar com equipes em conflito.

Vocês já perceberam que equipes motivadas e que trabalham em harmonia produzem mais que aquelas em conflito?

Observa-se que, na maioria das empresas, os gerentes se sentem constrangidos quando percebem a existência de conflitos em suas equipes. A maioria não se sente à vontade para lidar com tal situação.

Para entender melhor os motivos que levam as pessoas a criar um clima pesado de trabalho, é necessário compreender a principal causa do conflito: a quebra de contratos.

Normalmente, em qualquer empreendimento em equipe (pessoal ou profissional), tudo se inicia com um contrato de expectativas e responsabilidades. Nesse contrato são definidas as normas de participação, as responsabilidades, as metas a alcançar, os prazos etc. Definidos os detalhes do contrato, inicia-se o empreendimento.

Enquanto todos os envolvidos cumprem sua parte, tudo corre bem. Porém, no momento em que alguém quebra um item do que foi negociado, inicia-se o processo de conflitos.

Muitas vezes, tal processo é lento e as pessoas não se confrontam imediatamente, mas dão pistas de sua insatisfação. Algumas dessas pistas são mais visíveis (mau humor, agressividade no trato com o outro, atrasos etc.), outras surgem de maneira mais velada, por meio de boatos, fofocas, formação de 'panelinhas' e redução do nível de produtividade.

Neste momento, o gerente só tem uma opção assertiva: enfrentar o problema, assumir seu papel de educador e procurar realinhar a equipe.

A administração do conflito tem como principal objetivo descobrir onde estão os pontos da quebra de contrato e buscar estratégias para reajustar as responsabilidades.

Em geral, quando a intervenção é realizada logo após o surgimento das primeiras pistas, uma simples conversa durante uma reunião de trabalho poderá trazer resultados rápidos, eficazes e fazer tudo voltar ao normal.

Mas, em algumas situações, a quebra de contrato perdurou por tanto tempo e afetou tão intensamente o clima de trabalho que é necessário um conjunto de ações interligadas, tais como:

- Sessões orientadas de feedback.
- Reuniões de renegociação.
- Acompanhamento psicológico da equipe em conflito.
- Aconselhamentos individuais.

Quando os conflitos são encarados logo que as pistas surgem, eles geralmente se tornam de mais fácil resolução.

10.11.1 Um caso

Na empresa X, recém-privatizada, a equipe de vendas, formada por vinte profissionais, vinha apresentando resultados abaixo do esperado.

A gerente percebeu que as pessoas se encontravam rapidamente no início do dia, mal se cumprimentavam e logo se dirigiam aos computadores para elaborar seu plano individual de visitas.

As atitudes de cooperação, a alegria e as brincadeiras, que antes aconteciam freqüentemente, já não existiam mais.

Certa manhã, ao presenciar uma conversa entre os vendedores, durante a qual prevaleceram palavras agressivas, a gerente resolveu tomar uma atitude: marcou uma reunião para o final da tarde e solicitou a presença de todos.

Na reunião, a gerente pediu que cada pessoa apontasse um motivo de satisfação e um de insatisfação no trabalho. Ouviu atentamente cada vendedor, registrou os resultados e pediu sugestões que pudessem sanar os problemas que estavam gerando insatisfação.

De posse das sugestões, tratou logo de colocar em prática as que estavam ao seu alcance. As que dependiam da equipe foram negociadas e cada um se comprometeu a cumprir sua parte.

Qual não foi a surpresa da gerente de vendas quando, na semana seguinte à reunião, notou que o clima de trabalho estava mais leve, os sorrisos haviam voltado aos rostos dos vendedores e o principal... as vendas tinham aumentado.

Para refletir

- Você tem percebido mudanças no clima de trabalho de sua equipe?
- Como você se sente quando as pessoas se comportam de forma agressiva e pouco cooperativa?

- Que intervenções faz quando isso acontece?
- Como você se avaliaria como 'administrador de conflitos'?

10.12 Equipes fortalecidas, empresas imbatíveis

Há algum tempo li uma crônica que tratava de forma muito lúdica do tema 'caça-talentos'. O texto descrevia um consultor informando aos candidatos de uma seleção o perfil do profissional que a empresa procurava. Ao final, depois de mil exigências, um candidato pergunta: "E essa pessoa existe? Acho que nem Deus possui tantas qualidades...".

Escrita com muito bom humor, essa crônica retrata um fato comum nos dias de hoje e que merece reflexão: os perfis traçados pelas empresas, quando da contratação de novos profissionais, vêm agregando cada vez mais exigências. Como lidar com o fato de que é praticamente impossível reunir em uma só pessoa tamanha quantidade de atributos?

Diante de tal situação, podemos adotar duas atitudes:
- Intensificar a procura e arcar com o ônus da espera e do custo.
- Definir uma estratégia para formar equipes de alto desempenho e baseadas na excelência dos papéis.

É sobre esse tema que vamos discutir nesta seção: como aproveitar potenciais e talentos, fortalecendo as equipes e tornando as empresas imbatíveis.

10.13 Perfil de excelência

Se você não consegue contratar pequenos gênios, poderá tornar sua equipe genial montando um tabuleiro com o jogo dos papéis.

A partir da definição de algumas competências básicas para área ou função, pode-se montar um mapa, identificando domínios de potenciais nas pessoas e aproveitando os talentos internos.

Vejamos um exemplo: determinada empresa define para a área comercial as competências mais importantes para o sucesso das vendas.

Exigências	Indicadores de excelência
Saber se comunicar com sucesso.	• Capta as necessidades do cliente. • Ouve. • Informa detalhes. • Orienta. • Expressa-se com objetividade.

(continua)

(continuação)

Saber negociar.	• Tem claros os pontos em que deve ceder. • Possui uma visão de que a negociação deve trazer vantagens para ambas as partes. • Apresenta boa argumentação e conhecimento do produto/serviço. • Mantém atitude flexível e enxerga oportunidades na negociação.
Saber organizar e planejar o trabalho.	• Organiza e planeja cada visita ao cliente. • Mantém um cadastro de clientes e os acompanha. • Dá suporte àqueles que necessitam. • Mantém contato regular com sua carteira de clientes. • Traça objetivos e metas de curto e médio prazos. • É organizado(a) e possui ferramentas de acompanhamento do seu trabalho.
Possuir habilidade para lidar com as diferenças.	• Trata cada cliente de acordo com seu perfil. • Atende de maneira personalizada. • Antecipa necessidades. • Consegue cativar o cliente: do mais acessível ao mais inflexível.

A partir dessa definição, o próximo passo é identificar as pessoas que melhor dominam cada uma das exigências.

Exigências	Indicadores de excelência
• Quem se comunica melhor na equipe?	Essas pessoas poderão se responsabilizar pelos contatos anteriores às visitas, bem como dar suporte à venda direta e à negociação.
• Quem obtém maior sucesso nas negociações?	Essas pessoas desenham as estratégias de abordagem e venda, sistematizam e repassam aos outros suas técnicas, servem de modelo e acompanham os vendedores com menor habilidade, auxiliando-os em suas negociações.
• Quais as pessoas que mantêm um melhor sistema de organização, controle a acompanhamento das vendas?	Os mais organizados auxiliam na definição de métodos e técnicas que garantam o controle sobre a carteira de clientes.
• Quem possui maior habilidade interpessoal?	Essas pessoas são designadas para negociar com os clientes mais difíceis. Sua habilidade interpessoal poderá reverter a situação.

Feita a identificação, monta-se um mapa no qual cada equipe é composta com os talentos em potencial.

10.13.1 As vantagens da formação de equipes por competências

- A estratégia contribui para o aprendizado coletivo, pois a troca de informações e de experiências é inevitável quando as pessoas trabalham juntas.
- O apoio dos mais talentosos influencia a atuação dos que têm alguma dificuldade.
- A gestão do conhecimento torna-se parte da cultura do grupo.
- Estimula-se a cooperação, diminuindo a prática da competição interna entre profissionais da área comercial.
- O cliente é atendido de forma personalizada e qualitativa.
- A estratégia contribui para o aumento da produtividade e melhoria do clima de trabalho.
- A imagem passada para o mercado é de uma equipe imbatível.

Se não podemos contratar gênios, podemos construir uma equipe genial.

10.14 Inovação

Tenho percebido empresas com uma visibilidade muito grande no mercado, que acumulam sucessos e estão sempre no pódio.

Ao verificar suas práticas, identifiquei um elemento importante e que alavanca tal performance: a capacidade de inovar e de se reinventar, acompanhando de forma acelerada as exigências e mudanças que acontecem em nossa era.

O cenário mercadológico exige das empresas uma atuação diferenciada e que permite fixar suas marcas no imaginário dos clientes.

A inovação é um fator cada vez mais valorizado e visto com outros olhos.

Lembro-me da época em que o profissional criativo não conseguia obter a adesão de seus gerentes — nem mesmo dos colegas de equipe. Nessa época, a estabilidade imperava e qualquer alteração no curso das águas assustava os que se mantinham estáveis (ou estagnados).

A famosa frase "em time que está vencendo não se mexe" caiu por terra. Cada vez mais, a idéia do *kaizen*, de melhoria contínua, alia-se à inovação.

10.14.1 O que é inovação?

A inovação acontece no meio empresarial quando novas idéias, métodos ou mecanismos são agregados ao contexto vigente, promovendo uma melhoria.

Uma das dificuldades encontradas para difundir o processo de inovação é a dificuldade natural do ser humano de correr riscos.

A tendência de manter o que funciona bem do jeito que está por medo de que qualquer alteração possa dar errado é fator bloqueador da inovação.

O processo de inovação, para ser efetivo, exige das pessoas uma constante observação, análise e crítica do que já existe, bem como a crença de que "mesmo aquilo que é considerado bom pode sempre ser melhorado".

Essa visão é mais facilmente percebida pelas mentes criativas, que perseguem os cinco princípios básicos da inovação, a saber:

1. Disposição mental

O principal aspecto da inovação, e que precisa ser trabalhado urgentemente, é o da superação do medo de errar.

A maioria das empresas investe muito superficialmente em mudanças. Dedicam poucos recursos à investigação de novos produtos ou serviços e, quando o fazem, os resultados são tímidos. Quando se quer maximizar e ampliar o campo de influências, é necessário mudar a cultura e as mentes que gerenciam os processos. As mentes criativas são curiosas, não têm medo de desafios, são inconformadas com o que já existe e estão sempre à procura de algo que pode ser transformado. As mentes criativas pensam de forma sistêmica e conseguem enxergar as 'árvores' e a 'floresta'.

2. Crença de que a inovação é elemento-chave da vantagem competitiva

As empresas que conseguem oferecer versões melhoradas de seus produtos e que agregam valor aos que já existem têm maiores chances de dominar o mercado, pois consideram os novos produtos parte central de suas estratégias de negócio, e não simplesmente um exercício complementar. Essas organizações trabalham a inovação, estão comprometidas com ela; além disso, investem maciçamente para se destacar das outras empresas existentes no mercado.

3. Percepção da inovação como fator estratégico de visibilidade

As mentes criativas conseguem perceber que a inovação bem direcionada, gerenciada por profissionais comprometidos com o negócio, certamente traz como retorno a simpatia e a adesão do mercado, bem como a visibilidade tão procurada pelas empresas.

4. Patrocínio à inovação

Por patrocínio entenda-se estímulo, disponibilidade de recursos, incentivo e apoio às atitudes inovadoras. É muito comum verificar que o discurso gerencial muitas vezes difere da prática quando se trata de assumir responsabilidade por possíveis erros ou resultados inesperados.

5. Ações de aporte à inovação

Faz parte da função gerencial estimular e dar aporte às iniciativas de suas equipes. O gerente é o grande patrocinador das melhorias e, assumindo tal papel, colherá com seus colaboradores os resultados plantados.

Para reflexão dos leitores, deixo a lista de verificação da inovação, organizada por Thomas D. Kuczmarski e publicada em seu livro *Inovação: estratégias de liderança para um mercado competitivo.*

Ao responder às perguntas, pense no corpo gerencial de sua empresa, incluindo se:

- Aceita o fracasso como parte intrínseca da inovação?
- Desenvolve estratégias de novos produtos/serviços?
- Estabelece equipes multifuncionais integradas por pessoas comprometidas e dedicadas?
- Consegue visualizar os benefícios empresariais que a inovação proporciona?
- Busca o apoio da gerência maior nas iniciativas de inovação?
- Acompanha e valoriza os resultados dos esforços de sua equipe?

- Identifica problemas e as necessidades dos clientes antes de gerar idéias para novos produtos/serviços?
- Leva em consideração os valores e as normas das equipes de inovação para orientar suas comunicações?

10.14.2 Espaços de inovação

No ambiente empresarial, a inovação poderá ocupar dois espaços: o interno e o externo.

Internamente, as melhorias se direcionam para os processos vigentes, podendo agregar valor desde a forma como a empresa se comunica com seus empregados até o ambiente físico (*layout*).

Externamente, a inovação se faz presente quando há melhorias nos produtos ou serviços e o cliente externo é o alvo.

Alguns exemplos de inovações

Espaços internos	Espaços externos
• Períodos sabáticos: afastamento permitido a um empregado da empresa para pensar, estudar, relaxar e renovar as baterias. • Abertura de canais diretos de comunicação entre empregados e direção (independentemente da hierarquia estabelecida). • Eliminação das paredes internas dos escritórios, promovendo um *layout* aberto.	• Criação da figura do 'ouvidor' — aquele que tem por função manter contato com os clientes. • Projetos sociais que beneficiem a comunidade onde os empregados atuam como voluntários. • Novas formas de abordagem do cliente, que variam do comércio eletrônico às promoções em parceria com outras empresas.

E você, o que tem feito para contribuir para a inovação da sua empresa?

10.15 Modos interativos de liderança: uma estratégia criativa nas relações de trabalho

A empatia é uma forte aliada nas situações de interação com o outro.

No nosso cotidiano de trabalho, deparamo-nos com situações difíceis e que, por vezes, promovem a ruptura da sinergia e dão lugar ao conflito nas relações.

Convivemos com colaboradores e colegas que trazem diferentes histórias de vida, variados estilos pessoais de atuação, e alguns destes mostram-se incompatíveis com as nossas expectativas. Assim:

- Como lidar, por exemplo, com um interlocutor que não quer nos ouvir ou que só ouve o que quer, quando o que esperamos é sua atenção?
- Como desarmar um argumento desfavorável em uma negociação sem a necessidade de corresponder ao confronto agressivo da outra parte?

- Como perceber e identificar o que está por trás das palavras e gestos do outro?

A arte do relacionamento pode ser reaprendida e aperfeiçoada, desde que tenhamos interesse, instrumentos e vontade de criar um clima propício à interatividade.

Há algum tempo venho me apoiando no estudo de Edward De Bono, um dos maiores especialistas em pensamento criativo de nossos tempos, para lidar com as diferenças, respeitando cada estilo e agindo de forma a estabelecer a empatia nas relações de trabalho.

É mais inteligente buscar a interação que usar a reação.

Segundo o dicionário Aurélio, interação "é a ação que se exerce mutuamente entre duas ou mais pessoas, e reação é o ato de reagir, é a resposta a uma ação que tende a anular a precedente. É uma força que se opõe à outra".

De Bono afirma que as pessoas se comportam de seis maneiras básicas. Para ancorar sua teoria, usou a metáfora do chapéu e coloriu cada um deles, dando-lhes significados específicos e que indicam tendências pessoais de relacionamento.

Uma liderança comprometida com seus liderados tem a responsabilidade de buscar ações interativas que facilitem a sinergia e propiciem um clima assertivo nas relações de trabalho.

10.15.1 Modos interativos de liderança

- *Chapéu vermelho*: a pessoa com o chapéu vermelho é sensível e, quando satisfeita, apóia os pontos de vista do outro, tornando-se forte aliada.

  Quando um líder se deparar com um colaborador de chapéu vermelho insatisfeito, terá maiores chances de obter sucesso em seu relacionamento se usar a estratégia do chapéu branco.

- *Chapéu branco*: o chapéu branco aponta na direção da tranqüilidade e da ausência de idéias preconcebidas. Os argumentos sob a tutela do chapéu branco são objetivos e baseados em dados reais. O comportamento correspondente é de negociação, de escuta e de tranqüilidade — o que poderá desarmar uma explosão emocional do chapéu vermelho.

- *Chapéu preto*: aquele que escolhe o chapéu preto como modelo de comportamento tende a usar o pensamento lógico negativo. Apresenta um comportamento crítico que por vezes é positivo e alerta para o que pode dar errado num projeto ou idéia. Se usado em excesso, transforma seu interlocutor no eterno 'do contra'. Para lidar com o pensador do chapéu preto é necessário colocar na cabeça as idéias do chapéu amarelo.

- *Chapéu amarelo*: as atitudes e os comportamentos do pensador do chapéu amarelo revelam otimismo. Quando argumenta e usa perguntas, adota uma estratégia especulativa e positiva, sem, contudo, passar a idéia de discordância ou de imposição de pontos de vista. O chapéu amarelo permite mostrar ao interlocutor o outro lado da moeda — o que pode dar certo, as oportunidades e possibilidades, neutralizando as barreiras daqueles que só vêem o lado mau dos fatos.

- *Chapéu verde*: o chapéu verde faz com que as pessoas transponham bloqueios à criatividade e apresentem idéias inovadoras e revolucionárias. É importante que as lideranças estimulem esse tipo de pensamento, apoiando as pessoas

que demonstram criatividade. A empresa que inova em suas práticas tem maiores chances de permanecer no mercado atual, extremamente competitivo. Reconhecer os talentos e apoiá-los, oferecendo recursos e poder de concretização de idéias, é fundamental.
- *Chapéu azul*: o chapéu azul dá àquele que o usa o poder da síntese. Seu comportamento demonstra segurança. Faz as perguntas certas na hora certa e colabora na tomada de decisões. Tem uma boa capacidade crítica, apoiada no pensamento lógico-racional. As lideranças podem se cercar dos pensadores de chapéu azul para assessorá-los em momentos de tomada de decisões importantes.

Cabe ressaltar que, antes de usar a estratégia da interatividade, é preciso refletir com o objetivo de descobrir com qual chapéu nos sentimos mais à vontade. Será aquele que, certamente, usamos com mais freqüência.

Para liderar pessoas diferentes e manter um bom relacionamento com os liderados, é importante desenvolver a flexibilidade e transitar por caminhos variados.

> *E então, qual é seu estilo dominante? Qual é o chapéu que você mais usa? Você se adaptaria aos outros?*

10.16 Recomendações e conclusões

É imprescindível relembrar que o modelo de gestão por competências é um conjunto de ferramentas, instrumentos e processos metodológicos aplicados à gestão de pessoas.

Qualquer que seja a estratégia adotada em sua implantação, é necessário envolver os profissionais que exercem a liderança, bem como obter o comprometimento da alta direção com os objetivos pretendidos e designar os promotores do processo — aqueles que vão garantir sua continuidade.

Por tratar-se de algo relativamente novo, o modelo de gestão por competências precisa ser ancorado por ações de suporte e pessoal dedicado. Todos têm a ganhar:

- Os empregados, que, orientados sobre os caminhos a seguir em suas carreiras e recebendo o suporte da empresa em suas ações de desenvolvimento, tornam-se mais motivados. Dessa forma, o processo de identificação e retenção de talentos é facilitado.
- A empresa, que se torna capaz de ampliar a satisfação dos clientes, melhorar seus resultados e projetar imagem positiva no mercado.

REFERÊNCIAS BIBLIOGRÁFICAS

ANTONELLO, Claudia Simone; BOFF, Luiz Henrique. *Os novos horizontes da gestão*: aprendizagem organizacional e competências. Porto Alegre: Bookman, 2005.

BRANDÃO, Hugo Pena. *Gestão por competências*. São Paulo: Ed. Fundação Getulio Vargas, 2005.

CEITIL, Mário. *Gestão e desenvolvimento de competências*. Portugal: Edições Silabo, 2006.

CHIAVENATO, Idalberto. *Gerenciando pessoas*: o passo decisivo para a administração participativa. São Paulo: Makron Books, 1997.

COLOM, Antonio; VÁZQUEZ, Jaime Sarramona Gonzalo. *Estrategias de formación en la empresa*. Madrid: Narcea, 1994.

CONDE, Graciela Aldana. *La travesía creativa*. Colombia: Creatividad y Innovación Ediciones, 1998.

CRIPE, Edward J.; Mansfield, Richard S. *Profissionais disputados*. São Paulo: Campus, 2003.

CROSBY, Philip B. *Qualidade*: falando sério. São Paulo: McGrawHill, 1989.

DUTRA, Joel Souza. *Gestão de pessoa*. São Paulo: Atlas, 2002.

_____. *Gestão por competências*. São Paulo: Gente, 2001.

FLEURY, Afonso; FLEURY, Maria Tereza Leme. *Estratégias empresariais e formação de competências*. São Paulo: Atlas, 2004.

GRAMIGNA, Maria Rita. *Modelo de competências e gestão dos talentos*. São Paulo: Pearson, 2001.

GUBMAN, Edward L. *Talento*: desenvolvendo pessoas e estratégias para obter resultados extraordinários. Rio de Janeiro: Campus, 1999.

GURJAO, Pedro. *Banco de potenciais humanos*. São Paulo: Gente, 1996.

HAMEL, Gary Hamel; PRAHALAD, C. K. *Competindo pelo futuro*: estratégias inovadoras para obter o controle do seu setor e criar os mercados de amanhã. São Paulo: Campus, 2005.

HAMMER, Michael; CHAMPY, James. *Reengenharia*: revolucionando a empresa. Rio de Janeiro: Campus, 1993.

KARKER, Joel Arthur. *Paradigmas*: el negocio de descubrir el futuro. Colombia: McGrawHill, 1995.

KASTIKA, Eduardo. *Desorganización creativa, organización innovadora*. Buenos Aires: Ediciones Macchi, 1994.

KOHLRAUSCH, Marlin. *Leve sua empresa ao primeiro lugar*. São Paulo: Gente, 1996.

KUCZMARCKI, Thomas D. *Innovación*: estrategias de liderazgo para cercados de alta competencia. Colombia: McGrawHill, 1997.

LEBOYER, Claude Levy. *Gestión de las competencias*. Barcelona: Adiciones Gestión 2000, 1997.

LEME, Rogério. *Aplicação prática de gestão de pessoas por competências*. Rio de Janeiro: Qualitymark, 2005.

LIMA, Frederico O.; TEIXEIRA, Paulo C. *Direcionamento estratégico e gestão de pessoas nas organizações*. São Paulo: Atlas, 2000.

LUPPI, Roseane Fundão. *Quem sou eu*: identifique seu potencial. Belo Horizonte: Luz Azul, 1995.

_____. *Identifique-se*: descubra seu potencial interior. Belo Horizonte: Luz Azul, 1995.

LYBRAND & COOPERS. *Remuneração por habilidades e por competências*. São Paulo: Atlas, 1997.

MOURA, José A. Marcondes. *Os frutos da qualidade*: a experiência XEROX no Brasil. São Paulo: Makron Books, 1994.

PEREIRA, Otaviano José. *O equilíbrio do ser*. São Paulo: FTD, 1990.

RAY, Michael; MYERS, Rochelle. *Criatividade nos negócios*. Rio de Janeiro: Record, 1996.

RESENDE, Ênio. *O livro das competências*. Rio de Janeiro: Qualitymark, 2003.

RIBEIRO, Jorge Cláudio. *Ousar a utopia*. São Paulo: FTD, 1988.

RUANO, Alessandra Martinewski. *Gestão por competências*. Rio de Janeiro: Qualitymark, 2003.

SANTOS, Diaz de. *El diagnostico de la empresa*. Madrid: Ediciones Diaz de Santos, 1995.

SILVA, Mateus de Oliveira. *Gestão de pessoas através do sistema de competências*. Rio de Janeiro: Qualitymark, 2005.

SOUZA, César. *Talentos & competitividade*. Rio de Janeiro: Qualitymark, 2000.

SROUR, Robert Henry. *Ética empresarial*. Rio de Janeiro: Campus, 2000.

TEIXEIRA, Élson A. *Competências múltiplas gerenciais*. São Paulo: Pearson, 1999.

VERGARA, Silvia Constant. *Gestão e pessoas*. São Paulo: Atlas, 2000.

WALTON, Mary. *O método Demming na prática*. Rio de Janeiro: Campus, 1992.

WOOD Jr., Thomaz. *Remuneração e carreira por habilidades e por competências*. São Paulo: Atlas, 2004.

Artigos e publicações

"Empresa rede: uma nova forma de gestão". Trabalho elaborado pela Diretoria de Talentos Humanos do Grupo ABC Algar. Minas Gerais, 1993.

"Compacto: um século de gestão", de Dum De Lucca, Dermeval Franco e Carlos Neves. *Revista T&D*, dez. 1999.

"El nuevo paradigma de la inteligencia humana", de Canovas Sanchez.

"Gestión por competencias: caso Telefónica", de José V. Nunez. Santiago/Chile.

"Ericsson: gestión por competencias", de Pamela Rivera. Santiago/Chile, 1999.

"Gestión por competencias", de Guy Le Boterf. Santiago/Chile, 1999.

IBC — International Business Communications. Material produzido para a conferência "Gestão por competências", jul. 1999.

"Gestão de competências: contribuições para a definição de um modelo de competências gerenciais para o Banco do Brasil". Disponível em: www.newtin.cc/mba/mba020.htm.

"A questão da competência". Disponível em: www.windows/temp/att-1.htm.

"Competências essenciais". Disponível em: www.vece.com/competencias_essenciais.htm.

"Gestão do conhecimento". Jornal *Diário Comercial*. Suplemento "Gestão". Publicação bimestral, fev. 2000.

"Gestión por competencias y ocupaciones", do prof. dr. Antonio Leal Millan. Universidad de Sevilla, España, 1999.

"La búsqueda de potencial", de Maria Teresa Saenz. *Revista Capital Humano*. Suplemento "Selección de personal", Madrid, España, nov. 1999.

"Modelo integrado de gestión por competencias", de Julio Moreno. *Revista Capital Humano*, Madrid, España, sep. 1999.

"Las competencias: pasado y presente", de Antonio Herranz Sofoca. *Revista Capital Humano*, Madrid, España, jun. 1999.

"Situación actual y tendencias de futuro a nivel internacional en gestión por competencias", de Pablo Diego. *Revista Capital Humano*, Madrid, España, feb. 1998.

"Como desarrollar competencias: dudas mas frecuentes y modalidades de desarrollo", de Salome de Diego Escribano. *Revista Capital Humano*, Madrid, España, oct. 1999.

"Competencias", de Juan Carlos Cubeiro y Guadalupe Fernandez. *Revista Capital Humano*, Madrid, España, mayo 1998.

"Introducción a las competencias: por que son o que hay que tener?", de Jorge Llorente. *Revista Capital Humano*, Madrid, España, mayo 1999.

"Cultura y competencias: el análisis cultural como base para gestionar, desarrollar y retener el talento de la organización", de Jorge Herrero. *Revista Capital Humano*, Madrid, España, jul. 1999.

"Las competencias: que esta pasando en Europa — Cases de diversas empresas". *Revista Capital Humano*, Madrid, España, abr. 1997.

"El liderazgo intraorganizacional como competencia: un pilar para la gestión por competencias", de Antonio Duro Martín. *Revista Capital Humano*, Madrid, España, mayo 1999.

"Metodología de evaluación de competencias directivas", de Lorenzo Snachez de Dios. *Revista Capital Humano*, Madrid, España, abr. 1998.

MAP — Managerial Assessment of Proficiency. Scott Parry.

STAR — Avaliação de Talentos em Vendas.